DE LA

LOI NATURELLE

PAR J.-F.-PH. DE NEUFBOURG

Ancien Professeur de Rhétorique à l'École Royale Militaire
de La Flèche

PROFESSEUR HONORAIRE DU PRYTANÉE

TROISIÈME ÉDITION
CORRIGÉE ET AUGMENTÉE PAR L'AUTEUR

PARIS
AUGUSTE DURAND, ÉDITEUR
RUE DES GRÈS-SORBONNE, 5

1862

DE LA

LOI NATURELLE

OUVRAGE DU MÊME AUTEUR :

LE GUIDE DU PROFESSEUR

OU

OBSERVATIONS CRITIQUES SUR LA MANIÈRE D'ENSEIGNER LES HUMANITÉS.

CHEZ L. HACHETTE

LIBRAIRE DE L'UNIVERSITÉ, RUE PIERRE-SARRAZIN, 12, A PARIS.

A Mademoiselle Rosalie Morel,
hommage respectueux de l'auteur.
de Neufbourg

Et les amitiés de Mlle Pape

LA FLÈCHE, IMPRIMERIE D'EUG. JOURDAIN.

DE LA

LOI NATURELLE

PAR J.-F.-PH. DE NEUFBOURG

Ancien Professeur de Rhétorique à l'École Royale Militaire
de La Flèche

PROFESSEUR HONORAIRE DU PRYTANÉE

TROISIÈME ÉDITION
CORRIGÉE ET AUGMENTÉE PAR L'AUTEUR

« Une conscience sans Dieu, c'est un tribunal sans juge. »

DE LAMARTINE.

PARIS
AUGUSTE DURAND, ÉDITEUR
RUE DES GRÈS-SORBONNE, 5

1862

Nosce te ipsum : apprends à te connaître.

« Que sont les intérêts de la terre, que sont toutes les passions, auprès de ce grand intérêt de l'être spirituel se cherchant lui-même? »

VILLEMAIN.

« La conscience est le meilleur livre de morale que nous ayons. C'est lui que l'on doit consulter le plus. »

PASCAL.

« *Les sciences morales* peuvent et doivent être des sciences tout comme les sciences physiques, car elles s'exercent aussi sur des faits. Les faits moraux ne sont pas moins réels que les autres : l'homme ne les a point inventés, il les a aperçus et nommés ; il les constate et en tient compte à toutes les minutes de sa vie ; il les étudie comme il étudie tout ce qui l'entoure, tout ce qui arrive à son intelligence par l'entremise de ses organes. Les sciences morales ont, s'il est permis de parler ainsi, la même matière que les autres sciences ; elles ne sont donc nullement condamnées par leur nature à être moins précises ni moins certaines. »

GUIZOT.

INTRODUCTION.

I

VÉRITÉS RELATIVES ET VÉRITÉS ABSOLUES.

Je vais parler de la loi naturelle, ou de la science des droits et des devoirs qui nous sont donnés par la nature.

Les principes de cette science, comme ceux de la géométrie, ne se démontrent pas. Ils sont évidents par eux-mêmes. On les expose, et la raison les accepte *à priori*, spontanément; elle en est comme subitement illuminée.

Elle ne doute pas plus qu'un calomniateur et un assassin ne soient coupables, même en l'absence de toute loi écrite, qu'elle ne doute que deux quantités égales à une troisième ne soient égales entre elles.

Les vérités relatives sont variables, susceptibles de plus et de moins, certaines, incertaines ou fausses, selon le point de vue d'où on les considère. Je ne suis petit que parce que vous êtes grand, et vous n'êtes grand que parce que je suis petit. Il n'y a dans l'univers ni grandeur ni petitesse réelle et absolue. Rien de tout cela n'est vrai que relativement et par comparaison.

Il n'en est pas de même des vérités morales ; elles sont universelles et immuables. Ce qui est véritablement juste et bien dans un temps et dans un lieu, l'est également partout et toujours. Elles se conservent inaltérables dans l'intelligence humaine. Nous en avons au fond de nos consciences le type idéal, invariable et absolu, auquel nous rapportons tous les actes que nous voulons juger.

L'homme n'en est pas l'auteur ; elles sont en lui et ne sont pas à lui. Elles sont en lui virtuellement, en principe, et dérivent de sa nature intime, de sa conscience et de sa raison. Or, toutes les vérités qui tiennent indissolublement à la nature même des êtres et aux rapports nécessaires qu'ils ont entre eux, ne peuvent changer qu'avec ces êtres et leurs rapports.

Mais rien dans la nature ne change essentiellement ; on n'en voit varier que les accidents et les formes. L'homme est au fond aujourd'hui ce qu'il était au temps du déluge. Par conséquent, les vérités qui expriment et représentent tels qu'ils sont ces êtres et leurs rapports essentiels, ne périssent point, ne s'altèrent point.

Elles existent, alors même que l'homme ne les perçoit pas, comme après qu'il les a trouvées. Il les concevrait même toujours comme nécessaires, quand ces êtres n'auraient d'existence que dans sa pensée.

C'est parce que ces vérités ont été envisagées comme ayant en effet subsisté éternellement en Dieu avec l'idée de la création, qu'on les a appelées éternelles.

Il est vrai en soi, et de vérité absolue, éternelle, que le tout est plus grand que sa partie, et que les trois angles d'un triangle sont égaux à deux droits. C'était vrai avant que l'homme eût découvert le rapport du tout à la partie, du triangle aux deux angles droits, avant même qu'il eût l'idée du triangle.

Et dans l'ordre moral, il est pareillement de vérité immuable qu'une convention honnête, faite librement et avec connaissance de cause, ne peut être rompue par les parties que d'un commun accord; et que, toutes circonstances égales d'ailleurs, deux ouvriers qui ont fait la même quantité d'ouvrage dans le même temps et avec la même perfection, méritent un salaire égal.

Ces vérités mathématiques et morales ne sont pas plus douteuses les unes que les autres. La raison les admet au même titre, et ne peut pas ne pas les admettre. [1]

Tels sont les principes des lois naturelles. Indépendants des caprices et de la volonté de l'homme, comme de son savoir ou de son ignorance, ils le sont aussi des révolutions qui s'opèrent dans les idées, les institutions, les sciences, et qui transforment les empires.

Les lois dont ils sont la base inébranlable, ne vieillissent donc point, ne se modifient point au gré des passions et des intérêts. Elles seront éternellement la règle qui devra nous conduire à la félicité possible par le chemin du devoir et de la vertu.

Cette règle des mœurs, cette loi morale universelle, nous la chercherons dans l'homme lui-même, dans sa nature sensible et morale, dans ses besoins et ses penchants, dans sa conscience et sa raison ;

1 « La philosophie, comme toute autre science, a ses règles fixes et ses principes certains... Sa méthode est la même que la méthode simple, naturelle et sûre des géomètres, qui prennent leur point de départ dans un axiôme ou principe de lumière naturelle, et qui en déduisent avec certitude et sans embarras un enchaînement ou un système de vérités....

« Les philosophes demandent un *criterium* qui les défende de l'erreur. Ils le cherchent péniblement depuis des siècles ; et ils ne voient pas que ce *criterium*, ou cette règle sûre pour discerner la vérité... ne peut consister qu'à examiner si l'on est parti d'un axiôme, et si, par de justes conséquences, on est arrivé à la proposition dont on veut acquérir la certitude. Or la lumière naturelle et l'attention suffisent pour cet examen. »

Victor de Bonald.

car, « les lois de la nature, comme le dit Montesquieu, sont celles qui dérivent uniquement de la constitution de notre être. »

C'est de cette source que nous verrons sortir nos droits et nos devoirs, dans l'état de nature d'abord, et puis dans l'état social organisé.

Je bornerai mes investigations aux éléments de la science. Je m'attacherai surtout à bien établir les principes. Les applications que j'en ferai seront peu nombreuses, mais suffisantes, je crois, pour rendre la vérité palpable.

II

NATURE DES PREUVES.

Il ne faut pas s'imaginer qu'il n'y a de certitude que celle qui résulte des démonstrations mathématiques.

S'il en était ainsi, rien ne serait indubitable que les données des sciences qu'on appelle exactes. Nos connaissances réelles, extrêmement bornées, ne suffiraient pas à nos besoins les plus indispensables.

Nous ne serions pas sûrs d'avoir faim ou soif, lorsque nous sentons l'aiguillon de la faim ou de la soif. Nous ne saurions pas s'il est vrai que nous avons des idées et des sentiments. Nous ne pourrions pas affirmer qu'on nous a parlé et que nous avons répondu, ni que nous souffrons ou jouissons, ni que Rome et le soleil existent.

Il serait absurde autant qu'impossible d'appliquer les preuves mathématiques à des faits de conscience comme ceux-là, de même qu'aux rapports journaliers des hommes entre eux. Il serait ridicule de démontrer par A plus B que la justice nous oblige à rendre à chacun ce qui lui appartient, comme il le serait d'employer des preuves morales à la démonstration du carré de l'hypoténuse.

S'il n'y avait de certain que les vérités mathématiquement démontrées, que deviendraient les mathématiques elles-mêmes, qui ne reposent que sur des axiômes indémontrables? Faute de base, elles crouleraient donc comme un édifice sans fondement; car les déductions les plus rigoureuses doivent porter sur des principes inébranlables. [1]

1 Toute certitude de la science naît de la certitude des principes; car les conclusions sont connues avec certitude quand on les trouve contenues dans les principes. Si donc on sait quelque chose avec certitude, cela vient de la lumière de la raison que Dieu a mise dans notre âme et par laquelle il parle en nous, et non pas de l'homme enseignant au dehors, et dont l'enseignement ne peut que ramener les conséquences aux principes; ce qui ne suffirait pas pour donner la certitude de la science, si nous n'avions déjà en nous-mêmes la certitude des premiers principes dans lesquels sont renfermées les conclusions. »

Saint Thomas.

« Si les vérités éternelles que mon esprit conçoit, pouvaient souffrir quelque atteinte, il n'y aurait plus pour moi aucune espèce de certitude. » [1]

La nature des choses détermine la nature des preuves qu'il convient de choisir. Il y a plusieurs voies pour faire entrer la vérité dans les esprits. Pourvu que la raison reconnaisse clairement et distinctement la vérité prouvée, la route que vous avez prise pour arriver là est bonne, qu'elle soit simplement une exposition ou une argumentation en règle. [2]

III

LÉGITIMITÉ DE LA RAISON.

Après tout, la vérité n'a pas d'autre *criterium* que cet acquiescement positif, que cette reconnaissance formelle de la raison.

La raison voit clairement, et alors elle distingue le vrai du faux ; ou bien elle ne voit pas, ou ne voit que confusément, et alors elle avoue qu'elle ignore. Des-

1 J.-J. Rousseau.

2 La nature des preuves doit être adaptée à la nature de l'objet dont il s'agit..... Il serait tout aussi raisonnable d'appliquer une règle de morale au calcul d'une éclipse, que d'avoir recours à Euclide, quand nous voulons connaître quel est notre devoir. On ne prouve pas mathématiquement que le pain nourrit les hommes et que la fièvre peut les tuer. »

cartes, le grand philosophe et mathématicien, a dit : « Tout ce que l'on perçoit clairement et distinctement est vrai. »

La raison ne se trompe donc pas. Les erreurs qu'on lui reproche appartiennent aux passions qui nous pressent de juger avant qu'elle ait bien vu et réellement donné son adhésion.

« Si les hommes ne prononçaient que sur des rapports distinctement perçus, s'ils n'affirmaient que ce qu'ils savent, leur intelligence serait inaccessible à l'erreur. L'erreur n'est ni dans le sentiment, ni dans la perception, mais dans l'affirmation hasardée. »[1] C'est ainsi qu'en prenant l'apparence pour la réalité, on affirmait encore au temps de Galilée que le soleil tourne autour de la terre, parce que le matin nous le voyons paraître à un point de l'horizon, et disparaître le soir au point opposé. C'était tout juste l'erreur de l'enfant qui descend une rivière en bateau, quand à la vue du rivage, il s'écrie étonné : ho! regarde donc, maman; voilà la terre et les arbres qui marchent et s'enfuient!

Les affirmations hasardées ne sont pas rares. Chacun de nous, même dans des questions graves, ne se fait pas faute de juger à la légère, sans examen sérieux, sur le témoignage si souvent trompeur des

1 Laromiguière.

sens. Mais alors évidemment ce n'est pas la raison percevant *clairement et distinctement* qui prononce; c'est la raison qui ne voit pas, qui ne se donne pas la peine de voir, et n'use pas de sa faculté de connaître; la raison qui juge précipitamment et en aveugle, avant d'avoir réfléchi, pressée, sollicitée qu'elle est de passer outre, soit par une passion, un intérêt d'amour-propre, un intérêt quelconque, soit par l'impatience naturelle du caractère, ou même par la paresse qui répugne au travail de l'esprit. Cette raison-là, s'il est permis de l'appeler de ce nom, n'est visiblement qu'un instrument docile, qui obéit aux illusions des sens, aux impulsions diverses de nos désirs ou de nos penchants, et qui n'affirme rien d'après soi, d'après ses perceptions particulières, claires et distinctes. Cette raison, qui ne peut manquer de s'égarer souvent, n'est donc pas la raison proprement dite, la raison du moins comme nous la comprenons, comme nous croyons que l'ont comprise les philosophes qui la disent infaillible.

Tout le monde a foi dans la raison; tout le monde s'en sert et est forcé de s'en servir pour parvenir à la vérité. Alors même que dans ce but on s'adresse aux hommes, on est encore obligé d'avoir recours à la raison pour apprécier leurs affirmations et savoir si elles sont bien ou mal fondées.

Elle est cette faculté de l'esprit qui aperçoit la vérité partout où elle se montre, qui intervient dans tous nos moyens de connaître, qui examine les dispositions des sens, des hommes et de la conscience indécise, et puis les accueille ou les rejette. Nous n'avons en fin de compte que cet instrument pour juger de tout ce qui nous intéresse.

Cela est si vrai, qu'à défaut d'autres armes, on ne l'attaque qu'avec elle-même, avec les arguments qu'elle fournit. On appelle la raison à prononcer contre la raison. Comment après cela peut-on en récuser le témoignage?

Nous reconnaissons bien entendu qu'elle est impuissante à pénétrer dans tous les mystères de la nature, qu'elle ne peut tout savoir, qu'elle doit se défier des préjugés, des intérêts, des passions qui l'offusquent; c'est elle-même qui nous l'apprend.

Elle ne nous trompe donc pas; elle n'exagère pas son pouvoir; mais elle prétend à bon droit qu'elle seule définitivement nous donne la certitude des vérités que nous pouvons découvrir. *Per lumen naturale intellectus noster redditur certus de his quæ lumine illo cognoscit.* [1]

Qu'on n'exige donc pas que nous renoncions à employer la raison, parce que c'est exiger l'absurde,

1 Saint Thomas.

l'impossible; c'est vouloir nous réduire à l'état de la brute. Qu'on n'exige pas que nous renoncions à y croire, parce que c'est exiger que nous ne croyions à rien, que nous nous renfermions dans un pyrrhonisme absolu, que nous répudiions le plus beau, le plus précieux don de la Providence, et que nous résistions à sa volonté souveraine. Aussi saint Paul veut-il que notre croyance soit conforme à la raison. « *Sit rationabile obsequium vestrum.* »

Nous allons maintenant passer en revue nos deux natures : la nature passionnelle d'abord, la nature morale ensuite. Mais il est bon de savoir d'avance qu'elles sont toutes les deux nécessaires pour bien comprendre l'homme, que chacune d'elles n'en montre que la moitié, qu'elles s'expliquent et se complètent l'une par l'autre, qu'en un mot elles se combinent et s'accordent.

LIVRE PREMIER.

NATURE PASSIONNELLE DE L'HOMME.

I

BESOINS DE L'HOMME. — BONHEUR RÉSULTANT DE LEUR SATISFACTION.

Quand notre nature nous demande quelqu'une des choses qui lui sont agréables, ou utiles, ou nécessaires, nous éprouvons un sentiment d'inquiétude ou de malaise qu'on nomme un besoin.

On distingue dans l'homme trois sortes de besoins : les besoins du corps, de l'esprit et du cœur.

Le corps a besoin de santé, de bien-être et de sensations agréables ; l'esprit a soif d'idées, de connaissances et de vérités; le cœur d'émotions, d'affections, de contentement intérieur et de satisfaction morale; tous les trois veulent de la liberté et souffrent de n'en pas avoir.

Ces différents besoins ont des objets vers lesquels ils tendent.

Les objets de nos besoins, c'est tout ce qui peut les remplir, tout ce qui est propre par conséquent à contenter le corps, l'esprit et le cœur.

Pour le corps, ce sont par exemple, des aliments, de l'air, du mouvement, du repos, tout ce qui flatte les sens. Pour l'esprit, qui est curieux, ce sont des faits, des évènements, des découvertes, toutes les choses utiles, vraies, intéressantes, qu'il désire connaître. Pour le cœur, siége de la sensibilité, ce ce sont des êtres qu'il puisse aimer ou secourir, c'est tout ce qui excite en lui la pitié, la reconnaissance, la joie, le dévouement, etc.

Ces objets de nos besoins, qui sont, comme on voit, tantôt matériels, tantôt intellectuels, tantôt affectifs, offrent aux trois parties de la personne humaine, corps, esprit et cœur, la nourriture, l'occupation, l'assistance et le bien-être qu'elles réclament. Ils entretiennent leur vie, leur activité, leur force; il les satisfont en un mot, et, en les satisfaisant, leur procurent des jouissances, du contentement ou du bonheur.

Il y a des besoins si exigeants, que la vie dépend de leur prompte satisfaction; d'autres qui attendent plus patiemment qu'on les apaise; d'autres enfin, comme le goût des voyages, des sciences, de certains plaisirs sensuels, etc., qu'on pourrait ne point écouter du tout, sans qu'il en résultât rien que des privations ou ~~de la douleur~~ du malaise.

Nous avons aussi des besoins d'habitude, tels que l'usage du café, de la feuille odorante qu'on prise et qu'on fume, de certaines pratiques et occupations particulières ou à heures fixes, etc. Ces besoins factices deviennent quelquefois aussi impérieux que la plupart de nos besoins réels. On peut néanmoins, en les combattant, parvenir à les vaincre.

La présence d'un besoin quelconque nous fait souffrir jusqu'à ce qu'il soit satisfait, mais le moment de la satisfaction est toujours accompagné ou suivi d'un plaisir. En sorte que, satisfaire un de nos besoins de corps, d'esprit ou de cœur, c'est à la fois nous délivrer d'une peine et nous procurer une jouissance.

Sans ce double stimulant, dont la sagesse divine nous a pourvus dans l'intérêt de notre conservation, il arriverait souvent que, par apathie ou par paresse, nous n'apaiserions pas nos besoins les plus importants, et que la langueur qui en serait la suite, s'attaquerait bientôt à la vie même pour la détruire.

Ces plaisirs, ces avantages, ce contentement et ce bien-être qui résultent de la satisfaction de nos besoins, sont les seuls biens qu'il nous soit donné de connaître et de goûter dans notre vie mortelle.

Je les comprendrai tous sous le nom générique de *bonheur*, puisque pour l'homme il n'y a de bonheur véritable que dans la satisfaction sage et réglée de ses besoins réels et factices, c'est-à-dire, dans les jouissances qui découlent de cette satisfaction.

Comme les objets de nos besoins, on peut diviser le bonheur en bonheur physique, intellectuel et de sentiment; mais dans le bonheur de sentiment, il convient de distinguer les plaisirs du goût en présence du beau, et les charmes des liens si doux de l'amour et de l'amitié, d'avec les jouissances plus nobles, plus délicieuses encore de la moralité et de la vertu.

Tout bonheur, sans doute, affecte la partie sensible de l'âme ou le sentiment; il n'y en a donc que d'une espèce sous ce point de vue; mais, parmi nos jouissances, les unes ont d'abord été des sensations agréables localisées, ou des plaisirs physiques; les autres, des pensées, des découvertes de l'intelligence, ou des plaisirs de l'esprit; tandis que les jouissances du sentiment, proprement dit, s'adressent d'abord au cœur, impressionnent l'âme directement, n'impressionnent qu'elle et ne résultent originairement ni de voluptés sensuelles, ni des conceptions de l'entendement. Voilà sur quoi se fonde la trinité du bonheur humain.

Le bonheur complet, s'il existait dans ce monde, se composerait de la réunion de ces trois espèces de bonheur, sagement pondérées.

Mais revenons : les besoins dont nous nous occupons, uniques sources des biens et des maux de la vie, sont plus ou moins nombreux dans chaque espèce animée, en raison directe de son degré d'élévation ou d'abaissement dans l'échelle des êtres.

L'espèce qui en a le plus, éprouve aussi, pour ce même motif, la plus grande quantité, soit de plaisirs, soit de souffrances, selon qu'elle a, pour subvenir à ces besoins, beaucoup ou peu d'objets à sa portée.

On peut en dire autant de l'individu ; ses besoins s'accroissent aussi généralement, en raison du déploiement de ses facultés, et il jouit ou souffre en proportion de sa richesse ou de sa pénurie à l'égard des objets qu'il désire.

Ainsi, multiplier les besoins en multipliant leurs objets, c'est multiplier les plaisirs ; mais réduire le nombre des objets, en maintenant et surtout en augmentant celui des besoins, c'est multiplier les douleurs.

Malheureusement, il nous est beaucoup moins facile de multiplier nos ressources ou les objets de nos besoins, que nos besoins eux-mêmes. Aussi, la prudence conseille-t-elle à chacun de restreindre ceux-ci, même en travaillant à augmenter ceux-là, et de se garantir d'habitudes dispendieuses, hors de proportion avec les moyens qu'il a de s'y livrer ; car ces habitudes conduisent à la ruine, de la ruine à la misère, quelquefois à la honte. Il sera éternellement esclave, a dit Horace, celui qui ne sait pas se contenter de peu ; *serviet æternum qui parvo nesciet uti.*

Dans tous les cas d'ailleurs, même au sein de l'abondance, l'homme, nous le verrons plus loin, ne doit user de ses biens, pour satisfaire ses goûts, qu'avec mesure et modération, conformément aux lois éternelles de la morale. L'abus et l'excès sont mortels à sa faiblesse.

Ces principes, que je ne fais qu'indiquer, sont féconds en conséquences, relativement au bonheur des individus et des peuples.

II

APPÉTIT DU BONHEUR.

Nos besoins, s'annonçant tous également par une souffrance qui appelle un soulagement, se ressemblent conséquemment tous de ce côté; mais ils diffèrent, ~~en apparence du moins~~, quant aux objets à leur convenance.

Les besoins de repos ou de mouvement par exemple, d'amitié, de conversation, d'aliments, de spectacle, de chaleur, de connaissances, d'exercice, d'épanchements, d'émotions, et mille autres, ~~paraissent~~ en effet bien distincts, quelquefois bien opposés dans leurs objets respectifs.

Cependant, en cherchant leur satisfaction dans le repos ou le mouvement, dans la chaleur, dans l'amour ou la science, dans un objet quelconque, que cherchent-ils autre chose, en définitive, qu'à goûter les jouissances qu'on y trouve, et à sortir d'un état pénible; en un mot, qu'à se procurer des plaisirs et à fuir des douleurs? Leur but à tous est donc le même, leur objet identique.

Mais si, comme nous l'avons montré, l'exemption des douleurs et la possession des jouissances raisonnables constituent le bonheur sur la terre, c'est donc vers le bonheur uniquement que tendent tous nos besoins matériels, intellectuels et moraux, soit réels, soit factices. Ils peuvent donc se réduire à un seul, au *besoin de bonheur* qui les comprend tous, qui est comme la synthèse ou la somme de tous les autres.

Oui, c'est au contentement intérieur, au bien-être physique, au bonheur en un mot, que nous aspirons tous. Lui seul, sous des formes, sous des aspects et des noms divers, est l'objet de nos vœux, de nos désirs et de nos instincts. Nous le poursuivons dans nos rêves comme dans nos actes, dans nos études comme dans nos projets. En agissant sur la volonté, ce besoin de bonheur nous stimule, nous incline et nous pousse à l'action.

« Tous les hommes désirent d'être heureux; cela est sans exception. La volonté ne fait jamais la moindre démarche que vers cet objet.... Elle ne se porte jamais qu'à ce qui lui plaît le plus. [1]

Nos penchants, nos goûts, nos appétits, nos aspirations, nos amours, nos tendances, nos inclinations naturelles ne sont, sous d'autres dénominations, que le besoin de bonheur. Aussi ont-ils tous comme lui, instinctivement du moins, la félicité pour terme commun, pour objet unique; aussi dit-on également bien l'appétit, l'amour, le désir du bonheur, la tendance ou le penchant au bonheur.

1 Pascal.

Les désirs eux-mêmes prennent leur source dans cet appétit ; ils n'en sont, à vrai dire, que des effets, ou plutôt, ils ne sont que cet appétit même, plus distinct, plus prononcé ; ils visent par conséquent au même but que lui. « Tout désir, en effet, n'est qu'un mouvement de l'âme vers un objet qui l'attire. » [1]

Quand l'un de ces désirs ou de ces penchants devient prédominant ou emporté, il prend le nom de passion. Nos passions dérivent donc aussi de ce besoin de bonheur. Ne doit-on pas en induire qu'il est le vrai mobile de l'homme, le principe de son activité, la partie vitale et passionnelle de son être ?

Il règne sans exception dans toute l'espèce humaine. Nous aimons tous le bonheur, et, par conséquent, ce qui semble de nature à nous le procurer.

Sans doute nous nous trompons souvent sur les moyens d'y arriver. Les apparences parfois nous éblouissent ; l'ombre nous apparaît comme la réalité ; nous faisons fausse route jusqu'à ce que les chutes nous instruisent. Mais enfin c'est lui ou ce que nous prenons pour lui que nous poursuivons constamment.

L'homme ne saurait se dépouiller de ce désir secret, de cette tendance innée qui le pousse vers le bonheur et l'excite à le chercher. Jamais il ne pourra dire, avec vérité, qu'il ne veut pas être heureux.

1 Le comte de Maistre.

Si parfois il renonce à une jouissance, c'est qu'il y voit des inconvénients, ou qu'il lui en préfère une autre qui ne peut se concilier avec la première. S'il fuit toutes les joies de la terre, c'est pour goûter celles du ciel ; s'il se livre à des travaux pénibles ou dégoûtants, s'il s'expose volontairement à des dangers, c'est qu'il veut en recueillir le profit ou la gloire, ou qu'il suit l'impulsion d'un cœur sensible et généreux qui a besoin de dévouement. C'est donc toujours au bonheur qu'il aspire.

L'amour du bonheur, évidemment universel, en tant qu'inséparable de notre commune nature, est de plus instinctif ; il n'attend pas toujours pour fonctionner le secours de la raison ou de la réflexion ; bien souvent il agit en nous et sur nous à notre insu, et nous lui obéissons sans le savoir. C'est alors l'instinct qui le guide, mais, dans tous les cas, c'est le besoin qui l'éveille.

III

L'INSTINCT DANS LES ACTES.

L'instinct chez l'homme est tantôt pur ou sans mélange, et tantôt associé.

Il est pur, quand il agit seul, isolément, et que

par lui nous tendons au bonheur sans le savoir, ou sans y penser, comme l'enfant qui cherche le sein de sa mère.

Il est associé, lorsqu'une intention formelle, visant au même but intéressé que lui, se joint à son action et la dirige. C'est ainsi que le commerçant travaille à s'enrichir, dans l'intention bien arrêtée de jouir de sa fortune, quand déjà il y est sollicité intérieurement, souvent à son insu, par son instinctif amour du bien-être.

Il est associé encore, quand il agit simultanément, mais sans attirer notre attention, avec une pensée, une intention prononcée, qui n'a plus le *moi* pour objet, dans laquelle par conséquent il n'entre aucune idée distincte d'un avantage personnel quelconque; comme celle de sauver ~~ou de perdre~~ quelqu'un, sans retour aperçu sur soi-même.

Dans les trois cas, il y a de l'instinct, il y a un besoin instinctif de bonheur qui nous pousse. Mais dans le premier cas, cet instinct est isolé, irréfléchi, et n'a pas conscience de ses actes. C'est l'instinct sans alliage, l'instinct proprement dit. — Dans le second, il agit en société d'une pensée d'intérêt personnel réfléchi, en accord avec sa tendance. Mais presque toujours la pensée éclipse l'instinct et nous empêche de l'apercevoir. — Dans le troisième, il est ordinairement caché à l'intelligence sous une intention distincte qui le dérobe à nos regards en les attirant sur elle, et qui, tantôt bonne, tantôt mauvaise, n'a jamais néanmoins le *moi* en vue.

Ainsi le besoin de bonheur est toujours instinctif; mais très souvent il est instinctif et réfléchi tout à la fois; et alors il devient tantôt égoïste, tantôt désintéressé, selon que la pensée ou l'intention qui l'accompagne est elle-même égoïste ou désintéressée.

L'instinct de bonheur agit assez souvent seul; l'intention au contraire, ou la volonté réfléchie ne peut avoir d'effet que de concert avec lui. Mais elle l'attire ordinairement à elle en l'éclairant, et le dispose à vouloir ce qu'elle veut, à tendre volontiers avec elle au but qu'elle lui signale comme le meilleur. C'est ainsi qu'elle s'unit à lui, l'entraîne et le dirige le plus souvent à son gré. Tout cela, du reste, se fait sans raisonnement aucun et presque toujours instantanément, au pur foyer de la raison et de la conscience.

Tant que cet instinct reste pur, c'est-à-dire, tant qu'une volonté éclairée, qu'une intention formelle ne s'y joint pas, les actes qu'il inspire ne sont pas encore du ressort de la morale; mais lorsqu'il est réfléchi, il devient vertueux ou coupable, selon la voie qu'il prend. L'intention seule fait la différence.

Or, cette intention est *éclairée* ou *confuse*. Eclairée, elle appartient à l'intelligence, elle est réfléchie, on en a conscience. Confuse, elle appartient à l'instinct, elle est irréfléchie, l'esprit ne la voit pas, ou ne s'en rend pas compte. La première a de la moralité, la seconde en est dépourvue. Donc la première, c'est-à-dire, l'intention intelligente, est responsable; et la seconde, c'est-à-dire l'intention purement instinctive, ne l'est pas. Remarquons cependant qu'il y a parfois dans ces deux sortes d'intentions des degrés et des nuances qui les rapprochent plus ou moins l'une de l'autre, et qui en modifient la moralité avec ses conséquences.

L'instinct pur, dans tous les actes qu'il produit, tend toujours à satisfaire quelqu'un des besoins du corps, de l'esprit ou du cœur. De ce fait reconnu nous concluons que son but constant, quoique ignoré de lui, est la jouissance ou le bonheur qu'on trouve à les satisfaire. Mais il importe de remarquer ici, qu'en même temps qu'il est invariablement égoïste à ce point de vue, il se montre souvent désintéressé sous un autre. En effet, ces mêmes besoins, ceux du cœur surtout le portent à aimer et à secourir ses semblables, et de fait il les oblige et les sert fréquemment avec l'unique intention de leur faire du bien. Cette intention instinctive est à la vérité confuse et irréfléchie, mais néanmoins réelle et généreuse. Dans ce cas nécessairement l'instinct est à la fois égoïste et généreux : égoïste, en ce qu'il se satisfait lui-même, généreux, *en ce qu'il ne songe qu'à satisfaire* autrui. C'est, on le voit, dans le même acte instinctif, le *moi* et le *non-moi* marchant d'accord, en compagnie l'un de l'autre. Toutes les fois au contraire que cette intention bienveillante, quoique confuse, n'existe pas, l'instinct est égoïste et rien de plus, c'est le *moi* tout seul. Il a toujours ce caractère d'égoïsme pur, lorsque l'occasion de se montrer bon ne se présente pas, ou qu'elle ne l'impressionne pas toujours suffisamment pour l'y déterminer.

L'instinct égoïste agit donc souvent seul, nous l'avons dit; l'instinct généreux jamais. Lorsqu'il se manifeste, c'est toujours uni au premier et marchant avec lui. Ce sont alors deux tendances parfaitement distinctes, presque opposées, qui s'associent et se fondent ensemble de telle manière que, loin de se contrarier réciproquement, elles se trouvent heureuses l'une par l'autre. C'est qu'en réalité, elles n'appartiennent pas à deux instincts différents, mais à un seul, considéré sous ses deux principaux aspects, à l'instinct qui, sans réflexion, cherche son bonheur dans celui du prochain.

Concluons de tout ce qui précède que nos instincts,

nos penchants, nos désirs, nos passions, ou l'appétit du bonheur, qui résume tout en lui seul, composent ce que l'on peut appeler la nature passionnelle et instinctive de l'homme, celle qui lui donne l'impulsion, l'activité et la vie.

IV

MOBILE DES ACTIONS DE L'HOMME.

Le besoin instinctif de bonheur, avons-nous dit, imprime seul le mouvement à l'homme, en l'incitant à chercher une jouissance dans l'apaisement d'un besoin. Il est donc le seul mobile originaire de ses actions.

Toutefois, la raison ou la conscience vient souvent s'interposer pour juger l'impulsion donnée, la combattre, s'il y a lieu, ou lui faire prendre en l'éclairant une direction plus sage; mais c'est toujours le besoin en question qui est le principe du mouvement, et le bonheur qui en est le but final.

Voici comment : toujours des besoins d'une ou d'autre espèce se font sentir à l'homme; presque toujours aussi des objets qu'il croit capables de les satisfaire, se présentent à sa vue ou à sa pensée. Alors son appétit de bonheur, qui sent là un allégement et un plaisir, subitement s'éveille, remue son âme, et, par elle, le pousse naturellement et instinctivement vers ces objets, pour les posséder et en jouir.

« Il est absolument chimérique d'imaginer qu'il agisse jamais sans avoir devant lui la pensée et le *mobile* de son bonheur. » [1]

Ainsi, le besoin de bonheur est bien véritablement une force intérieure active, une force motrice raisonnée ou aveugle, qui produit originairement tous nos actes, et tend uniquement au bonheur ou à ce qui lui ressemble.

Cependant, comme les objets propres à satisfaire nos besoins et à nous apporter des jouissances, sont tous des choses utiles, ou agréables, ou honnêtes, on en a inféré que nous avons en nous trois motifs d'action au lieu d'un seul, trois tendances ou amours : l'amour de l'utile, l'amour de l'agréable et l'amour de l'honnête.

Il est bien vrai que l'utile n'est pas toujours agréable, que l'agréable n'est pas toujours honnête; il est vrai encore que, parmi les hommes, ceux-ci cherchent leur bonheur dans l'utilité surtout, ceux-là dans l'agrément, d'autres dans le devoir; mais, en définitive, c'est le bonheur qu'ils y cherchent tous, instinctivemt. du moins,

1 Lacordaire, 49e et 50e conférences.

un bonheur quelconque, soit physique, soit intellectuel, soit affectif ou moral..

Tous, dis-je, y poursuivent de fait ou d'intention, selon leur manière particulière de voir et de sentir, ce qui leur convient ou leur plaît le plus, ce qui leur présente le plus d'attrait, des avantages actuels ou futurs, du contentement, du bien-être, des jouissances diverses : le vrai, le beau, ou le bien ; en un mot, tout ce qui semble devoir les rendre heureux dans le présent ou l'avenir. *Quod enim ampliùs nos delectat, secundùm id operemur necesse est.* [1]

Par conséquent ils obéissent tous à la même impulsion, au même besoin ; ils visent tous au même but, au but du bonheur, mais par des voies différentes.

L'un, qui suit surtout celle de l'utile, s'occupe spécialement de ce qui rend la vie commode et confortable ; il convoite les emplois, les richesses ; il se livre à des travaux lucratifs, ne néglige aucun profit, aucun avantage, de quelque nature qu'il soit : il vise au bien-être matériel.

L'autre, qui choisit celle de l'agréable, veut embellir et charmer ses jours ; il court dans les fêtes, les festins, les concerts, les spectacles, les bals, les joies du monde ; il recherche principalement le luxe,

1 Saint Augustin.

les voluptés sensuelles, les produits des beaux-arts.

Un troisième, qui préfère celle de l'honnête, consacre surtout ses loisirs aux bonnes œuvres, à ces œuvres de justice et de miséricorde, qui ont le privilége d'élever, d'ennoblir l'homme, en le rapprochant de la divinité. Il se dévoue au bien, au soulagement de ses semblables, aux sacrifices qu'inspire l'amour de Dieu et du prochain, s'attache à tout ce que nous aimons ou estimons dans le devoir et la vertu, alors même qu'ils sont pénibles, à tout ce qui nous attire et nous transporte dans le bon et le beau moral. Ce sont les joies pures et consolantes de l'âme qu'il ambitionne.

Eh bien, ne voit-on pas communément du bonheur dans toutes ces choses, sinon toujours pour cette vie, du moins pour celle qui doit la suivre?

Qui ne sait que, même dans les travaux répugnants, dans les privations et les peines supportées volontairement, en vue de plaire à Dieu ou aux hommes, à tous ceux qu'on aime, il y a pour certaines âmes d'élite, un charme et des délices supérieurs à tous les autres plaisirs de la terre. « Il n'est point de dévouement dont on ne tire plus de jouissance qu'il n'en coûte à s'y décider. »

Au reste, les choses utiles, agréables et honnêtes sont certainement, les unes comme les autres, destinées à notre usage. Il y a du bon dans toutes; elles contribuent toutes à notre conservation, à notre développement physique ou moral, à notre bonheur; et le sage fait bien de puiser pareillement, quoique avec choix et mesure, à ces trois sources de la libéralité divine.

L'amour de la vie, ou le besoin de la conserver est nécessairement contenu dans l'appétit général du bonheur; car, pour être heureux, il faut vivre avant tout, et par conséquent conserver la vie qu'on a. Aussi, ne pouvons-nous désirer notre bonheur, sans désirer notre conservation, qui en est la condition première, ni désirer notre conservation, sans voir en elle la première condition de notre bonheur; en sorte que nommer le besoin du bonheur, c'est implicitement nommer le besoin de conservation, et *vice versà*.

De ce qui vient d'être dit on doit inférer que l'appétit du bonheur n'emprunte pas toujours ses motifs d'action à des considérations d'intérêt personnel, qu'il n'est pas moins souvent excité par le sentiment que par la froide raison, par le goût ou l'amour du juste et du beau moral que par le calcul. Il y a en effet dans l'âme humaine des idées et des sentiments élevés, délicats, désintéressés, religieux, qui produisent tout seuls des traits admirables d'honnêteté et de désintéressement, qui inspirent les natures d'élite, les héros, les martyrs, quelquefois même les humbles et les pauvres. C'est un besoin pour eux de se dévouer au bien, à la vertu qu'ils aiment; et ils se trouvent heureux de le satisfaire. C'est donc l'appétit du bonheur qui les incite, sans qu'ils s'en doutent, à sacrifier, dans certaines occasions, ce qu'ils ont de plus cher, à leurs saintes et salutaires inspirations, parce que l'amour des plus nobles vertus l'emporte chez eux sur leurs autres amours, quelquefois même sur l'amour de la vie. N'en a-t-on pas vu qui l'ont donnée avec une sorte de joie pour Dieu, pour la patrie, pour un fils ou un père, pour le juste, le droit ou le devoir? n'en a-t-on pas vu souffrir et mourir pour leurs convictions?

Dira-t-on qu'il y avait là du calcul, qu'ils voyaient un intérêt à le faire? Est-ce qu'il y a du calcul dans l'abnégation de soi-même, dans le dévouement sans bornes! Qu'on se rappelle Régulus, le chevalier d'Assas, saint Vincent-de-Paul, et tous ceux en grand nombre, dont l'histoire a conservé la mémoire chez les anciens comme chez les modernes.... qu'on se les rappelle et qu'on juge.

Ainsi, les uns obéissent à une idée, dont ils ne sont pas l'objet, mais qui les charme et les captive; d'autres à un sentiment généreux qui les enthousiasme, d'autres encore à un calcul intéressé. Mais tous, à leur insu, suivent instinctivement l'impulsion de l'appétit du bonheur, en même temps qu'ils courent intentionnellement et résolûment, excepté les derniers, après tout autre chose que le bonheur : après les luttes périlleuses pour la justice et la vérité, les travaux pénibles pour le salut ou le soulagement des malheureux, après les douloureux sacrifices enfin, qui ne lui ressemblent guère.

V

FONDEMENT DES DROITS DE L'HOMME.

Nous savons déjà que le besoin de bonheur nous sollicite seul primitivement à l'action, qu'il entretient notre existence, excite nos désirs et nos passions.

Mais nous n'avons pas encore examiné l'un de ses titres les plus importants, celui d'être à la fois la source et la raison de tous nos droits naturels, et par suite, de tous nos droits sociaux.

Pour faire ressortir cette vérité, il suffit de rappeler l'origine et la nature de ce besoin d'être heureux et d'en tirer la conséquence la plus vulgaire.

D'abord, c'est Dieu qui nous l'a donné avec l'existence; ensuite, il nous l'a donné persistant, indéfectible, impérieux, irrésistible.

Evidemment, il ne l'a pas revêtu de ces caractères d'inflexibilité, pour nous obliger ensuite à l'étouffer et à l'éteindre au foyer inextinguible de l'âme. Le prétendre serait accuser Dieu de contradiction flagrante ; ce serait soutenir qu'il nous ordonne l'impossible.

Ce qu'il nous commande au contraire, c'est qu'en le guidant avec sagesse, nous obéissions à ce besoin, à cet appétit de bonheur, c'est-à-dire, que nous nous occupions du soin de notre conservation et de notre bien-être, en satisfaisant nos trois espèces de besoins physiques, intellectuels et moraux.

Une autre preuve de son intention à cet égard, c'est qu'il nous a départi, avec cette invincible tendance au bonheur, des facultés et des organes faits évidemment pour la servir.

Nos cinq sens, nos membres et leur souplesse, notre intelligence, nos instincts et nos sentiments, tout en nous ne concourt-il pas à la satisfaction de nos besoins divers ?

Du moment qu'il nous a gratifiés d'instruments propres à cette satisfaction, n'est-il pas clair qu'il l'a voulue ? Dieu, par ses œuvres, ne manifeste-t-il pas ses intentions, aussi bien que sa puissance et sa gloire ?

La destination des instruments se reconnaît dans les instruments mêmes. Elle n'apparaît nulle part plus visible et plus palpable que dans ceux dont notre espèce est pourvue, je veux dire dans nos propres organes et nos facultés. Là, en effet, il nous est loisible de l'observer de près et à toute heure ; nous en avons le sentiment et la perception tout ensemble.

Aussi, ne pouvons-nous douter, par exemple, que l'intelligence ne nous soit donnée pour apprendre, et la mémoire pour retenir ; que les dents ne soient faites pour broyer les aliments, et l'estomac pour les digérer. L'évidence nous dit que c'est là leur raison d'être, leur destination spéciale.

« Connaître la fin ou la destination d'une chose, c'est simplement savoir pourquoi elle est faite ; et l'on connaît pourquoi elle est faite, si, voyant comment elle est faite, on découvre à quoi sa structure peut se rapporter ; parce qu'il est certain que Dieu a proportionné la nature de chaque chose à la fin pour laquelle il l'a destinée. » [1]

« Dans la création, Dieu a donné à chaque être une conformation corrélative à sa destinée, un instinct proportionnel à sa destinée. »

Quand donc notre constitution intime, et par conséquent Dieu, qui en est l'auteur, nous sollicitent constamment à marcher vers un but, nous avons

1 Domat.

bien le droit d'y tendre; quand ils nous impriment à tous une même impulsion irrésistible, nous avons bien le droit de la suivre. Obéir dans ce cas, c'est céder au premier besoin de la nature, c'est céder à Dieu; que dis-je? c'est se soumettre à une nécessité contre laquelle au fond la volonté est sans pouvoir.

Qui de nous, d'ailleurs, ne regarde pas comme un axiôme que le don de la vie implique le droit de la conserver, et celui d'une faculté, le droit d'en faire l'usage auquel elle est destinée? N'en est-il pas de même d'un besoin irrésistible que nous tenons immédiatement de Dieu? n'emporte-t-il pas indubitablement avec lui, ne donne-t-il pas à l'homme le droit de le satisfaire? Sur ce point, que peut-on défendre que l'abus?

Il ne s'agit ici, ne l'oublions pas, que du besoin de bonheur en général; gardons-nous donc de le confondre avec les moyens employés pour le servir; car il est, lui, légitime toujours, inévitable et indestructible; nous ne pouvons nous en séparer; tandis que les moyens en question, comme on le verra plus loin, sont libres, toujours à notre choix, et tantôt louables, tantôt blâmables.... Mais passons.

« Le bonheur, a dit le père Lacordaire, est le patrimoine naturel et prédestiné de tous les êtres intelligents. Quiconque d'eux vient au monde, y vient pour être heureux. C'est son droit; que dis-je?

c'est son devoir, car son devoir est d'obéir à Dieu. »[1]

« Il est permis au chrétien, non seulement de désirer et de demander d'être heureux, mais de souhaiter et de demander d'être délivré de toutes sortes de maux. »[2] *Libera nos à malo.*

Si, comme nous venons de le voir, l'homme est autorisé à satisfaire ses besoins et à goûter les jouissances qu'il puise dans cette satisfaction, s'il est, en un mot, autorisé à vivre heureux selon son pouvoir, il l'est conséquemment aussi à user de ses ressources et de son industrie pour y parvenir; car qui veut la fin veut les moyens.

Il a donc le droit de travailler par toutes les voies honnêtes, mais en toute liberté, à la satisfaction de ses différents besoins, en d'autres termes, à sa conservation et à son bonheur, et d'employer à cette fin toutes les forces et tous les instruments dont il peut disposer.

En résumé, l'amour du bonheur, par le motif qu'il tient indissolublement à notre nature intime, qu'il correspond à des organes et à des facultés appropriées à son service, qu'il a un but de conservation et de développement avoué par la saine raison et la conscience, et que d'ailleurs il révèle la pensée et l'intention divine, l'amour du bonheur, dis-je, nous

1 49e et 50e conférences.

2 Le moraliste Nicole.

investit certainement du droit d'en poursuivre l'objet et d'employer les moyens de l'atteindre, c'est-à-dire, du droit de vivre heureux, autant que nous le pouvons sans blesser la loi morale, dont nous allons bientôt parler.

Tel est le droit naturel primordial, imprescriptible, universel, inaliénable, duquel nous verrons que tous les autres découlent.

Ce droit, appartenant essentiellement à notre nature, qui ne périt point et ne change point au fond, ne peut non plus ni changer ni périr. Nous le portons partout avec nous et en nous, nous le possédons tous également, puisque nous éprouvons tous le besoin de conservation, de développement, de bonheur, dont il est la conséquence rigoureuse.

L'iniquité, la tyrannie sont impuissantes à nous le ravir; elles ne sauraient qu'en suspendre ou en supprimer l'exercice; mais, en dépit d'elle, nous le conservons tout entier en nous; et l'esclave dans les chaînes peut toujours légitimement s'affranchir, quand il en trouve l'occasion. Bref, pour nous l'ôter, il nous faut ôter la vie. « Par le droit naturel tous les hommes naissent libres. ». [1]

1 Ulpien, *Digeste*.

Cette citation toutefois demande un mot d'explication : car d'abord, les hommes évidemment ne naissent pas libres, mais tout au plus pour l'être un jour ; ensuite, plus tard ils ne le sont souvent pas *de fait*, puisqu'ils ont des besoins, des supérieurs et

VI

L'HOMME SANS LOI MORALE.

L'appétit du bonheur, en même temps qu'il est nécessaire à notre existence et au développement de nos facultés, sert donc aussi de base à tous nos droits : nous l'avons montré.

Nous avons fait voir en outre qu'il est légitime et saint dans son principe, puisque nous le tenons du modèle de toute perfection, du législateur suprême; qu'il est pareillement juste dans sa tendance générale; car, quoi de plus juste et de plus légitime que de prendre soin de sa vie, de l'améliorer et de la faire aussi heureuse qu'on le peut, Dieu, l'Être bienfaisant par excellence, nous l'ayant confiée avec cette intention manifeste.

des lois, dont ils dépendent. Ils ne le sont pas même *de droit* toujours, puisqu'ils ont des devoirs qui les obligent. Ce n'est qu'en dehors de ces conditions, dans les choses où les besoins, les supérieurs légitimes, les lois et les devoirs ne leur commandent rien, qu'ils le sont de droit et de fait. Ils peuvent à la vérité désobéir à leurs supérieurs, enfreindre les lois, manquer à leurs devoirs et montrer que de ce côté encore ils sont libres de fait. Mais, parce que là ils sortent de leur droit et abusent de leur liberté, ils se rendent coupables devant la justice de Dieu, bien souvent aussi devant celle des hommes, et ils en subissent bon gré malgré les déplorables conséquences. *Voir plus loin :* LIBERTÉ MORALE.

Cependant, lorsqu'il est contrarié, ce même appétit se passionne et s'irrite; et, s'il n'a pas de frein, il s'insurge contre tous les obstacles, il se porte à tous les excès, devient haîneux, vindicatif, et enfante les procès, les collisions, les guerres et les fléaux qu'elles entraînent; il cause ainsi presque tous les malheurs, dont la famille et la société gémissent.

Réduit à l'instinct pur, c'est-à-dire, séparé des lumières de la raison et de la conscience, il se montrerait plus redoutable encore, plus insociable, plus avide et plus aveugle; nous le verrions se ruer en frénétique, sans considération aucune, *per fas et nefas*, sur le butin qu'il convoiterait, sur l'individu qui le gênerait, susciter ainsi des vengeances et conduire l'homme à sa perte par une violence insensée.

Ce serait alors le règne de la force pure, de l'adresse et de la ruse, la guerre de tous contre tous, comme dit Hobbes, *bellum omnium contrà omnes.*

Dans cette hypothèse, l'amour du bonheur n'est plus qu'un don funeste. L'homme, qui en reçoit l'impulsion, subit fatalement l'ascendant de ses appétits; il n'a ni règle ni loi, rien qui le retienne, si ce n'est peut-être la crainte des représailles; aucunes bornes que celles de sa puissance n'ont été marquées à son activité; il ne connaît ni juste ni injuste, ni vertu ni vice; par conséquent, il est dépourvu de droits, exempt de devoirs.

Qu'il sauve ou assassine son frère, il ne fait ni bien ni mal; il ressemble à la brute que l'instinct conduit. Il n'est donc ni coupable ni vertueux; ses actions ne lui sont pas imputables; il n'est pas un être libre, un être moral. « Les hommes ne seraient jamais coupables, s'ils ne portaient dans leur esprit des notions de morale communes et innées, écrites en lettres divines. » [1] Lorsqu'il n'y a point de loi, dit saint Paul aux Romains, il n'y a point de violement de la loi, » point de délit par conséquent. *Ubi non est lex, nec prævaricatio.*

Mais ce n'est pas là l'homme tout entier, l'homme tel qu'il est réellement. Nous le verrons complet avec sa nature morale, je veux dire avec sa raison, sa conscience et sa liberté.

1 Origène.

LIVRE DEUXIÈME.

NATURE MORALE DE L'HOMME.

RAISON ET CONSCIENCE.

> « Que tous sachent ce que c'est que Dieu, l'âme et le devoir ; car la vie humaine, sans ces trois mots, bien compris, n'est qu'une douloureuse et accablante énigme. »
>
> COUSIN.

I

L'HOMME EST UN ÊTRE MORAL.

L'homme passionnel ou animal, que nous avons décrit jusqu'ici, n'est pas, disons-nous, l'homme réel et complet. Nous n'en avons vu effectivement qu'une moitié. A côté de la force instinctive, qu'on appelle l'appétit du bonheur, il y a en lui une autre force, visiblement destinée à régler la première.

Cette force régulatrice, qu'on nomme la force morale, réside dans sa raison et sa conscience, en tant que l'une et l'autre, par leurs lumières et leurs inspirations, influent sur sa volonté et par conséquent sur ses actes.

Par raison, nous entendons ici, non pas la faculté intellectuelle complète, mais seulement la raison morale, celle qui s'applique aux faits moraux, celle qui les juge par rapport au juste et à l'injuste, au droit et au devoir.

De même pour la conscience, qu'on a justement appelée la voix de Dieu dans l'âme, il ne s'agit le plus souvent dans cet écrit que de ce sentiment intérieur qui discerne le bien du mal, et qu'on nomme communément le sens moral.

Comme l'appétit du bonheur forme la nature passionnelle de l'homme, de même la raison et la conscience avec la liberté composent sa nature morale.

Ces deux natures, quoique souvent en conflit, lui sont néanmoins également nécessaires, puisque sans l'une il est privé de désirs et de mouvement; sans l'autre, de direction, de sagesse et de moralité.

Pour bien saisir leur rôle différent et leur caractère distinctif, il suffit d'arrêter un moment son attention sur ce remarquable passage de Smith, dans sa théorie des sentiments moraux.

« Lorsque je veux, dit-il, examiner ma propre conduite et la juger, il est évident que je me partage, pour ainsi dire, en deux personnes, et que le *moi* qui examine et qui juge, fait un autre personnage que le *moi* dont la conduite est examinée et jugée. »

Le *moi* qui examine et qui juge, c'est la nature morale, raison et conscience; le *moi* dont la conduite est examinée et jugée, c'est la nature passionnelle, désir indéfectible de bonheur. La dualité de l'homme ne peut être mieux marquée.

Les conseils de la raison et de la conscience, leurs interdictions et leurs commandements sont les mêmes; ce que l'une voit, l'autre le sent.

Toutes les deux nous éclairent, en distinguant, chacune à sa manière, le juste de l'injuste, le droit du devoir, en nous conseillant et en nous montrant le bon chemin : celui de la sagesse et de la vertu.

Toutes deux nous créent des obligations, nous imposent des lois, en nous faisant connaître et en nous signifiant d'accord que nous devons fuir le mal et faire le bien.

Toutes deux nous ordonnent de contribuer au bien général, mais en prenant toujours, pour y parvenir, la voie du juste et de l'honnête; car la fin, quelle qu'elle soit, ne justifie pas l'immoralité des moyens.

Toutes deux constituent en nous une force, un pouvoir; car elles influent sur les déterminations de la volonté, en lui fournissant des motifs.

Toutes deux enfin instruisent, prescrivent, défendent, luttent, et souvent parviennent à guider la nature animale trop fréquemment rétive.

Elles ne peuvent pas, il est vrai, l'empêcher de vouloir le bonheur, ni de le chercher; mais elles peuvent lui faire vouloir celui-ci plutôt que celui-là, lui faire adopter et prendre, pour y arriver, une route plutôt qu'une autre, celle de la vertu plutôt que celle du vice. Là se borne leur puissance, là aussi la fonction qu'elles ont à remplir. C'est dans l'exercice de cette fonction qu'apparaît la liberté morale de l'homme.

La distinction du juste et de l'injuste, la loi fondamentale du devoir, des enseignements, des conseils, des ordres, et, avec eux, une volonté libre qu'ils sollicitent pour le bien, tout cela se trouve au fond de l'âme humaine, dans la raison et la conscience, dans notre nature morale. « Nous portons tous au dedans de nous, a dit Massillon, des principes *naturels* d'équité, de pudeur, de droiture. » [1] Ils sont en nous, soit à l'état de facultés, soit à l'état latent d'idées *à priori*, indécises et confuses; mais ils se

1 *Sermon du dimanche de la Passion.*

dégagent peu à peu du nuage qui les couvre, se développent et servent de base à nos jugements moraux.

Dès lors l'homme n'est plus simplement une machine à instinct aveugle. Il connaît ses droits et ses devoirs ; une intention éclairée précède et accompagne ses actes, il peut réfléchir à leur valeur, à leurs conséquences morales. Il sait donc où il va, s'il fait bien ou mal, s'il suit sa loi ou s'en écarte.

Il est libre d'ailleurs, libre d'agir ou de ne pas agir, capable par conséquent de mérite et de démérite. C'est enfin un être moral, parce qu'il a tout ensemble intelligence et liberté.

II

L'HOMME TROUVE EN LUI-MÊME LA NOTION DE LA JUSTICE.

Les notions que je viens d'esquisser, chacun de nous peut les retrouver en lui-même. *Opus legis scriptum est in cordibus.* [1] Il lui suffit de consulter sans prévention les lumières de sa raison et les indications de sa conscience. Que dis-je, d'elles-mêmes

1 Saint Paul.

souvent ces notions se présentent à sa pensée ou à son cœur. Il n'a besoin, pour les trouver, ni de recherches ni d'études: c'est assez qu'une occasion les fasse éclore.

S'il ne les perçoit pas toujours distinctement, il les sent du moins, et du moment qu'il y réfléchit, il s'aperçoit qu'il les possède.

Cicéron en a fait la remarque : « La loi naturelle, dit-il, nous est connue, non par le secours de l'étude et de l'instruction, mais comme étant née avec nous et gravée dans nos cœurs. »

« Qu'est-ce que la loi naturelle? se demande Voltaire : l'instinct qui nous fait sentir la justice. Qu'appelez-vous juste et injuste? ce qui paraît tel à l'univers entier.... L'idée de la justice ne subsiste-t-elle pas toujours? c'est sur elle que sont fondées toutes les lois. Les Grecs les appelaient *filles du ciel*, cela ne veut dire que filles de la nature.... Où auriez-vous pris l'idée des lois, si ce n'est dans les notions de la loi naturelle, que tout homme a dans soi?... Il faut bien les avoir prises là ou nulle part. »

« Que vas-tu chercher ailleurs loi ou règle au monde! disait Charron, en apostrophant l'homme au sujet de la conscience; que te peut-on dire ou alléguer que tu n'aies chez toi ou au dedans, si tu le voulais tâter ou écouter! Il te faut dire, comme au payeur de mauvaise foi, qui demande qu'on lui montre la cédule qu'il a chez lui : *quod petis intus habes*, tu demandes ce que tu as dans ton sein. Toutes les tables de droit, et les deux de Moïse, et les douze des Grecs (des Romains), et toutes les bonnes lois du monde ne sont que des copies et des extraits produits en jugement contre toi, qui tiens caché l'original et feins ne savoir ce que c'est, étouffant tant que tu peux cette lumière toute céleste et divine qui t'éclaire au dedans. »

Tous les hommes, sans doute, ne savent pas analyser les principes de cette loi, les définir, en rendre compte. Mais tous, au Monomotapa comme en France, au Tunquin comme au Chili, en ont certainement des idées plus ou moins claires, suivant que leur intelligence est plus ou moins développée. Partout il se trouve qu'un acte réputé juste est conforme à cette loi, et qu'une injustice, reconnue pour telle généralement, est un acte qui la viole.

Il n'est personne qui ne s'entende très bien et qui ne se fasse comprendre, quand il parle de juste et d'injuste, de droit et de devoir, de bien et de mal. Il n'est personne qui ne les distingue parfaitement dans toutes les choses importantes, qui ne soit impressionné par le récit d'un fait criminel, autrement que par celui d'une entreprise généreuse. Il n'est point d'homme qui n'invoque quelquefois la justice, qui ne revendique des droits, qui ne rappelle à leur devoir ceux qui l'outragent. Il n'est pas d'homme enfin qui ne prétende et ne sache apprécier, d'après ces idées, la conduite de ses semblables et la sienne propre.

Que signifieraient sans cela, le blâme que nous nous attribuons à nous-mêmes, le contentement ou le remords que nous éprouvons après avoir bien ou mal fait ? Que signifieraient les jugements approbatifs ou désapprobatifs que nous portons journellement sur les discours et les actions de nos semblables ? les éloges que nous leur donnons, les reproches que nous leur adressons ? Quelle en est la base constante ? sur quoi reposent-ils ? Toujours évidemment sur nos idées similaires et nos sentiments naturels d'équité, de vertu et de convenances morales.

Nous nous apercevons tout de suite que, parmi les hommes, les uns s'y conforment, que les autres s'en éloignent ; que, pour cette raison, les uns méritent l'estime et l'amour qui les suivent, les autres, le mépris et l'antipathie qu'ils inspirent.

D'où vient cette aperception sûre et spontanée, cette appréciation invariable et générale de la conduite et des mœurs ? N'est-ce pas de ce que nous sommes doués d'une faculté morale native, spécialement destinée à connaître, sentir et juger uniformément le bien et le mal ? de ce que cette faculté est universelle, innée, inhérente à notre nature, tout autant que notre penchant au bonheur? de ce qu'enfin, comme toutes les autres, elle se développe partout plus ou moins, par notre contact avec nos pareils, par nos relations de famille et de société?

« La cause efficiente du droit naturel est dans la nature même des choses, et dans les maximes de la droite raison qui y sont conformes, et qui émanent de l'entendement divin.....

« La justice suit certaines règles d'égalité et de proportion, qui ne sont pas moins fondées dans la nature immuable et dans l'entendement divin, que les principes de l'arithmétique et de la géométrie. » [1]

« Elle consiste à rendre à chacun ce qui lui appartient. *Justitia jus suum cuique tribuit.* » [2]

III

LOI NATURELLE. — ELLE EST UNIVERSELLE ET INVARIABLE.

Les idées et les sentiments de bien et de mal, ai-je dit, sont universels et invariables. Ils se manifestent identiquement en effet chez tous les peuples et à toutes les époques. On les retrouve dans l'histoire

1 Leïbnitz.
2 Dig.

de tous les siècles, dans les relations des voyageurs les plus éclairés.

« Parmi tant de cultes inhumains et bizarres, parmi cette prodigieuse diversité de mœurs et de caractères, vous trouvez partout les mêmes idées de justice et d'honnêteté, partout les mêmes notions du bien et du mal. » [1]

Ce qui est vraiment juste au milieu d'une nation civilisée, l'est également dans une tribu sauvage. Ce qui fut équitable au temps de Solon, l'était aussi au temps de saint Louis, et l'est encore de nos jours. Il y a par toute la terre des sentiments communs d'approbation pour la vertu, d'improbation pour le crime.

Voltaire l'a dit avec autant de vérité que de verve : « Le teinturier indien, le berger tartare et le matelot d'Angleterre connaissent le juste et l'injuste.... Il n'y a qu'une morale, comme il n'y a qu'une géométrie.... Montrez-moi un pays où il soit honnête de me ravir le fruit de mon travail, de violer sa promesse, de mentir pour nuire, de calomnier, d'assassiner, d'empoisonner, d'être ingrat envers son bienfaiteur, de battre son père et sa mère quand ils vous présentent à manger... Il n'y a jamais eu de peuple un peu civilisé qui ait établi des lois formelles contre les mœurs, je ne crois pas qu'il y en ait un

1 J.-J. Rousseau.

seul exemple. Des abus s'établissent, on les tolère, ils passent en coutume; les voyageurs les prennent pour des lois fondamentales.... Ce qu'on appelle juste et injuste, c'est ce qui paraît tel à l'univers entier. »

Ces caractères d'invariabilité et d'universalité, que nous remarquons dans la morale de la nature, ne pouvaient manquer à une loi fondamentale, sur laquelle les hommes doivent modeler toutes celles qu'ils font eux-mêmes.

Ils attestent d'ailleurs qu'il y a en nous, comme le dit M. Benazet, « un type préexistant à tout droit écrit de ce qui est en soi juste et bon; » type invariable, toujours et partout semblable à lui-même, dans les enseignements et les prescriptions de la raison et de la conscience, par lesquels il se manifeste.

Or, ce sont précisément ces prescriptions et ces enseignements immuables de la raison et de la conscience, relativement aux mœurs, aux droits et aux devoirs, qui constituent ce qu'on appelle le code moral de la nature, autrement dit, la morale universelle ou la loi naturelle. [1]

1 « Pour trouver le principe le plus universel des lois de la nature, il n'y a qu'à remarquer le point de réunion où aboutissent toutes nos actions, tous nos penchants et tous nos désirs. C'est incontestablement au bonheur, ou à la perfection de notre être. Là tendent généralement le crime et la vertu. Le dernier des scélérats se propose ce but, comme le plus honnête homme. La dif-

Comme nous tenons de Dieu notre raison et notre conscience, leurs prescriptions et leurs enseignements nous viennent aussi nécessairement de lui. D'où il suit que la loi naturelle n'est en définitive que la volonté du législateur souverain, manifestée intérieurement aux hommes, pour être la règle de leur conduite.

Cette loi faite pour l'homme, qui ne peut ni la refondre, ni la modifier, est aussi ancienne que lui, puisqu'elle dérive de sa nature et qu'il la porte dans son cœur. Elle a dû même, comme nous l'avons observé, exister éternellement en Dieu avec la pensée créatrice.

C'est la loi éternelle de justice, dont parle saint Thomas-d'Acquin, c'est-à-dire, la raison gouvernatrice de l'univers, qui préexiste dans l'esprit de

férence n'est que dans le choix des moyens....

« *Donnez-vous, et aux autres hommes toute la perfection qui est en votre pouvoir*, c'est la première des lois, la maxime fondamentale du code naturel, et d'où dérivent tous nos devoirs envers Dieu, envers le prochain, envers nous-mêmes.

« On peut encore trouver ce principe par la nature de la liberté humaine. Un être libre ne peut se déterminer que sur des motifs, et ces motifs sont une perfection qu'il voit ou qu'il croit voir dans l'objet qu'il choisit. L'obligation n'est qu'une *nécessité morale* d'agir selon les meilleurs motifs.

« Les préceptes universels de la morale pratique, en tant qu'ils se bornent à régler les sentiments et les affections de notre âme, sont de la certitude la plus complète et la plus convaincante. Telles sont ces maximes : *aimez la vertu*, *soumettez vos passions à l'empire de la raison*, et les autres qui leur ressemblent... »

Mérian.

Dieu. *Est lex æterna, scilicet ratio gubernatrix orbis universi in mente Dei præexistens*. C'est la loi que suivaient les patriarches avant la révélation de Moïse; « la loi par laquelle, selon Domat, les nations mêmes qui ont ignoré la religion, ont fait subsister leurs sociétés; » la loi en vertu de laquelle, disait Cicéron, l'outrage que Tarquin fit à Lucrèce n'en était pas moins un crime, quoiqu'il n'y eût point encore à Rome de lois écrites contre ces sortes de violences. »

Gravée en caractères indélébiles dans le cœur de l'homme dont elle n'est pas l'ouvrage, elle s'impose à lui pour le conduire; elle lui fait entendre ses oracles, non pas une fois pour toutes, ni à certaines époques particulières, mais à tous les moments où il en a besoin, où il la consulte, dans toutes les circonstances de la vie, avant et après ses actions; avant, pour l'avertir et lui montrer la route; après, pour le féliciter ou le reprendre, et pour le garantir de nouvelles chutes.

Elle lui enseigne, comme règle fondamentale de justice, qu'il ne doit pas faire aux autres ce qu'il ne voudrait pas qu'ils lui fissent, et qu'il doit les traiter comme il voudrait en être traité lui-même en pareille occasion. *Quodcumque oderis nemini feceris*. [1] *Et*

1 Livre de Tobie.

proüt vultis ut faciant vobis homines, et vos facite illis similiter. [1]

Elle lui prescrit de s'abstenir de tout acte que sa conscience condamne, et de conformer sa conduite aux indications qu'elle lui donne. Elle lui apprend enfin qu'il a des devoirs à remplir, non seulement envers ses semblables, mais aussi envers lui-même et envers l'Être infini qui lui prodigue ses bienfaits.

Et en lui apprenant qu'il a des devoirs, elle lui montre aussi comment ces devoirs limitent et, par là même, consacrent ses droits; comment, en étendant ceux-ci au delà de la borne sacrée où ils rencontrent ceux-là, il use d'une liberté funeste et proscrite, viole une obligation chez lui, un droit chez les autres, et se rend coupable de deux fautes à la fois.

De ces principes généraux découle cette définition si connue de la liberté : « La liberté de droit naturel est le pouvoir qui appartient à l'homme d'exercer à son gré toutes ses facultés; elle a la justice pour règle, les droits d'autrui pour bornes, la nature pour principe et la *conscience publique* pour sauve-garde. » Ou bien cette autre moins explicite du baron d'Eckstein : « La liberté *naturelle* est le droit de faire tout ce qui ne nuit pas à autrui ou à la société. »

1 Saint Luc.

IV

OBLIGATION MORALE.

La loi naturelle précède, domine et engendre toutes les autres, en même temps qu'elle leur prête sa force et son autorité. Si elle n'existait pas, aucune n'aurait de base, aucune ne serait obligatoire; les conventions humaines, les traités les plus formels ne seraient que de vaines formules qui n'engageraient en rien les parties.... Mais écoutons là dessus des écrivains bien connus :

« La force des lois civiles, dit Bergier, ne porte que sur une convention; mais, s'il n'y a point de *loi naturelle qui ordonne d'exécuter les lois* qu'on a faites, de quoi servent-elles? Les promesses, les engagements, les serments ne sont que des paroles. Il est aussi aisé de rompre ce lien frivole que de le former. Sans le dogme d'un Dieu législateur, toute obligation morale est chimérique. Force d'un côté, impuissance de l'autre, voilà tout le lien des sociétés modernes. »

« Un accord, dit à son tour M. Boulage, n'est point une loi et n'oblige personne, à moins qu'il n'y ait une autorité supérieure, Dieu, qui le garantisse.

Si l'homme a créé lui-même la règle de ses devoirs, il ne peut être lié par elle. »

« Sur quoi, demande un philosophe de notre temps, fonderez-vous les principes de la justice civile, si vous ne reconnaissez pas une justice antérieure aux institutions civiles? Comment connaître les droits de l'homme en société, si nous ignorons ceux qu'il apporte en y entrant, et à quelles conditions il y est entré? »

La loi naturelle est donc obligatoire, ou rien ne l'est dans notre monde : ni lois civiles ou politiques, ni contrats, ni serments, ni pactes d'aucune espèce. Elle est obligatoire, parce que Dieu a vu dans sa sagesse que l'existence de l'ordre moral, qu'il lui a plu de fonder exceptionnellement pour l'homme ici-bas, exigeait qu'elle le fût.

Aussi a-t-il fait de cette obligation primordiale, source unique de toutes celles que les hommes contractent volontairement entre eux, *une nécessité morale*, indispensable par conséquent, à laquelle nul ne peut se soustraire sans manquer à sa nature et à son auteur, sans renverser pour sa part, l'ordre moral établi dans le monde des intelligences libres, et sans encourir les peines qu'entraîne immanquablement l'infraction de toute véritable loi.

Le jurisconsulte Toullier n'en a pas donné une autre définition : « Cette obligation, dit-il, n'est que la *nécessité morale* de faire les actions commandées par la loi naturelle, de s'abstenir des actions qu'elle défend et de souffrir celles qu'elle permet. »

Le caractère obligatoire de cette loi dérive de sa conformité, de son accord parfait avec notre nature physique et morale, avec la fin que cette nature indique et assigne à l'homme, avec les enseignements et les exigences impérieuses de nos sentiments moraux et de notre raison, et, en définitive, avec la volonté divine, clairement manifestée par tous ces faits. *Ab Jove principium*. [1]

C'est donc encore en nous, dans notre for intérieur et notre entendement que se révèle l'existence de cette obligation morale.

Nous ne pouvons, en effet, penser au bien sans nous croire en même temps obligés de le pratiquer, ni songer au mal, sans aussitôt sentir qu'il nous est interdit. La notion du juste et de l'injuste implique celle du devoir, celles de choses commandées et de choses défendues.

En d'autres termes, les idées et les sentiments de justice sont inséparables des idées et des sentiments d'obligation; ils se confondent et s'appellent réciproquement.

De là vient que nous nous sentons impuissants à

1 Virgile.

croire, lorsque nous rentrons en nous-mêmes, qu'un acheteur quelconque, qui s'engage volontairement, par serment ou par simple parole, à payer le prix du blé qu'on lui livre, se persuade jamais *sincèrement* qu'il n'est pas tenu de remplir sa promesse.

Qui n'a pas d'ailleurs éprouvé quelquefois l'impression pénible qui se produit dans l'âme, à la vue d'un acte inique ou brutal, quelle qu'en fût la victime, connue ou inconnue? Qui, au simple récit des cruautés de Domitien, des sales débauches de Messaline, et de l'odieuse trahison de ce juif infâme qui de nos jours a livré pour de l'or, à l'exemple de Judas, une princesse malheureuse dont il avait su capter la confiance; qui, dis-je, en entendant de pareilles abominations, ne se sent pas animé d'une sorte de répulsion et d'improbation secrète, souvent accompagnée de souffrance morale, d'indignation ou de dégoût? Eh bien, c'est le cri réprobateur de la conscience qui juge.

Elle se prononce tout autrement, s'il s'agit d'une action noble et généreuse. L'âme se dilate alors, elle applaudit, elle est heureuse. N'admirons-nous pas toujours la fille d'Antinoüs empressée auprès d'Ulysse jeté par la tempête dans l'île de son père, la résolution sublime de Régulus allant mourir esclave de sa parole, l'héroïque dévouement du chevalier d'Assas, et la si touchante abnégation de saint Vincent de Paul, cet infatigable apôtre de la charité, et tant d'autres grands et nobles exemples, dont la lecture fait nos délices et nous passionne pour la vertu?

Ce sont là des faits primitifs de conscience, que chacun a pu observer en soi et chez les autres.

« On ne saurait s'empêcher de penser que Dieu *veut certainement* que les hommes suivent les lumières de leur raison, comme ce qu'il y a en eux de plus excellent, comme ce qui seul peut les conduire à la destination de leur nature. » [1]

« Comme être intelligent et moral, l'homme est sujet, sujet de lois qu'il ne fait point et qui *l'obligent* en droit, bien que, comme être libre, il possède le pouvoir de leur refuser, non pas son assentiment, mais son obéissance... Tous les philosophes ont reconnu qu'au-dessus de la volonté de l'individu, plane une certaine loi appelée raison, morale, sagesse ou vérité, et à laquelle il ne peut soustraire sa conduite sans faire de sa volonté un emploi absurde ou coupable. » [2].

Et puis, une loi qui n'est pas obligatoire se conçoit-elle? Qu'y pouvons-nous découvrir qu'une lettre morte, une idée creuse, une loi qui n'est pas loi?

1 Barbeyrac.
2 Guizot.

Le mot loi implique celui d'obligation, ou n'a pas de sens.

V

DEVOIR.

De ce qui précède on est forcé de conclure que le devoir existe pour l'homme ; car le devoir n'est que l'obligation morale d'obéir à la loi.

Or, nous venons de constater, par le témoignage des philosophes, la présence au fond de l'âme humaine de cette loi obligatoire. La conscience individuelle et la raison, que nous avons de même invoquées, nous ont également confirmé cette présence. Elle est donc inconstestable.

Aussi, toutes les fois que nous pratiquons le devoir, nous sommes contents de nous-mêmes; nous jugeons nos actes louables et méritoires, et nous avons l'assentiment des autres. Quand, au contraire, nous le violons, nous nous sentons coupables, nous avons des regrets ou des remords ; le public nous condamne, car nous avons démérité. Donc, comme le dit saint Paul, le code de la loi est écrit dans nos cœurs. *Opus legis scriptum est in cordibus.*

Après cela, demander encore si l'on doit obéir à la voix de la raison et de la conscience, qui proscrit le mal et commande le bien, c'est demander si cette voix est bien réellement celle de Dieu, ou le produit d'une hallucination prolongée ; c'est demander si la loi qu'elle promulgue a tous les caractères d'une loi véritable ; si elle émane d'une autorité légitime, si elle est juste, salutaire et sainte en tout ce qu'elle ordonne et défend ; si elle exprime la volonté du souverain arbitre de nos destinées ; si l'obligation, si le devoir, si Dieu commande avec le droit d'être obéi ; c'est enfin, pour tout comprendre en deux mots, demander si nous devons nous soumettre aux sages injonctions de la Providence, ou accepter le principe absurde et désolant d'un chaos moral universel.

Ces demandes, pour tout esprit droit, non prévenu, touchent au ridicule ou à la folie, tant le doute paraît impossible à leur égard. Nous y avons répondu cependant, et d'une manière assez large, assez péremptoire, ce nous semble, pour qu'il soit inutile d'insister.

Que pourrait-on désirer de plus? Avons-nous en dernier résultat une autre lumière, un autre moyen de certitude que la raison et la conscience, sans cesse interrogées dans ce travail?

La raison et la conscience, n'est-ce pas en effet la voix même de la bonté souveraine qui nous les a départies, la voix de Dieu dans l'âme? n'est-ce pas

« le sentiment du vrai, comme dit un moderne, la révélation de la sagesse et de l'ordre, » cette révélation divine, primitive, incessante, que saint Jean appelle la lumière véritable qui éclaire tout homme venant en ce monde? *Illa lux vera quæ illuminat omnem hominem venientem in hunc mundum.*

Dieu a-t-il pu nous la donner sans dessein, sans intention? et s'il a eu une intention, avons-nous le droit de l'enfreindre?

A quoi nous serviraient d'ailleurs les impérieux enseignements de la raison et de la conscience, si nous n'en faisions pas l'usage auquel évidemment ils sont destinés; si nous ne les acceptions pas comme la loi de nos devoirs, la règle de nos mœurs, pour guider et juger la nature passionnelle et la civiliser.

Il ne nous est pas possible de trouver à notre nature morale un emploi différent, qu'elle soit apte à remplir. Elle est exclusivement appropriée au sien, et elle n'y peut être remplacée par aucune autre faculté. C'est donc bien là sa destination spéciale; sinon, elle n'est plus pour nous qu'un meuble inutile, qui accuse la suprême sagesse. Par ce qu'il fait, Dieu nous montre ce qu'il veut.

Si, parce que Dieu nous a donné la vie, et, avec elle, l'irrésistible besoin de la conserver et de la rendre meilleure, vous affirmez avec raison que nous avons le droit de vivre le plus heureusement que nous le pouvons, vous êtes forcé de convenir pareillement qu'il y a obligation pour nous d'obéir à la loi morale de la nature, puisque c'est Dieu aussi qui nous l'a donnée, et avec elle implicitement l'ordre certain de nous y soumettre et d'y conformer notre conduite.

Dès que nous acceptons les droits que crée l'appétit du bonheur, nous ne pouvons décliner les devoirs que nous impose la loi morale universelle. Les titres et les indications de l'un ne sont pas plus évidents, pas plus sacrés que les titres et les prescriptions de l'autre. Pourquoi donc, au risque d'être inconséquents, nous arrive-t-il de répudier nos devoirs, tout en réservant soigneusement nos droits? C'est, tout le monde le devine, que ceux-ci nous plaisent toujours, parce qu'ils nous profitent; et que ceux-là nous déplaisent souvent, parce qu'ils nous pèsent.

Telle est, sur ce sujet, la doctrine des philosophes païens et chrétiens de tous les temps; celle de Cicéron, de saint Paul, du concile de Trente, de Léibnitz, de Montesquieu, de Jean-Jacques, de Royer-Colard et de son digne successeur à la Sorbonne, M. Adolphe Garnier, dont j'ai entendu avec délices les lumineuses et savantes leçons.... Je n'en finirais pas, si j'entreprenais de nommer tous les écrivains qui l'ont professée.

Je citerai cependant le passage suivant d'un sermon de Bourdaloue pour le premier dimanche de carême, parce qu'en reconnaissant l'existence de la loi naturelle, il répond en même temps aux détracteurs religieux, mais peu éclairés de la raison humaine.

« C'est, dit-il, une doctrine aussi pernicieuse qu'elle paraît religieuse dans son principe, de croire que, depuis le péché de notre premier père, tout est corrompu dans notre raison; et c'est rendre l'homme libertin, sous prétexte de l'humilier, de dire qu'au défaut de la foi, il n'a plus d'autre règle de sa conduite que la passion et l'erreur. Indépendamment de la foi, nous avons une raison qui nous gouverne et qui subsiste après le péché, une raison qui nous *fait connaître Dieu*, qui nous *prescrit des devoirs*, qui nous *impose des lois*, qui nous assujettit à l'ordre.... Elle a des lumières que toutes les passions ne peuvent éteindre et qui nous éclairent parmi les plus épaisses ténèbres. »

La nature morale, on l'a vu, pourvoit à un besoin indispensable, au besoin de justice, c'est-à-dire d'ordre, de paix, de sociabilité, d'assistance mutuelle, en un mot au besoin de bonheur.

Elle dérobe le monde au désordre, à la confusion morale, au règne brutal de la force pure, qui elle-même se croit obligée de justifier ses envahissements et ses attentats, en invoquant des droits et en reconnaissant des devoirs.

« Non seulement les particuliers ont toujours été dans l'usage de s'opposer réciproquement cette loi, les méchants comme les bons; mais les nations, même les plus puissantes, et qui étaient le plus en état de vaincre et de régner par la force des armes, se sont crues obligées de rendre hommage à l'empire universel de cette loi suprême. Il est aisé de s'en convaincre, en lisant toutes les déclarations de guerre et les manifestes qui les accompagnent. Les souverains les plus redoutables s'efforcent de montrer la justice des causes qui les obligent à rompre par les armes les liens de cette société qui unit tous les membres du genre humain... Les lois naturelles agissent plus fortement que les lois civiles sur le cœur du plus grand nombre des hommes. [1] »

La nature morale nous montre Dieu comme rémunérateur et punisseur, l'âme comme immortelle et libre, le devoir comme règle de conduite et loi de l'humanité; et dans ce *compendium* de toute bonne philosophie, elle nous met en possession de ce qu'il

1 Le chancelier d'Aguesseau.

importe à tous de connaître ; car, ainsi que l'a dit M. Cousin, la vie humaine, sans ces trois mots bien compris : Dieu, l'âme et le devoir, n'est qu'une douloureuse et accablante énigme.

Par sa nature morale surtout, l'homme mérite le rang élevé qu'il occupe dans la création ; il distingue le juste de l'injuste, le bien du mal, et sent en lui de la sympathie pour l'un, de l'aversion pour l'autre ; il se connaît des droits, il admet et accepte des devoirs ; mais ni droits ni devoirs ne dominent sa volonté, son libre arbitre ; il conçoit le beau qui est dans le bien et le vrai ; il conçoit même à certains égards, le type incréé de l'infinie perfection ; il l'admire, il l'adore et cherche à l'imiter.

Quoi de plus touchant, et à la fois de plus grand sous le ciel, que l'héroïsme de la vertu ! Y a-t-il rien au monde qu'on puisse lui comparer ! Eh bien, l'homme seul en est capable ; il peut s'élever jusqu'au sublime des sentiments et des actions, jusqu'à l'immolation de lui-même. C'est un être à part, un être privilégié, dont l'attribut le plus précieux et le plus noble, la moralité, le rapproche de son divin modèle.

Cette nature morale cultivée a produit les Socrate, les Aristide, les Régulus, les Antonins, les d'Assas, les Bayard, les Lhopital, les Harlay, les Fénélon et mille autres qui lui doivent leur grandeur d'âme, leur admirable dévouement au juste et au vrai, leur inflexible courage, en un mot, toutes les hautes et nobles vertus qui les ont immortalisés. C'est dans ces âmes d'élite, où le sentiment du beau moral domine, que ce beau, supérieur à tous les autres, est vraiment la splendeur du bien.

VI

RÉPONSES A QUELQUES OBJECTIONS.

Ne pouvant nier la réalité des idées et des sentiments moraux, certains philosophes en ont du moins méconnu l'origine et l'invariabilité.

Suivant eux, ces idées et ces sentiments seraient arbitraires, d'invention humaine, et l'éducation les aurait propagés diversement, de génération en génération, pour l'utilité individuelle et générale.

Cette erreur, car c'en est une, se trouve déjà implicitement réfutée dans les explications précédentes, mais il ne peut être superflu de les fortifier par quelques considérations nouvelles.

Comme toutes les choses de ce monde, les idées et les sentiments de moralité se développent par degrés. Seulement, pour chaque individu comme pour chaque peuple, l'évolution en est plus ou moins rapide et complète, suivant les occasions favorables ou défavorables qu'il rencontre, la bonne ou mauvaise éducation qu'il reçoit, les circonstances particulières ou générales qui l'entourent, et les institutions civiles et religieuses qui le régissent.

« Le sentiment moral ou la conscience s'éveille de bonne heure, dit un membre de l'Université; mais il se développe lentement. Il suit pas à pas l'intelligence, grandit ou décroît, s'éclaire ou s'obscurcit avec elle. »

Tout ce qui se développe existe nécessairement, au moins en germe. Il faut bien en effet, qu'il y ait quelque chose à développer pour qu'un développement s'opère.

Dans l'ordre intellectuel et moral, ce sont les facultés de l'âme qui remplacent le germe matériel; ce sont elles, par conséquent, qui progressent et s'étendent.

Ainsi, les idées et les sentiments de moralité éclosent et grandissent, parce qu'ils existent d'abord à l'état de facultés. Or, une faculté, c'est une force productrice, une puissance de l'âme. L'âme humaine a donc la faculté de produire des idées et des sentiments moraux, puisqu'il est constant que nous avons ces idées et ces sentiments.

Les facultés ne se donnent pas, ne s'acquièrent pas; elles sont innées; nous les tenons immédiatement de Dieu. Nous pouvons seulement les étendre et les perfectionner par la culture et l'exercice.

Ainsi, il ne faut pas dire, avec quelques sophistes, que c'est l'éducation qui donne les idées et les sentiments. Non, ce qui les donne, ce qui les produit, c'est ce qui les contient virtuellement : c'est la faculté ou force génératrice que l'homme possède en lui.

Mais son éducation, c'est-à-dire ses relations de tous les jours avec les personnes et les choses qui l'entourent, les fait éclore, épanouir et mûrir, à peu près comme, sous l'action bienfaisante de l'eau, de l'air et du soleil, la plante montre ses fleurs et ses fruits ; la terre féconde les germes déposés dans son sein, puis les pousse en épis dorés ou en forêts géantes!

On ne s'est pas entendu, ou bien on a fait une part trop large, une part absurde à l'éducation, en lui attribuant le pouvoir exorbitant de créer de rien des idées et des sentiments moraux.

Vous pouvez sans doute, par l'éducation, en transmettre plus ou moins à l'un de vos semblables, parce que vous et lui avez également dans votre âme la faculté qui les sent et les conçoit. Mais essayez de les faire naître dans une plante, par exemple, ou même dans un animal, vous n'y réussirez jamais, par la raison toute simple qu'ils manquent de cette faculté conceptive.

En vain l'air et le soleil exerceront leur action ; si

le grain de blé n'existe pas, vous n'en aurez jamais les épis.

Et puis, pour communiquer à autrui une chose quelconque de l'ordre intellectuel ou moral, il faut la posséder en soi ou l'avoir prise quelque part. Or, où voulez-vous puiser des idées et des sentiments, si ce n'est dans notre âme, immatérielle comme eux, et seule capable, par là même, de leur donner naissance? [1]

Le maître qui les transmet les a donc trouvés dans son propre fond, ou au moins dans celui des autres hommes; et, dans ce dernier cas encore, il a fallu qu'il eût en lui la faculté de les concevoir pour se les approprier. « On ne met rien dans l'âme humaine que ce que la nature y a mis. » [2]

Nous ne saurions inventer des idées et des sentiments qui n'auraient de type ni de réalité nulle part. Quelque haut qu'on veuille remonter pour en chercher l'origine, on sera toujours forcé de s'arrêter au foyer animique et mystérieux qui les recèle et les élabore. Au delà, vous ne trouvez plus que Dieu. « Dieu! s'écrie M. Saint-Marc Girardin, l'inévitable mot vient au bout de toutes les études de l'homme, et surtout de l'étude de soi-même. »

1 La pensée et la volition, le chagrin et la joie, n'ont absolument rien de matériel; ce n'est donc pas la matière qui pense, qui veut, se réjouit ou s'afflige.

2 Benjamin Constant.

Si tout se développe dans la nature, tout aussi a ses conditions de développement : la plante, l'animal, l'homme.

La condition indispensable de l'épanouissement des facultés morales de l'homme, c'est qu'il vive avec ses pareils, qu'il soit témoin de leur conduite, de leur équité ou de leur injustice, de leur bienfaisance ou de leur méchanceté les uns envers les autres, de leur moralité en un mot. Ces faits, ou d'autres analogues, dont il souffre ou profite quelquefois lui-même, éveillent immanquablement son attention, et sont ainsi les occasions ou les causes occasionnelles de l'éclosion de ses notions morales.

Comment, en l'absence de ces faits, voudriez-vous que les semences de bien et de mal qu'il a en lui germassent et grandissent dans sa tête et dans son cœur, qu'il eût l'idée et la conscience actuelle de ce qu'il ne connaîtrait pas, de ce qu'il n'aurait jamais vu? Un homme enfermé dès sa naissance dans un antre obscur, se ferait-il, avec la meilleure vue du monde, une idée de la lumière et des couleurs?

Nous ne pouvons donc éprouver un sentiment moral distinct, et acquérir la notion exacte du juste et de l'injuste, qu'autant que des actes volontaires, louables ou blâmables, vertueux ou criminels, ont frappé nos yeux et nos oreilles; qu'autant, du moins, que nous apercevons ou supposons chez les autres l'intention ou la volonté libre de nous faire, à nous ou à nos semblables, du bien ou du mal. Or, nécessairement, rien de tout cela n'arrive, si nous ne nous trouvons jamais en relation avec aucun d'eux.

Ces relations elles-mêmes laisseront le développement en question imparfait encore, si, par l'effet de causes quelconques, l'esprit humain languit dans l'engourdissement et le sommeil; car nous devons nous rappeler que lorsque l'intelligence est stationnaire, comme chez les idiots, la moralité aussi s'arrête; que le mouvement de celle-ci suit ordinairement l'évolution de celle-là, que l'une et l'autre enfin marchent à peu près du même pas et de front.

Il arrive même quelquefois, on doit le reconnaître, que la conscience, privée des lumières de l'entendement ou aveuglée par quelque passion vive et forte, s'obscurcit et s'égare, et « qu'acceptant tout sans examen, elle glorifie le crime et condamne la vertu, à cette condition toutefois, condition bien remarquable, que le crime lui est présenté comme une vertu, et que la vertu lui est présentée comme un crime. »[1]

Mais des exceptions rares, produites par une éducation de forban ou de fakir, ou par l'ignorance grossière de quelques esprits stupides, qui n'ont pu s'épanouir au contact de voisins comme eux sans culture, ne détruisent pas la règle.

1 Aimé Martin.

Il est même certain que ce manque de moralité n'est que partiel, et que, sur beaucoup de points, les points principaux surtout, ils n'en sont pas plus dépourvus que l'homme civilisé. « En fait de morale véritable, dit le philosophe de Ferney, l'essentiel, l'important demeure toujours. »

L'ignorance, la dépravation, l'aveuglement des passions brutales expliquent surabondamment tout ce qui, dans l'histoire ou ailleurs, semble contredire l'universalité et l'invariabilité de la loi du devoir.

On ne cite guère du reste contre elles que quelques usages ou quelques faits isolés dont on ne peut rien conclure, et dont la plupart même sont loin d'être authentiques. Aussi ne m'arrêterai-je pas plus longtemps à réfuter les objections qu'on en tire.

Nous y avons d'ailleurs répondu déjà par ces quelque mots de Voltaire : « Il n'y a jamais eu de peuple un peu civilisé, qui ait établi des lois formelles contre les mœurs ; je ne crois pas qu'il y en ait un seul exemple. Des abus s'établissent, on les tolère, ils passent en coutume ; les voyageurs les prennent pour des lois fondamentales. » Voilà l'explication la plus naturelle et la plus vraie.

On a improuvé l'esclavage dans les temps mêmes où il était le plus répandu, où il devait paraître le plus nécessaire. « Si les Stoïciens ne purent le proscrire des lois romaines, ils y protestèrent du moins qu'il était contre nature. »[1]

L'esclavage n'a d'ailleurs rien qui blesse à son origine, si, comme on le croit généralement, il ne fut d'abord établi que par un sentiment de miséricorde et de pitié.

Les peuples guerriers, dit-on avec vraisemblance, aimèrent mieux asservir des captifs qu'ils avaient lieu de craindre, que de les immoler, selon l'usage, au Dieu des combats. L'esclavage, dans ce cas, était un progrès, indice d'adoucissement dans les mœurs de l'époque.

C'était sans doute par un sentiment semblable que les Scythes nomades, si toutefois l'histoire est fidèle, tuaient leurs pères chargés d'ans et hors d'état de les suivre dans leurs lointaines expéditions guerrières. Il leur répugnait vraisemblablement de les abandonner à la cruauté de leurs ennemis, ou de les laisser périr misérablement loin d'eux et sans secours. Dans des faits inhumains, parfois l'humanité se retrouve, tant partout elle est gravée au fond des cœurs.

Mais il y a sur l'invariabilité de la loi naturelle une autre cause d'erreur plus commune et plus générale.

1 Garreau de Coulon.

Comme il existe une morale immuable que Dieu a faite, il existe aussi une morale factice que les hommes ont inventée.

Celle-ci consiste en prescriptions et en pratiques, que diverses croyances religieuses, des institutions civiles et politiques, des coutumes ou des préjugés superstitieux ont introduites dans le monde et lui ont imposées comme devoirs, sous le nom abusif et faux de morale.

Chez tous les peuples il y a eu de ces prescriptions arbitraires et de ces pratiques, qui se mêlaient aux injonctions de la vraie morale, et qui souvent ont prévalu sur elles.

Les Juifs, entre autres, au lieu d'accomplir les préceptes divins, d'honorer leur père et leur mère, observaient religieusement de vaines traditions humaines qu'ils regardaient comme obligatoires, et se livraient à des pratiques et cérémonies superstitieuses qu'ils avaient eux-mêmes établies.

Ils n'omettaient aucune des mille ablutions et observances légales; ils lavaient ponctuellement les vases et les coupes, et se disaient justes et saints. *Relinquentes mandatum Dei, tenetis traditionem hominum,* leur disait J.-C.; *baptismata urceorum et calicum, et alia similia his facitis multa.*[1]

1 Saint Marc, 7-8.

Cette prétendue morale, on le conçoit, ne peut être uniforme, ni permanente. Elle change comme les besoins, les intérêts, les préjugés, comme l'esprit inconstant de l'homme. Elle diffère d'elle-même selon les temps et les lieux, selon le degré de lumière et de civilisation de chaque peuple; raisonnable et utile ici; ailleurs ridicule et absurde; tantôt bonne, tantôt mauvaise, suivant qu'elle se rapproche ou s'écarte du modèle invariable que Dieu a déposé dans nos âmes.

Parmi les institutions et les lois des hommes, il en est que la morale universelle approuve, d'autres qu'elle condamne. Il en est aussi d'indifférentes qu'elles n'approuve ni ne condamne, qui ne sont pas de son domaine.

Ainsi, il était défendu à Rome d'épouser sa sœur, tandis que chez les Egyptiens, les Athéniens et les Juifs, il était permis d'épouser sa sœur de père. Ainsi David, Salomon avaient plusieurs femmes, et nos rois n'en ont qu'une. La polygamie autorisée en Orient, est interdite en Occident; le divorce, admis dans un état, est rejeté dans un autre. On n'a pas manqué d'en conclure que la morale n'est pas la même partout.

Mais ces sortes de lois conventionnelles, écrites ou non, ne blessent en rien la morale de la nature, quand les faits qu'elles consacrent se pratiquent d'accord entre toutes les parties intéressées, dans des conditions d'honnêteté, de justice, de franchise et de vérité. Ces lois n'intéressent pas la conscience; elles ne sont en elles-mêmes ni coupables, ni vertueuses; elles ne font rien à la question présente.

Elles peuvent quelquefois, comme je l'ai dit, convenir à une époque, à une nation donnée, eu égard à ses mœurs et à ses institutions; mais vous n'avez toujours là qu'une morale variable, multiforme, locale, arbitraire et d'invention humaine, dans laquelle on ne trouve aucun des grands caractères de la seule vraie morale, de la morale éternelle qui émane de Dieu, que Dieu lui-même a déposée dans nos âmes : *Opus legis scriptum est in cordibus.* [1]

C'est néanmoins en confondant sans cesse cette morale versatile et conventionnelle, avec la morale universelle et immuable, que l'on accuse injustement celle-ci de mobilité, d'erreur et d'imposture; accusation mal fondée, qui dénote chez ses auteurs beaucoup d'ignorance ou de légèreté.

Non, la morale véritable n'est ni mobile, ni erronée, ni diverse; mais au contraire invariable, toujours une et identique à elle-même, quant au fond; car le modèle idéal s'en maintient inaltérable dans l'entendement humain.

1 Saint Paul.

Une loi positive, disent les jurisconsultes romains, peut être détruite ou abrogée par une autre loi positive ; mais une pareille loi ne peut jamais ni changer ni abolir la loi naturelle. *Civilis ratio civilia quidem jura corrumpere potest ; naturalia vero non utique.*

VII

LIBERTÉ MORALE.

Sans la liberté de l'âme, avec la raison et la conscience seulement, la nature morale de l'homme serait encore incomplète ; il lui manquerait un élément indispensable. Nous devons donc, pour en constater l'intégrité, montrer aussi que l'homme est véritablement libre.

On comprend bien qu'il ne s'agit ici ni de liberté physique, ni de liberté civile ou politique, mais de la liberté morale de l'homme, ou de son libre arbitre. Il ne faut pas, comme il arrive, confondre des choses toutes différentes.

Ainsi, la liberté morale n'est pas le pouvoir de faire ou d'agir comme on veut, mais le pouvoir de vouloir ou de se déterminer librement.

Tel souvent qui peut faire une chose, ne le veut pas ; tel autre qui le veut, ne le peut pas. Mais l'homme, qu'il soit faible ou fort, libre ou esclave, a toujours la puissance de vouloir; sa volonté reste indépendante, alors même que son action est entravée. Le mot de liberté morale s'applique constamment à sa volonté, jamais à son pouvoir physique.

Quelquefois cependant, nous l'avons vu, on fait l'inverse : j'ai un époux, dit la femme mariée; j'ai un chef, dit l'employé; j'ai un maître, dit l'ouvrier : et tous en concluent qu'ils ne sont pas libres.

Dans ce sens là, personne en effet ne l'est absolument. Nous subissons tous un asservissement quelconque, nous dépendons tous de nos besoins et de nos semblables. Mais là n'est pas la question de la liberté morale.

La liberté morale, c'est la liberté ou l'indépendance de notre volonté devant les motifs de nos déterminations; c'est, selon la définition de Laromiguière, « le pouvoir que nous possédons de vouloir ou de ne pas vouloir après délibération; » ou bien, selon M. de la Luzerne, « le pouvoir de nous déterminer *nous-mêmes* par des motifs. »

Ces deux définitions, différentes dans les termes et plus ou moins explicites, sont néanmoins au fond tout-à-fait identiques.

Mais les fatalistes ne conviennent pas que nous nous déterminions *nous-mêmes* par des motifs. Ils prétendent, au contraire, que ce sont les motifs qui nous déterminent toujours *nécessairement* à vouloir ce qu'ils veulent.

De cette sorte, ils anéantissent la liberté de l'homme ; car la conséquence qui découle de leur principe, c'est que notre volonté est fatalement entraînée dans ses déterminations, par les idées qui nous viennent fortuitement à l'esprit, et dont la présence, aussi bien que l'absence, est accidentelle, contingente, et ne se commande pas ; ou, plus exactement, par les motifs que ces idées fortuites nous suggèrent ; c'est qu'au lieu d'être une faculté active, ayant sa force en elle-même, notre volonté n'est plus qu'une esclave sans spontanéité ni pouvoir de résistance, qu'un automate sans mouvement qui lui soit propre : son seul rôle est d'obéir.

Mais les dépositions du bon sens et du for intérieur, le témoignage universel et les institutions sociales de tous les peuples, s'élèvent hautement contre un principe arbitraire, hasardé, qui contient des conséquences aussi pernicieuses que dégradantes pour l'espèce humaine.

En effet, les motifs par lesquels nous nous déterminons nous-mêmes, nous sont fournis par des idées, par des considérations d'utilité, d'agrément ou de devoir. Ce sont des raisons de faire ou de ne pas faire, d'agir d'une façon plutôt que d'une autre.

Aussitôt que quelques uns de ces motifs se sont

offerts à notre esprit, ils sont en notre possession ; nous en disposons à volonté, nous les examinons sous leurs différentes faces, nous les retournons dans tous les sens, en un mot nous les discutons, et puis, nous les adoptons ou les repoussons, quelquefois pour les reprendre et les abandonner encore, soit en totalité, soit en partie ; et toujours, remarquez-le bien, avec la conviction et le sentiment intime que nous restons constamment libres de rejeter ceux mêmes que nous venons d'accepter, et d'accepter ceux que nous venons de rejeter.

Si nous en sommes ainsi les maîtres, comment pouvons-nous en être les esclaves ? Si nous les balottons, pour ainsi dire, et les soumettons à notre jugement, comment sommes-nous en même temps dominés par eux ? comment nous entraînent-ils, nous déterminent-ils forcément et fatalement ?

Des motifs qui auraient ce caractère de nécessité déterminante, irrésistible, n'agiraient-ils pas immédiatement sur la volonté, ne produiraient-ils pas sur le champ la volition ? Nous serait-il possible d'en retarder ou d'en suspendre l'effet, pour les considérer à loisir, pour les peser, les comparer et les juger, comme nous le faisons si fréquemment ? Pourrions-nous résister un seul instant au premier d'entre eux qui s'offrirait à notre esprit ? Pourrions-nous jamais délibérer avant d'agir ?

Non ; tout ce qui est nécessaire et fatal dans le sens métaphysique, n'est susceptible d'aucune modification. On n'en peut précipiter la marche, ni l'arrêter ni même la ralentir.

C'est comme les arrêts du destin dans l'antiquité païenne. Ils sont irrévocables ; nul ne saurait les fléchir ; les Dieux mêmes n'ont aucun pouvoir sur eux... C'était une vive image de la nécessité.

Comme cependant l'expérience de tous les jours démontre que nous avons du pouvoir sur les motifs présents à notre pensée, puisqu'ils souffrent que nous les discutions, que nous choisissions entre eux, ou que nous les repoussions tous pour en chercher d'autres, nous sommes bien forcés de leur denier cet empire inévitable et absolu que leur prêtent les fatalistes ; nous sommes bien forcés de convenir que la volonté ne leur est pas nécessairement assujettie, qu'elle peut leur résister comme leur obéir, qu'en un mot elle est libre.

Le fait de la liberté réside tout entier dans la résolution que prend l'homme à la suite de la délibération ou discussion des motifs. Au moment même où, bien décidé, il dit : *je veux, je ferai*, il sent, nous sentons nous-mêmes qu'il pourrait encore vouloir ou faire autrement. Là se révèle sa liberté. [1]

1 Guizot.

La liberté de notre volonté, que Descartes range parmi les vérités de sens commun, se connaît sans preuve, dit-il, par la seule expérience que nous en avons. [1] Elle n'est pas seulement une conception de l'esprit, elle est encore et surtout une donnée de la conscience. C'est en nous que nous la trouvons, que nous l'expérimentons, que nous en constatons la présence et l'action.

Ce qui prouve la réalité de cette présence et de cette action au fond de notre âme, dans ce foyer de nos sentiments, c'est que, naturellement et sans y penser, nous nous croyons libres, et ce qui prouve que nous nous croyons libres, c'est que perpétuellement nous nous comportons comme si nous l'étions.

Est-il personne en effet, qui ne forme des projets pour l'avenir, qui ne donne sa parole ou ne fasse des promesses pour une époque déterminée, qui ne se reproche parfois, tantôt d'avoir parlé ou agi, tantôt d'être resté muet ou en repos? Et puis, qui de nous dans sa vie n'a pas eu des regrets ou des remords, n'a pas connu le repentir? Le repentir n'atteste-t-il pas que nous avons conscience de notre liberté? Pourquoi en effet nous repentirions-nous d'une mauvaise action, si nous ne sentions pas qu'il ne tenait qu'à nous de ne pas la commettre? Est-ce que nous

1 *Les Principes*, 29.

nous repentons d'avoir commis une erreur de calcul, par exemple? jamais que je sache. Le mot repentir dans ce cas serait impropre et même ridicule. Pourquoi? parce que l'erreur étant indépendante de la volonté, ne saurait être coupable. On la déplore quelquefois, on s'en afflige, mais on ne s'en repent pas. La conscience nous indique trop clairement qu'une faute involontaire n'a rien de commun avec la liberté, ni par suite avec le devoir, avec la responsabilité morale.

On peut en dire autant du remords, qui n'est au fond, comme le repentir, qu'un reproche secret de la conscience, mais un reproche plus vif, plus profond que le repentir proprement dit, parce qu'il provient d'une faute plus grave, ou d'une âme plus sensible. S'il y a toujours dans le repentir quelque douleur morale, cette douleur du moins n'a rien d'amer; dans le remords au contraire, elle devient un tourment qui déchire et qui ronge le cœur. Nous acceptons volontiers le repentir; il ne nous est pas à charge, il attendrit et quelquefois soulage, car il commence l'expiation. Nous subissons le remords malgré nous; car il est un fardeau et déjà un châtiment. Mais ce qui surtout les distingue l'un de l'autre, c'est que le repentir implique le désir de réparer le mal qu'on a fait et de s'en abstenir désormais, tandis que le remords ne s'en préoccupe pas. Caïn poursuivi par le remords n'avait du repentir que le fond, c'est-à-dire le reproche intérieur de sa conscience, d'où nous inférons qu'il était, qu'il se sentait libre.

Tout cela ne démontre-t-il pas que nous nous croyons, que nous nous sentons libres également de choisir entre le bien et le mal, de tenir nos engagements ou de les rompre, d'exécuter nos projets ou d'y renoncer, de parler ou de nous taire, d'agir enfin ou de nous abstenir?

Et les conventions, les traités de toutes sortes, les tribunaux et leurs jugements, les monuments législatifs, politiques et religieux de tous les peuples, ne prouvent-ils pas aussi que cette croyance et ce sentiment sont universels et comme inhérents à notre nature?

Est-il besoin d'ajouter que les avertissements, les conseils et les exhortations supposent la liberté de s'y conformer; que le blâme et la louange partout en usage, les peines et les récompenses généralement distribuées, les unes au crime, les autres à la vertu, indiquent clairement aussi que l'humanité tout entière est pénétrée du sentiment de sa liberté morale?

Et si l'espèce humaine sent en elle cette liberté, comment son sentiment unanime et sa croyance invincible ne seraient-ils qu'une illusion, une erreur? comment Dieu l'aurait-il trompée tout entière?

Comme Descartes disait : je pense, donc j'existe,

tout homme ne peut-il pas dire aussi et à plus forte raison : je sens que je suis libre, donc je le suis? Car, ce que la conscience dénonce à tous ~~comme à moi~~, est irrécusable; autrement le sceptique a raison, il n'y a pas de certitude au monde.

D'autre part, si l'homme n'était pas libre, s'il était fatalement entraîné à faire et à dire tout ce qu'il fait et dit, il faudrait donc se résigner à ne voir qu'une perpétuelle injustice ou une perpétuelle folie dans les reproches et les louanges, dans les peines et les récompenses, toutes alors également imméritées?

Enfin, avec cette déplorable négation de la liberté, on renverse d'un seul coup tout l'ordre moral par sa base ; la terre est à l'instant livrée au chaos ; plus de justice ni d'injustice, plus de crimes ni de vertus, plus de bien ni de mal par conséquent, plus de droits ni de devoirs, plus de responsabilité, de mérite ni de démérite ; plus rien qu'un Dieu menteur et insensé, ou plutôt qu'une fatalité aveugle, qu'une nécessité cruelle et désespérante!

Quand un principe amène irrésistiblement des conséquences aussi absurdes, n'est-ce pas une preuve certaine qu'il est lui-même faux et absurde? « Si quelque chose est vrai, c'est ce qui a l'absurde pour contraire. » [1] Or, l'absurde est ce qui choque les lumières naturelles de tous, ou le bon sens universel.

1 Géruzez.

VIII

PRESCIENCE.

Quand après cela on pourrait démontrer l'impossibilité prétendue d'accorder cette liberté avec la prescience divine, on n'infirmerait en rien la force des preuves que nous venons de présenter. Il faudrait seulement en conclure avec tous les penseurs que, quant à présent du moins, il n'est pas donné à l'esprit humain de tout expliquer.

Mais l'impossibilité de cette conciliation n'est pas réelle.

De ce que Dieu sait de toute éternité et sans erreur possible, ce que chacun de nous doit penser et faire dans le cours de sa vie, il s'en suit sans doute que ce qu'il sait arrivera infailliblement; voilà ce qui est incontestable. Mais cette conséquence, la seule logiquement permise ici, n'implique pas du tout qu'il entrave notre liberté. Il prévoit l'usage que nous en ferons, mais il ne le commande pas, ne le règle pas; prévoir ce n'est pas vouloir. On peut prévoir une chose sans agir sur elle; l'un n'entraîne pas l'autre, et je ne vois pas comment la prévision en Dieu des actes que doit produire chez nous la liberté pourrait en gêner l'exercice. Dieu ici voit, connaît, mais il n'agit pas, il n'influence pas, il nous laisse libres, pour que nous demeurions responsables.

Nous nous conduisons comme il l'a prévu, non parce qu'il l'a prévu, mais parce que nous l'avons voulu ; de même, il prévoit le mal que nous ferons, non, bien entendu, qu'il le veuille jamais, mais parce qu'il sait que nous le voudrons : nous nous déterminons délibérément, en conséquence de notre liberté, non en conséquence de sa prescience. Mais, comme il ne peut se tromper, nos déterminations, quoique libres, sont toujours conformes à ses prévisions. Est-ce que cet accord entre ses prévisions et nos déterminations *nécessite* la dépendance des unes à l'égard des autres, et détruit notre liberté ?

Quand Newton prédisait une éclipse de soleil ou de lune, l'éclipse avait lieu sans qu'il exerçât sur elle aucune influence, sans qu'elle dépendît en rien de sa prédiction. Sans doute il connaissait les lois qui régissent le cours des astres. Mais pourquoi Dieu, l'omniscience, ne connaîtrait-il pas directement d'avance toutes les déterminations libres et possibles de la volonté de chacun, sans avoir eu besoin, à cet effet, de les soumettre à aucune loi fatale ?

Voir un évènement dans l'avenir, avec certitude qu'il arrivera, ou le voir actuellement de sa fenêtre, ce n'est pas, dans un cas plus que dans l'autre, le gouverner ou le conduire : c'est tout simplement en être spectateur.

Pour Dieu d'ailleurs, qui embrasse tout d'un même coup d'œil, à proprement parler le présent seul existe. Le passé et l'avenir, unis au présent, se rencontrent ensemble et en même temps sous son immense regard.

Il n'y a point de succession pour l'Être infini; il n'y a ni durée ni époque pour l'Éternel. Il voit à la fois et comme actuelles toutes les pensées et les actions de l'homme, à quelque phase de sa vie qu'elles appartiennent. Il en est le témoin impassible, parce qu'il veut que nous soyons libres. Mais cette impassibilité n'exclut pas l'action secrète par laquelle il vient en aide aux hommes de bonne volonté.

Eh bien, être le témoin d'un fait, connaître la pensée qui le suggère, est-ce produire le fait? est-ce influencer la pensée? en aucune manière évidemment. Donc la prescience divine ne nuit point à notre liberté, ne nous empêche pas d'être libres.

Les hommes, les passions, les besoins, la raison et la conscience, en deux mots, la nature passionnelle et la nature morale, exercent tour à tour ou à la fois leur influence sur la volonté, sans qu'elle cesse d'être libre. Ils la sollicitent diversement, soit pour le bien, soit pour le mal, sans pouvoir l'asservir. Toujours maîtresse d'elle-même, elle prête ou ferme l'oreille à leurs suggestions, elle suit ou rejette à son gré leurs enseignements et leurs conseils.

Mais par là même qu'elle est essentiellement libre, elle se rend coupable, lorsqu'au lieu de se ranger aux salutaires avis de la sagesse et du sens moral, qui ont mission de la conduire et de la juger, elle s'abandonne aux séductions des passions égoïstes et dépravées.

« La volonté demeure libre d'obéir ou de désobéir à la raison, mais la raison à son tour demeure indépendante de la volonté, et juge, d'après la règle qu'elle a reconnue, la volonté qui ne s'y soumet point. » [1]

Nous venons d'établir que l'homme est libre d'obéir ou de désobéir à la raison et à la conscience, de diriger vers le bien ou vers le mal l'appétit du bonheur, de se soumettre enfin à la loi morale ou de lui résister.

Cette règle cependant n'est pas sans exceptions.

D'abord notre raison et notre conscience, plus ou moins développées, ne nous parlent pas à tous un langage également énergique et clair. Ensuite nos

1 Guizot.

dispositions naturelles, nos passions bonnes et mauvaises sont différentes et inégales chez chacun de nous par leur caractère et leur force. La volonté de l'un est fréquemment poussée au mal, celle de l'autre ordinairement inclinée au bien; la mienne est souvent faible, la vôtre habituellement ferme : la même force de volonté n'a pas été donnée à tout le monde.

Il n'en résulte nullement que quelques hommes soient dépourvus de liberté morale, mais qu'à l'instar des autres biens, cette liberté nous a été inégalement répartie, en ce sens qu'il faut aux uns plus d'efforts, aux autres moins, pour résister à l'entraînement du vice et pour pratiquer la vertu.

Quoique nous soyons tous libres, on peut donc dire que nous ne le sommes pas au même degré. D'où il suit sans doute que la même faute ne nous impose pas à tous une culpabilité, ni une responsabilité égales, mais peu importe : il n'y a pas là de difficulté pour la justice divine. Elle saura bien n'exiger de chacun qu'en proportion de ce qu'il aura reçu et des efforts qu'il aura pu faire, eu égard à son caractère et à son éducation.

Cette dose différente de liberté morale accordée à chaque homme, il ne la conserve pas toujours intacte. Il la perd en partie, quelquefois même totalement, lorsque, dans l'emportement des grandes passions, toutes ses facultés sont comme absorbées dans la pensée du seul objet qui s'est emparé de son âme. Il ne raisonne plus alors, il ne se possède plus : il est entraîné, subjugué.

Quelquefois aussi il est tout-à-coup surpris par quelque chose d'imprévu qui le frappe au cœur, le saisit et le blesse. Subitement alors, et avant toute réflexion, sa passion s'allume, éclate ; elle l'emporte à son insu, et il parle ou agit instinctivement et presque fatalement.

Mais ce n'est heureusement pas là son état normal. C'est une crise qui ne dure pas, un accès fébrile et passager qui ne fait pas loi. Bientôt, le calme revenu, il réfléchit, reprend sa raison, et rentre dans la possession de lui-même et de sa liberté.

Comme pour l'ordinaire toute passion a son cours d'une durée quelconque, il va sans dire que, pendant qu'elle le suit, grandissant d'heure en d'heure, nous restons toujours plus ou moins libres, jusqu'au moment possible où elle est parvenue à son dernier paroxisme. Alors seulement nous cessons tout-à-fait de l'être ; car pendant ce temps là nous sommes en démence.

Mais, s'il est vrai qu'une passion n'arrive presque jamais que par degrés à cet excès d'intensité ou de violence, le bon sens dit que, pour prévenir ses ravages probables, nous devons dès sa naissance, ou la guider vers un but louable, ou arrêter prudemment son accroissement ultérieur, en fuyant les occasions capables de la nourrir ou de l'enflammer, en cherchant à la distraire ou à la tromper par des occupations attachantes et variées, qui excitent continuellement l'action des puissances de l'âme.

Ce moyen est praticable dans les commencements de la passion. Si nous n'en usions pas alors que notre raison, exempte de fascination et d'aveuglement, peut encore diriger notre volonté, nous serions moralement responsables des suites.

Principiis obsta ; serô medicina paratur,
Cùm mala per longas invaluere moras. [1]

IX

MAL MORAL.

Le mal moral, dans le sens vulgaire du mot, c'est le péché, et le péché, c'est l'infraction de la loi du devoir, soit envers Dieu, soit envers nos semblables, soit envers nous-mêmes. Les chagrins, les maladies, qui ne sont pas des fautes, n'appartiennent pas, comme on voit, au mal moral que nous venons de

1 Ovide.

définir ; ce n'est pas d'eux que nous voulons parler.

Le premier homme et la première femme ont péché, ont transgressé la loi qui leur était imposée : voilà le mal moral en actes. Comme eux, leurs descendants ont péché ; nous péchons continuellement encore aujourd'hui, malgré la crainte des tribunaux, les secrets reproches de la conscience et les secours multipliés de la religion. Il est même à peu près certain que, quelque part qu'il vive, et nonobstant sa perfectibilité reconnue, l'homme péchera toujours plus ou moins, tant qu'il conservera son libre arbitre, et que sa nature restera ce qu'elle est ; je veux dire, tant qu'elle sera bornée, finie, imparfaite, comme tout ce qui est créé.

L'imperfection morale de l'homme consiste surtout dans sa faiblesse, son ignorance, [1] et son penchant trop ordinaire à chercher le bonheur dans de coupables jouissances : *ruit per vetitum......* [2] Avec de pareilles infirmités morales et la liberté qu'il a de s'abandonner à leur dangereuse influence, il est bien difficile, pour ne pas dire impossible, de se le figurer marchant constamment et sans broncher dans la voie du bien ; car alors il serait moralement parfait avec une nature imparfaite.

1 *L'ignorance, la plus dangereuse des maladies de l'âme et la source de toutes les autres.* Bossuet ; *Discours sur l'hist. univers.*, 3e partie.

2 Horace.

De là je conclus naturellement que le mal moral n'existerait pas, si l'homme n'avait en lui ni les faiblesses, ni les défauts que je viens de signaler, si, en un mot, il était parfait; attendu que la désobéissance à la loi étant une imperfection, il ne lui désobéirait jamais.

De même, s'il n'avait pas son libre arbitre, s'il ne pouvait se mouvoir, par exemple, que dans le cercle du bien, il serait hors d'état de faillir jamais. Par conséquent encore, il n'y aurait pas de mal moral possible. « La liberté implique l'alternative du bien et du mal; et c'est cette alternative qui est le ressort de la liberté et la source pour l'homme de ses mérites et de ses droits. [1] »

Ainsi, le mal moral a sa source et dans l'imperfection native de l'homme, et dans sa liberté morale, en tant qu'il en abuse. Otez-lui l'une ou l'autre, il n'y a plus de mal moral en ce monde.

Mais, si vous le privez de sa liberté, que devient alors sa dignité d'homme? que deviennent le mérite et le démérite de ses actes? où sera la vertu, cette suprême beauté morale, son plus noble apanage? que signifieront les peines et les récompenses qui lui sont réservées au delà du tombeau, et même ici-bas?

1 A. Nicolas, p. 474.

car « nul n'est couronné s'il n'a combattu, »[1] ni puni s'il n'a prévariqué. Donc, en lui enlevant son libre arbitre, qui fait sa gloire et son danger, vous détruisez le mal, il est vrai, mais, du même coup, vous réduisez au néant tout l'ordre moral et vous dégradez l'homme en l'attachant au joug de la fatalité.

Il en sera de même, si vous le dépouillez des imperfections naturelles qui le portent parfois au mal, puisque dans cet état d'être parfait, il n'aura plus à lutter contre ses inclinations mauvaises, ni contre celles de ses semblables, et qu'ainsi la vertu, le mérite, l'homme moral tout entier disparaîtront, comme dans le cas où il n'a de liberté que pour l'honnête.

Il ressort de tout ceci que le mal moral, qui dépend de sa volonté libre, et même les souffrances morales et physiques, qui bien souvent n'en dépendent pas, sont indispensables comme épreuves de la vertu, puisqu'il n'y a pas de vertu sans épreuves, ni d'épreuves sans combats.

En quoi consiste-t-elle, en effet, si ce n'est dans la lutte qu'elle soutient incessamment contre les instigations du vice et du crime, contre les infortunes diverses, les douleurs de l'âme et celles du corps, les fléaux de la terre et des cieux? N'est-ce pas là qu'elle éclate, se développe et grandit? N'est-ce pas le courage et la constance héroïque qu'elle y déploie,

1 Saint Paul aux Cor., 1re, 9-25.

qui en font le haut mérite et quelquefois la sublimité? N'est-ce pas là enfin que résident la dignité, la force, l'excellence de la nature humaine, excellence que la brute esclave de ses instincts ne peut partager avec elle?

Du moment donc que Dieu a voulu que l'homme fût un être moral, qu'il tendît à la vertu, au mérite des œuvres, à des récompenses éternelles, il a dû vouloir aussi les combats et les épreuves qui y conduisent, et par conséquent les objets ou les causes de ces combats et de ces épreuves, c'est-à-dire, le mal sous ses formes multiples, le mal ou moral, ou physique, ou, plus probablement, l'un et l'autre à la fois.

Mais ici ne confondons pas le mal moral envisagé dans les faits qu'il produit, avec le mal moral considéré seulement dans son principe et sa source. Celui-ci, qui est en nous, sans nous, inhérent à notre nature faillible, nous disons que Dieu à dû le vouloir, parce qu'il sert d'exercice nécessaire à la vertu. L'autre, qui est effectif, en action, et abandonné à la discrétion de chacun, Dieu, loin de le vouloir, le défend, mais, en le défendant, il le tolère pour nous laisser notre liberté. L'homme seul en est donc l'auteur, et l'auteur responsable, puisqu'il peut résister... Concluons en disant : gloire immortelle à qui sort vainqueur de la lutte!

DROITS ET DEVOIRS.

I

LES DROITS IMPLIQUENT LES DEVOIRS ET RÉCIPROQUEMENT.

Nous avons vu découler le droit du besoin de conservation et de bonheur, et le devoir, des prescriptions obligatoires de la raison et de la conscience.

Il ne sont cependant pas indépendants l'un de l'autre. Le droit n'est véritablement droit qu'autant qu'il y a des devoirs. — De son côté, le devoir n'existe que parce qu'il y a des droits.

Quelques explications vont nous en convaincre.

Le droit naturel, avons-nous dit, embrasse tout ce que permet l'équité naturelle, ou ce qu'on appelle le juste. On ne le conçoit pas sans justice, ni par conséquent sans moralité. Pour être juste et moral, il est nécessairement réglé, limité. S'il s'étendait à tout, au mal comme au bien, s'il permettait, par exemple, d'empiéter sur les droits d'autrui, il ne serait plus ni juste, ni moral; il cesserait alors d'être droit.

Pour garder son caractère, il faut donc qu'il sache s'arrêter ou s'abstenir par égard pour le droit des autres, ou pour la justice. Mais reconnaître qu'il doit s'abstenir ou s'arrêter quelque part, c'est reconnaître qu'il a des devoirs à remplir, des devoirs qui l'obligent à respecter les limites que lui assigne le juste; car c'est à ces limites que le droit cesse d'exister, parce qu'il cesse d'être juste, et qu'à sa place le devoir paraît et commande, parce que le juste l'y oblige.

Le devoir donc règle et circonscrit le droit. Il en est la loi fondamentale; il l'éclaire sur l'étendue qu'il a, il le légitime et en complète la notion.

Sans le devoir, le droit, embrassant indistinctement et à la fois le crime et la vertu, perdrait la valeur et le sens qu'il a d'une chose légitime et permise; il ne serait plus le droit réel qui est essentiellement moral, mais un mot vide de sens, un mot trompeur, propre uniquement, dans la bouche du despote petit ou grand, à déguiser ses tyranniques prétentions; rien enfin que ce qu'on appelle ironiquement le droit du plus fort et du plus fin, le droit du renard et du lion, de l'astuce sans courage ou de la violence sans esprit.

Mais en supposant que chacun acceptât volontiers pour soi ce droit absurde, toujours est-il certain que personne ne le reconnaîtrait chez les autres; et alors

il serait contraint pour agir de recourir aux seules armes qu'il ait : la fourberie ou la force, et de dire avec le poète : *sic volo, sic jubeo, sit pro ratione voluntas.* La raison du loup contre l'agneau serait toujours la meilleure.

Un droit non circonscrit, non réglé, autrement dit, privé des bornes que lui assigne le devoir, n'est donc pas un droit, mais la négation de tout droit véritable et une pure contradiction. L'existence du droit dépend donc de celle du devoir ; et si celui-ci est une chimère, l'autre évidemment en est une aussi.

On ne dit nulle part que la brute ait des droits, parce qu'on sent qu'elle n'a pas de devoirs ; et l'on sent qu'elle n'a pas de devoirs, parce qu'il est visible que, dépourvue du sentiment et de l'idée du juste et de l'injuste, elle ne possède pas, comme l'homme, le sens moral, la conscience du mérite des actes, et ne connaît pas comme lui la loi morale de la nature ; que par conséquent elle suit fatalement, aveuglément, l'impulsion de ses instincts de conservation, à peu près comme les astres obéissent sans choix, sans libre arbitre, aux lois du mouvement qui les emportent dans l'espace.

Le mot droit renferme en lui l'idée d'une chose que tout le monde doit respecter ; il implique par conséquent l'existence du devoir ; car respecter le droit des autres, c'est remplir un devoir.

Vous ne vous croiriez pas tenu cependant à ce respect commandé, devant un inconnu qui prétendrait sérieusement, avoir le droit de vous outrager. Non, bien évidemment; vous vous indigneriez au contraire... ou plutôt vous ririez de pitié, en pensant qu'une si étrange prétention ne peut venir que d'un ivrogne ou d'un insensé. C'est que le droit véritable ne se comprend, ne se reconnaît qu'uni au juste ou au devoir. S'il s'en sépare, il se détruit.

Il y a dans le droit, comme l'indique ce qui précède, deux éléments constitutifs distincts, quoique inséparables : c'est d'abord la permission d'agir, qui est facultative, et ensuite l'obligation d'observer certaines règles, de se renfermer dans certaines bornes en agissant, laquelle est rigoureuse. Retranchez l'obligation, la permission s'évanouit; il ne reste rien qu'une puissance matérielle, ou la force brute de l'animal. D'où je conclus encore que le devoir est fondu dans le droit, et le droit dans le devoir, qu'ils ne subsistent que l'un par l'autre, que par leur union.

D'un autre côté, si, comme il n'est pas douteux, le devoir consiste à rendre à chacun ce qui lui est dû, ce qu'il *a droit* d'attendre de nous, il est clair que le devoir n'a d'existence qu'autant que le droit en a aussi.

Le devoir, c'est l'obligation de faire pour Dieu, pour nos semblables, pour notre propre personne, tout ce que leurs droits réclament de notre raison. Si Dieu, si nos semblables, si toute notre personne, esprit et matière, n'avaient pas de droits à exercer sur nous, sur la partie dirigeante de nous-mêmes, évidemment nous n'aurions pas non plus de devoirs à leur rendre, puisque nous ne leur devrions rien.

Donc, si le droit n'existe pas sans le devoir, le devoir sans le droit n'existe pas d'avantage. Le droit et le devoir sont une seule et même chose indivisible, mais envisagée sous ses deux principaux aspects. L'un, le droit, appelle et nécessite le devoir pour être ce qu'il est; l'autre, le devoir, règle le droit, le moralise et le sanctionne. Ensemble ils comprennent tout l'ordre moral.

Tous les hommes ont également des droits et des devoirs qui se tiennent étroitement, qui s'appellent entre eux. En effet, si j'ai des droits, mes semblables doivent les respecter; ils ont conséquemment des devoirs à remplir. Mais si de leur côté ils possèdent les mêmes droits que moi, je dois du mien y avoir égard; j'ai donc aussi des devoirs qui me lient.

Réciproquement, si j'ai des devoirs envers mes semblables, c'est qu'ils ont des droits que je suis tenu de ménager; et s'ils ont des devoirs envers moi, c'est que j'ai aussi des droits qui les obligent. De sorte que mes droits créent leurs devoirs, et que mes devoirs découlent de leurs droits.

Ainsi, dès qu'on se prétend des droits, on admet par là même qu'on a des devoirs; et dès qu'on a des devoirs, on peut justement revendiquer des droits. Ainsi, le droit, c'est la permission de faire ou de ne pas faire, — limitée et réglée pour chacun par ses *devoirs* en regard des droits d'autrui. De même, le devoir pour chacun, c'est l'obligation de faire ou de s'abstenir, — commandée par les *droits* que les autres ont sur lui.

On conçoit maintenant que, loin d'être pour l'homme la faculté de tout faire à son gré, le droit ne demeure droit qu'à la condition d'être équitable et honnête. Il s'étend donc à tout ce qui n'est pas injuste et moralement déraisonnable, et finit là où l'injustice, où la déraison commence, au même point où il rencontre un devoir.

Nous terminerons ce chapitre par la remarque qui suit : On distingue communément deux classes de devoirs : des devoirs *exigibles* et des devoirs *inexigibles ;* et par suite deux sortes de droits : le droit *parfait* et le droit *imparfait*. Exemple : c'est un devoir pour moi de respecter la vie de mon semblable, et mon semblable a le droit correspondant de la faire respecter. Voilà un devoir exigible et un droit parfait. C'est un devoir pour moi de le secourir dans le malheur; mais il n'a pas le droit de m'y obliger. Mon devoir ici est donc inexigible et son droit imparfait.

Dans le premier cas, on le voit, le droit existe parfait et complet.

Dans le second, le droit au secours existe bien aussi, mais seulement dans le for intérieur, dans le sentiment inné de la justice, de la fraternité et de la solidarité humaine. Il est dit imparfait, incomplet, parce qu'il ne peut légitimement se manifester par l'exigibilité, et que le devoir, qui lui correspond, est libre de sa nature, inexigible aux yeux de la loi naturelle et civile, quoique obligatoire, comme tous les autres, aux yeux de la conscience, au tribunal de Dieu. La paix et l'ordre social, aussi bien que l'équité, ont voulu cette judicieuse distinction et cette abstention du législateur.

Toutes ces réflexions sur le droit et le devoir ne sont, en dernière analyse, que le développement bien imparfait de l'une ou de l'autre des deux définitions que voici : « Le droit naturel réside dans la faculté qu'a l'homme de faire à son gré usage de ses forces et des objets extérieurs, autant que cet usage n'est pas contraire à la raison et à l'équité; »[1] ou bien : Le droit, selon la loi que nous portons en nous, c'est *la permission* de faire tout ce que le juste ou l'équité ne défend pas; et le devoir, l'*obligation* de faire tout ce que le juste ou l'équité commande. D'où l'on voit qu'ils se confondent l'un dans l'autre pour ne former ensemble qu'une seule et même base de la loi naturelle.

Quant à savoir quelle est l'autorité qui nous *donne* cette permission d'où surgit le droit, et nous *impose* cette obligation d'où naît le devoir, nous l'avons signalée précédemment : c'est la raison et la conscience morales de tous les siècles, cette raison et cette conscience qui nous viennent directement de Dieu, et nous révèlent conséquemment sa volonté suprême. Aucune loi ne peut remonter plus haut.

Il y a des hommes, je le sais, qui traitent dédaigneusement de moralisme ces principes éternels, affirmant avec un athée célèbre,[2] que le devoir n'est qu'un mot vide de sens; « que le monde étant partagé entre des sots et des gens d'esprit, la vertu et

1 Garreau de Coulon.

2 Le duc d'Orléans, régent pendant la minorité de Louis XV.

la morale sont le partage des sots. » Cette outrecuidance, aussi ridicule que déplorable, n'empêche pourtant pas ces soi-disant privilégiés de l'intelligence de témoigner en mainte occasion, par inadvertance apparemment, qu'ils croient très fermement eux-mêmes au devoir des autres, au moins à leur égard.

Comme tout le monde en effet, ne parlent-ils pas quelquefois de leurs droits personnels? ne les revendiquent-ils pas chaleureusement quand on y touche? n'affirment-ils pas que nul n'a le droit de prendre leur bourse, de les frapper, de les outrager, ou d'enchaîner leur liberté?

Eh bien! croire que les autres n'ont pas le droit de nous faire du mal, n'est-ce pas croire qu'ils sont *obligés* de respecter nos droits, ou qu'ils sont liés par des *devoirs*? De même, croire qu'ils ont des devoirs à remplir envers nous, n'est-ce pas croire que nous en avons nous-mêmes de pareils à remplir envers eux?

Pour peu donc que nous nous croyions les moindres droits, et, dans la pratique, personne n'a de doute sur ce point, nous croyons nécessairement aussi à l'existence du devoir, c'est-à-dire, à l'obligation où nous sommes de respecter les droits d'autrui.

II

PROGRESSION INVERSE DES DROITS ET DES DEVOIRS.

Dans l'état sauvage, où les hommes errant par petites tribus, sur de vastes espaces déserts, ont entre eux des rapports peu fréquents, où la propriété territoriale presque inconnue soulève rarement des prétentions rivales, où chacun peut sans injustice user partout des richesses du sol, et disposer à peu près de toutes choses, sans blesser les intérêts légitimes de qui que ce soit, chacun par suite a des droits très étendus et des devoirs peu nombreux.

Pour le comprendre, il suffit de considérer que de deux personnes à qui nous devons des soins égaux, l'une d'elles toute seule nous oblige à moitié moins de travail, et nous laisse moitié plus de liberté que les deux ensemble.

Lorsque les hommes deviennent pasteurs, alors s'établit parmi eux une propriété importante, à laquelle il est défendu de toucher. De là déjà plus de devoirs et moins de droits pour chacun ; plus de devoirs, parce qu'il faut respecter les troupeaux et les pâturages de ses voisins ; moins de droits, parce que ces troupeaux et ces pâturages étant retranchés

du domaine commun, personne, excepté le possesseur légitime, ne peut désormais en disposer.

Abraham et Loth, son neveu, se séparent; l'un va à l'orient, l'autre à l'occident, parce que leurs troupeaux et leurs gardiens se nuisent, parce que les herbages des uns sont envahis par les autres, et que des querelles s'en suivent sur les droits et les devoirs respectifs.

Mais c'est surtout lorsque les hommes se font cultivateurs, que leurs devoirs s'accroissent et que leurs droits se restreignent, toujours en raison inverse les uns des autres.

En général, à mesure que nous nous trouvons en face d'un plus grand nombre d'hommes et d'intérêts légitimes, les bornes de nos droits se rétrécissent et le cercle de nos devoirs s'élargit; car nous devons des ménagements et des égards à chacun de ces hommes et de ces intérêts.

C'est donc le principe immuable du juste et de l'injuste qui amène ces conséquences diverses, qui atténue ou grossit, suivant les circonstances du milieu où nous vivons, la somme de nos droits et de nos devoirs.

. . . .

Plus tard, quand les sociétés sont légalement constituées, le même principe oblige chaque citoyen à

sacrifier une nouvelle portion de ses droits naturels et à assumer de nouveaux devoirs. Il doit alors se soumettre aux exigences des lois civiles et politiques, nécessaires au maintien de l'ordre et à la prospérité de l'état.

Au premier abord, on pourrait croire qu'il perd beaucoup à cette aggravation de charges et à cette diminution de liberté ; mais c'est le contraire qui arrive. A tout prendre, il y trouve un avantage réel, dans la sécurité, les secours, le bien-être et la protection qu'il acquiert en retour, pour sa vie, sa personne et ses biens ; sans compter que son développement intellectuel et moral s'opère beaucoup mieux, plus intégralement dans une société civilisée, même imparfaite, qu'en dehors d'elle.

En affirmant qu'il gagne à vivre dans cette condition sociale, je suppose, bien entendu, qu'il y conserve ses droits naturels les plus importants, comme sa liberté individuelle et sa liberté de conscience ; qu'il y trouve les moyens de développer ses facultés et de subsister en travaillant ; qu'il y est à l'abri de l'oppression et de la misère ; qu'enfin des secours suffisants y sont assurés aux malades et aux vieillards sans ressources.

Toute société qui ne remplit pas ces conditions essentielles, est une société mauvaise, mal constituée. Elle n'atteint pas le but général obligé de toute

institution de ce genre : celui de procurer à ses membres la plus grande somme de bonheur possible. Elle est coupable envers eux, soit par le fait de ses législateurs, soit par le fait de ses gouvernants. Car une société a des devoirs à remplir envers tous les individus qui la composent, comme ceux-ci en ont envers elle.

III

DEVOIRS GÉNÉRAUX ET PARTICULIERS.

L'homme doit accomplir les prescriptions de la loi naturelle envers tous les êtres avec lesquels il est en rapport nécessaire : envers lui-même premièrement, puis envers ses semblables, et envers Dieu son auteur. Les animaux mêmes ne doivent endurer de sa part aucune souffrance inutile.

De là, sans compter la dernière, résultent pour lui trois sortes de devoirs, qui ont fait distinguer trois sortes de morale : la morale individuelle, la morale sociale et la morale religieuse.

Outre ces rapports et ces devoirs généraux, il a aussi des rapports et des devoirs particuliers, qui tiennent à sa position particulière.

Ainsi, il est d'abord citoyen, puisqu'il appartient

à une cité; ensuite il peut être fonctionnaire, magistrat, commerçant, ouvrier, maître ou serviteur, fils, époux ou père.

Comme c'est la nature des rapports qui détermine celle des devoirs, il est susceptible, à tous ces titres, d'avoir, successivement ou à la fois, une multitude de devoirs fort différents les uns des autres.

Il n'en aurait d'aucune espèce au contraire, en l'absence de toutes ces relations, sans les besoins de tout genre qui l'attachent à ses pareils; sans la dépendance où il est, comme obligé, à l'égard de son créateur et de son bienfaiteur; sans les liens qui unissent sa nature morale à sa nature passionnelle, et sans la connaissance qu'il a de tous ces rapports; il n'aurait, dis-je, comme les animaux, aucune espèce de devoirs, parce qu'aucune des relations de tout genre qui leur correspondent et qui les créent, n'existerait pour lui. Mais puisque ces objets et ces rapports existent avec leurs conséquences, l'homme a nécessairement des devoirs à remplir; il en a même beaucoup et de très sérieux.

Cependant, on aurait tort de croire que ces devoirs, régulateurs de sa conduite, sont autant de liens lourds et honteux, qui le réduisent à l'humiliante condition de l'esclave, et lui enlèvent parmi les êtres la supériorité de nature dont il se glorifie. Nous disons qu'on aurait tort, parce que seul entre tous il est libre, et qu'il observe ces devoirs ou les viole à son gré. C'est au contraire leur nombre et leur importance qui lui donnent toute sa valeur morale, qui en font le roi de la création, si, comme l'a dit un philosophe célèbre, Aristote, la dignité d'un être augmente avec ses devoirs, et se mesure à la grandeur de sa tâche.

Disons maintenant un mot des trois grandes classes de devoirs que nous avons annoncées.

IV

DEVOIRS DE L'HOMME ENVERS LUI-MÊME, OU MORALE INDIVIDUELLE.

L'homme est doué de facultés et d'organes qui faibles et grossiers à leur origine, sont inhabiles à remplir leurs fonctions respectives, jusqu'à ce que l'âge, l'exercice et l'éducation les aient développés dans le sens de leur destination.

Il s'ensuit qu'il doit cultiver et perfectionner ces dons de la Providence, autant du moins que sa position le lui permet, afin de les rendre propres à l'usage pour lequel ils sont faits.

Ainsi, son corps et ses organes, son esprit et ses facultés, son cœur et ses sentiments l'obligent à des soins divers.

Car le corps a besoin de santé, de force et de souplesse pour s'acquitter de ses fonctions ; l'esprit ne peut se passer d'attention et d'études pour aiguiser sa pénétration, accroître ses connaissances et discerner la vérité du mensonge ; le cœur renferme des germes de justice, de bienfaisance, de piété et d'amour, qui demandent à être cultivés pour produire leurs fruits moraux, tels que le zèle pour la vertu et la haine du vice.

Ce travail de perfectionnement est un devoir, puisqu'il complète notre être, et qu'en le complétant il l'élève à toute la dignité de sa nature et le met en état de remplir ses obligations envers Dieu et l'humanité. « Si la création a un but, il ne saurait être que dans le développement de ce qu'elle donne. »[1]

Or, pour opérer ce développement et arriver à cette amélioration commandée, qui est d'ailleurs une condition indispensable de bonheur, il faut de toute nécessité recourir au travail, observer la tempérance et ne pas permettre au sentiment d'étouffer la raison, à la raison de glacer le sentiment, à la passion enfin de dominer la volonté ; il faut se maintenir en possession de soi-même.

Si vous accordez à la sensibilité physique, par exemple, au delà de ses besoins réels, vous l'irritez et la rendez chaque jour plus exigeante. Elle finira

1 Aimé Martin.

peut-être par exténuer le corps et dépraver l'âme, par absorber ou asservir l'intelligence, la volonté, l'homme moral tout entier avec sa liberté.

Les plaisirs de l'esprit et du cœur ont eux-mêmes leurs excès, et ces excès le conduisent à l'oubli des devoirs de sa profession; ou bien, ils usent prématurément ses organes et sa santé, énervent son âme, détruisent enfin l'harmonie des fonctions animiques.

Quoique cette intempérance ne soit pas à placer sur la même ligne que celle des sens, cependant elle viole la loi, en franchissant les limites que pose la raison. « La modération est le trésor du sage. »

La raison et la conscience veulent partout l'équilibre, l'accord, l'ordre, le perfectionnement de l'individu et de l'espèce; et elles condamnent les abus qui en éloignent, les mouvements déréglés qui s'y opposent.

« Non, l'abus de nos facultés n'est point dans la nature; car, de toutes parts dans nos excès, nous rencontrons l'amertume et le dégoût! Les désordres de l'âme et les maux du corps nous avertissent assez quand nous violons la loi de la nature. » [1]

« Tout ce qui fortifie et élève est conforme à cette loi; tout ce qui affaiblit et dégrade lui est contraire. » [2]

1 Aimé Martin.
2 Géruzez.

V

DEVOIRS ENVERS NOS SEMBLABLES, OU MORALE SOCIALE.

A l'égard de nos semblables, la raison et la conscience nous disent qu'ils sont nos frères devant Dieu, nos égaux en droits naturels; que nous sommes nés pour vivre dans leur société; qu'il y a entre eux et nous sympathie de cœur, solidarité de peines et de plaisirs; que, pour développer toutes les parties de notre être et accomplir notre destinée individuelle et sociale, nous avons besoin de leur concours, comme ils ont besoin du nôtre; qu'enfin rien de ce qui les regarde ne nous est étranger. *Homo sum,* disait Térence aux applaudissements de Rome, *humani nihil à me alienum puto.*

S'il en est ainsi, nous devons, comme toujours, suivre les lumières de notre raison et de notre conscience, nous conformer aux enseignements de notre nature morale à leur égard, et par conséquent les aimer, les servir, les traiter comme des frères, comme nous voudrions qu'ils nous traitassent; car c'est là, depuis la naissance des siècles, le vœu qu'elle exprime, le cri qu'elle fait entendre.

Or, les traiter comme nous souhaitons qu'ils nous traitent, c'est tout dire en quelques mots; car nous désirons nécessairement qu'ils soient justes envers nous, bienveillants, obligeants, secourables. Par conséquent nous sommes tenus de l'être aussi envers eux. « C'est la loi de la nature que tout homme fasse du bien à son semblable, quel qu'il soit, par cela seul qu'il est homme comme lui. » [1]

Tous nos devoirs relatifs au prochain peuvent donc se résumer en deux termes : *justice* et *bienfaisance*, et ceux-ci en un seul : *l'amour*. « L'amour est l'accomplissement de la loi, et toute la loi est renfermée dans ce seul précepte : vous aimerez votre prochain comme vous même. » [2]

La justice a sa règle éternelle dans cette maxime tant recommandée par l'empereur Alexandre Sévère : *quod tibi fieri non vis, alteri ne feceris*. Ce que vous ne voulez pas qu'on vous fasse, ne le faites pas aux autres. La bienfaisance, qui est aussi une justice, se trouve clairement formulée dans ce passage à peu près identique de saint Mathieu : *Omnia ergo quæcumque vultis ut faciant vobis homines, et vos facite illis*. Faites à vos semblables tout le bien que vous désirez en recevoir.

Ainsi, il ne nous est pas seulement défendu de

1 Cicéron, *de Officiis*.
2 Saint Paul aux Romains, ch. 13, et aux Galates, ch. 5.

leur nuire; il nous est aussi commandé de leur faire du bien, fussent-ils même nos ennemis, *opem ferre etiam inimicis, miti manu.* [1] C'est l'amour ou la charité du genre humain dont parle Cicéron, *caritas generis humani.*

Nous ne sommes pas justes, quand il nous arrive de violer leurs droits, de mettre en oubli ce que nous leur devons matériellement et moralement; quand, par inconduite ou fainéantise, nous tombons à leur charge et devenons un fardeau pour eux.

Nous ne sommes pas bienfaisants, quand nous ne les obligeons pas avec bonté, *miti manu;* quand nous ne les aidons et ne les assistons pas dans leurs besoins. « Donne au mendiant, disait Phocylide de Milet, reçois l'exilé dans ta maison, sois le conducteur de l'aveugle, tends la main à celui qui tombe, secours l'homme abandonné; tous les hommes boivent à la coupe des maux. »

Nous ne serions ni justes ni bienfaisants envers la société, si nous ne concourrions pas, chacun selon son pouvoir, au bien public et à la félicité générale.

Ces préceptes éternels de la morale sont éminemment favorables au bonheur des individus et des nations. S'il n'étaient pas pratiqués, au moins partiellement, la terre serait livrée à l'anarchie, à la

1 Sénèque, *De otio sapientis.*

force brutale ; toute sécurité, toute consolation, toute jouissance en seraient bannies ; ce serait un séjour de continuelles alarmes ; ce serait un chaos, un enfer. Tant il est vrai que tout ce qui est bien moralement, nous est en même temps utile, souvent même nécessaire.

Nous avons maintenant à exposer les devoirs du citoyen envers l'état. Mais nous le ferons plus utilement peut-être, lorsqu'il s'agira de ceux des gouvernants envers les gouvernés. Occupons-nous donc tout de suite de la morale religieuse ou de la religion naturelle.

VI

DEVOIRS ENVERS DIEU, OU MORALE RELIGIEUSE.

Dieu qui a tout fait, l'univers et l'homme ; Dieu qui gouverne tout, dont la puissance et l'empire n'ont point de bornes, est en même temps la justice, la sagesse et la bonté par essence. A ces différents titres, il a droit à notre obéissance, à nos respects, à notre adoration. Nous devons donc lui rendre nos hommages et nous soumettre en esprit et en action à la loi immuable qu'il révèle incessamment à nos cœurs.

Comme de plus, nous tenons de lui tout ce que nous possédons : biens, santé, jouissances ; comme, malgré le mauvais usage et la mauvaise distribution que nous faisons de ses bienfaits, il ne cesse de nous les prodiguer, en mettant libéralement à notre disposition toutes les richesses de la terre, avec les moyens d'en augmenter indéfiniment la somme, nous lui devons aussi notre reconnaissance et notre amour. *Dilige Deum plus quàm animam. Si non diligis Deum, non ibis ad Deum. Non amabis autem Deum, nisi habueris in te aliquid simile Dei.* Aime Dieu plus que toi-même. Si tu ne l'aimes pas, tu n'iras pas à lui. Or, tu n'aimeras pas Dieu, si tu n'as pas en toi quelque chose qui lui ressemble. [1]

Tels sont les devoirs que nous prescrivent notre raison et notre conscience envers le dispensateur de la vie, le créateur des mondes.

Si cependant il était possible que Dieu n'eût en partage que la toute-puissance et l'empire, sans être en même temps ni bienfaisant, ni juste, ni sage, nous pourrions assurément être contraints de lui obéir, mais nous n'y serions pas obligés moralement et en conscience.

La puissance seule ne fonde pas un droit ; il y faut joindre la justice et la bonté. Autrement, les tyrans

1 Sextus, maître de Marc-Aurèle.

et les conquérants qui ont la force, auraient toujours aussi le droit pour eux. La raison et la conscience répugnent à cette idée du droit de la force pure.

Mais du moment que la raison et la conscience repoussent ce droit comme inique et absurde, c'est évidemment qu'à la toute-puissance, Dieu joint la justice et la sagesse ; car il n'aurait pas mis en nous cette répulsion universelle et invincible contre le droit de la force pure, si, pour commander, il ne pouvait s'appuyer que sur elle. On ne fait rien de contraire à sa nature, on ne donne pas d'armes contre soi-même.

D'ailleurs, la méchanceté et l'injustice, unies à un pouvoir sans limites, ne sauraient se concevoir. Elles n'auraient aucun motif, aucune raison d'être, aucun but imaginable. L'homme même n'est quelquefois méchant que parce qu'il est faible.

Et puis, comme première cause, comme être nécessaire, increé, Dieu est infini, car rien n'existant avant lui, rien n'a pu le circonscrire; et comme infini, il réunit en lui toutes les perfections, car l'absence d'une seule d'entre elles limiterait d'autant sa nature, qui ne serait plus dès lors qu'une nature finie, c'est-à-dire bornée, imparfaite.

Voilà pourquoi il a le droit en même temps que le pouvoir de se faire obéir; voilà pourquoi nous devons obtempérer à ses ordres.

Il est par excellence le légitime souverain, le légitime législateur; et il n'y a de légitimités au ciel et sur la terre que celles qui reposent sur la sienne, qui ont comme la sienne la justice, la raison et la bonté pour fondements.

Il a donc le droit de commander à la nature entière ; et l'humanité, émanation de sa puissance créatrice, doit écouter sa parole et suivre ses lois..

VII

SENTIMENT RELIGIEUX. — PRIÈRE.

D'un autre côté, c'est un besoin universel pour l'espèce humaine, naturellement faible et dépendante, de recourir à la protection d'un être supérieur qui commande aux éléments, aux puissances du ciel et de la terre. C'est un besoin pour elle de l'adorer, de l'invoquer sous des noms divers, dans ses joies comme dans ses tribulations.

Ce haut et impérieux besoin de la nature humaine, qui ne nous a pas été donné en vain, qui a conséquemment, comme tous les autres, un but et un objet, c'est le *sentiment religieux*, c'est la voix intérieure par laquelle l'Eternel nous appelle à lui, nous manifeste sa volonté, provoque nos adorations, nos vœux et nos hommages.

Les traces de ce sentiment sont partout empreintes sur les autels et les tombeaux, dans les temples et les monuments pieux répandus sur la surface du globe; témoin cette inscription célèbre du temple de Saïs : « Je suis ce qui a été, ce qui est, ce qui sera, et nul mortel n'a encore soulevé le voile qui me couvre. » Les cultes divers, les rites sacrés, les mystères de l'Egypte et de la Grèce antiques, n'étaient que l'expression plus ou moins fidèle de ce sentiment, sous des formes symboliques, variées selon les mœurs, les croyances et les traditions religieuses de chaque pays.

On l'a trouvé chez le sauvage, qui prodigue ses dons à de misérables fétiches; chez le mage, qui brûle son encens en l'honneur des astres; chez l'Egyptien, qui révère les animaux et les plantes; chez les peuples qui adressaient leurs vœux à Teutatès ou à Jupiter : on n'a point rencontré de peuplade ou de nation qui n'eût un Dieu quelconque.

Tous voyaient dans l'objet de leur culte une puissance suprême, redoutable et mystérieuse; et tous, en l'adorant, obéissaient à un besoin de leur cœur.

Que cet objet fût à leurs yeux une représentation, un symbole, ou une divinité réelle, peu importe ici. Toujours est-il qu'ils croyaient y apercevoir, ou directement ou indirectement, le Grand-Esprit, la Majesté cachée, le Dieu fort dont ils attendaient l'assistance, qu'il fallait remercier de ses bienfaits, implorer dans le malheur, et célébrer par des cérémonies, des chants et des danses.

M. de Lamartine a dit de l'homme primitif :

« Je ne sais quel besoin s'élevait dans son âme
De répandre son cœur débordant de parfum,
De reporter plus haut son bonheur à quelqu'un ;
Mais de ce grand besoin son âme possédée
Avait l'instinct de Dieu sans en avoir l'idée. »

Le sentiment religieux est donc naturel à l'homme. Il est en lui le résultat, non de l'éducation, mais de sa constitution morale ; et il se développe comme les autres par la culture.

Pour se pénétrer de cette vérité, il suffit à chacun de retrouver dans ses souvenirs quelques unes de ces émotions profondes, qu'on éprouve parfois dans le cours de la vie, soit après de grands désastres publics ou particuliers, soit après des évènements inespérés, qui font tressaillir de bonheur ; ou même à l'aspect d'une nature sublime qui éveille le sentiment de l'infini, à la vue d'un océan immense, que les vents bouleversent jusqu'au fond de ses abîmes, et qu'ils dressent majestueusement en montagnes mouvantes. Alors, s'écrie Pline le jeune, chacun de nous se souvient qu'il y a des Dieux et qu'il est homme. *Tunc Deos, tunc hominem esse se meminit*. Où est l'homme, demande Cicéron, l'homme assez dépourvu d'intelligence, qui, en levant les yeux au ciel, ne comprenne qu'il y a un Dieu, c'est-à-dire, une nature supérieure et éternelle?... *Quis est tam vecors, qui, cùm suspexerit in cœlum, non sentiat Deum esse, id est, naturam præstantem æternamque?.....*

D'autre part l'expérience a montré que l'âme reçoit des consolations de ses entretiens avec le ciel; que dans la contemplation de la Majesté, de la Sagesse et de la Bonté infinie, elle s'épure, se fortifie et s'élève; que la reconnaissance envers le dispensateur de toutes les richesses est un bien, un plaisir, un soulagement pour celui qui la ressent et la témoigne.

« Lorsque vous avez prié, dit excellemment l'abbé de Lamennais, ne sentez-vous pas votre cœur plus léger, votre âme plus contente?

« La prière rend l'affliction moins douloureuse et la joie plus pure : elle mêle à l'une je ne sais quoi de fortifiant et de doux, et à l'autre un parfum céleste.

« Que faites-vous sur la terre, et n'avez-vous rien à demander à celui qui vous y a mis?

« Vous êtes un voyageur qui cherche la patrie. Ne marchez point la tête baissée : il faut lever les yeux pour reconnaître sa route.

« Votre patrie, c'est le ciel; et quand vous regardez le ciel, est-ce qu'en vous il ne se remue rien? est-ce que nul désir ne vous presse? ou ce désir est-il muet?

« Il en est qui disent : à quoi bon prier? Dieu est trop au dessus de nous pour écouter de si chétives créatures.

« Et qui donc a fait ces créatures chétives? qui leur a donné le sentiment, et la pensée, et la parole, si ce n'est Dieu?

« Le père connaît les besoins de son fils ; faut-il à cause de cela que le fils n'ait jamais une parole de demande et d'actions de grâces pour son père?

« Quand les animaux souffrent, quand ils craignent ou quand ils ont faim, ils poussent des cris plaintifs. Ces cris sont la prière qu'ils adressent à Dieu, et Dieu l'écoute. L'homme serait-il donc dans la création le seul être dont la voix ne doit jamais monter à l'oreille du Créateur?

« Il passe quelquefois sur les campagnes un vent qui dessèche les plantes, et alors on voit leurs tiges flétries pencher vers la terre ; mais humectées par la rosée, elles reprennent leur fraîcheur et relèvent leur tête languissante.

« Il y a toujours des vents brûlants qui passent sur l'âme et la dessèchent. La prière est la rosée qui la rafraîchit.. »

Tout ceci nous amène à conclure que nous sommes faits pour la reconnaissance, pour l'amour et pour la prière, qui en est l'expression ; que la Providence nous ayant départi ces besoins d'expansion religieuse comme moyen de perfectionnement moral, nous devons en suivre les inspirations secrètes; qu'ainsi la piété envers Dieu est un devoir filial de reconnaissance, de soumission et d'amour, qui, de même que les autres, a ses racines dans l'obligation où est l'homme de développer sa nature morale en la rendant meilleure, et d'obéir à l'Ordonnateur suprême qui le lui commande.

Car il est bon de le dire enfin, tous nos devoirs ont leur raison dernière et fondamentale dans ces trois mots des Croisés : *Dieu le veut!* dans ces trois mots sacramentels, qui retentissent à tout moment dans nos âmes, comme jadis ils retentirent dans les campagnes soulevées de l'Europe fervente.

Par conséquent, toute la question des droits et des devoirs se réduit à savoir si effectivement Dieu le veut et a droit de le vouloir. Aussi, nous sommes-nous efforcé d'en démontrer l'affirmative.

VIII

CULTE PUBLIC.

S'il n'était pas cultivé, alimenté, le sentiment religieux, qui est pour beaucoup dans notre perfectionnement moral, perdrait à la longue sa puissance d'expansion, sa chaleur ; nous oublierions notre origine peut-être, le Dieu qui dispose de nos destinées ; et notre intelligence, sans cesse abaissée vers la terre, se dégraderait en se matérialisant. Il est donc nécessaire d'entretenir, de fortifier cette flamme qui nous épure et nous ravit en haut.

Mais pour cela, il ne suffit pas d'un culte intérieur, dont l'ardeur se consumerait sur elle-même et languirait bientôt jusqu'à ce qu'elle s'éteignît. Abandonné à ses seules forces et ne recevant du dehors rien qui le ranime en le renouvelant, il n'y a pas de sentiment qui ne s'atrophie. Le sentiment vit de mouvements et de communications. Or, pour donner à celui qui nous occupe, cette vertu qui le soutient et l'exalte, quoi de plus propre, de plus indispensable même qu'un culte extérieur et public.

Il est certain que généralement nous avons besoin, pour être remués, de voir, de toucher et d'entendre. C'est par les sens que les impressions vont au cœur. [1] S'il existe des natures contemplatives qui peuvent se passer d'un tel secours, cette exception rare n'en détruit pas la nécessité pour la presque totalité des hommes.

C'est en effet au milieu des grandes assemblées surtout, des solennités graves et touchantes que le

1 L'homme, qui est esprit, se mène par les yeux et les oreilles.
La Bruyère.

cœur s'ouvre et s'agrandit. La vue d'un peuple en prières, qui invoque l'Eternel, son recueillement, ses chants pieux, la voix de l'orateur sacré montrant l'infini au delà du tombeau, tout cela saisit et entraîne. La ferveur de l'un passe dans l'âme de l'autre ; de proche en proche ainsi l'émotion se communique, et, pour quelque temps au moins, l'homme se détache de la matière ; il s'élève au dessus d'elle vers les choses spirituelles et plane dans les régions de la patrie immortelle. Dût-il ensuite, trop faible pour s'y soutenir longtemps, être ramené bientôt vers le corps, il ne retombera point aussi bas qu'il était tombé ; il ne se replongera pas aussi avant dans les soins futiles et les satisfactions grossières d'une vie de transition. Descendu plus pur, il sera plus léger pour remonter encore.

Mais malheureusement ces réflexions sur la prière en public et en particulier, sur la prière qui élève et console, ne satisfont pas également tous les esprits. Les sceptiques, pour en démontrer la vanité, objectent que les desseins de Dieu étant éternels et immuables, il ne peut les modifier au gré de nos inconstants désirs, qu'il n'est point sujet au changement, à la mobilité de l'homme, et ils en concluent que toute prière est inutile, et sans effet possible.

parce qu'autrement Dieu cesserait d'être immuable.

Il n'y aurait pas moyen, en effet, d'échapper à cette conclusion, si notre Dieu était un Dieu païen, défectueux, éclos du cerveau des poètes; s'il n'était pas au contraire l'absolue perfection, l'Infini en intelligence, en science, en puissance, l'Infini en tout; s'il n'embrassait pas du même coup d'œil l'éternité tout entière.

Mais l'être pour lequel il n'y a ni succession ni durée, pour lequel l'éternité n'est qu'un moment, et un moment indivisible, sans commencement ni fin, un tout sans limites, ou, comme l'exprime admirablement Pascal, parlant de l'espace infini, une sphère dont le centre est partout et la circonférence nulle part, un tel être, disons-nous, a nécessairement tout su, tout vu, bien avant que le monde fut, jusqu'aux mille variations de nos pensées, de nos désirs et de notre volonté; il a pu, par conséquent, sans rien changer à ses desseins éternels, à l'ordre qu'il a établi, en laissant à nos prières leur liberté, les accueillir ou les rejeter en même temps que les prévoir. Il reste donc immuable, tout en les écoutant favorablement quand il lui plaît, quand il le veut, parce que ce qui lui plaît, ce qu'il veut aujourd'hui, il l'a toujours voulu, il l'a voulu de toute éternité.

Il y a là pour notre faible intelligence, de l'incompréhensible sans doute, mais pas de contradiction.

Or, il n'est probablement pas plus difficile à l'omniscience du Tout-Puissant d'avoir éternellement présent à la pensée tout ce que nous appelons le passé, le présent et l'avenir, que de créer et de gouverner les mondes. Néanmoins, on se sent ici confondu à l'aspect de l'infini que l'on croit entrevoir, et l'on s'écrie involontairement : O profondeur de l'entendement divin! ô *altitudo!*

A cette réponse empruntée au célèbre philosophe et théologien Malebranche, il n'est peut-être pas inutile d'ajouter la suivante. Quelques mots suffiront.

Si, comme nous l'avons établi plus haut, prier est un pieux besoin de notre âme, et si c'est Dieu qui l'a mis en nous, Dieu veut donc qu'il soit satisfait, et que par conséquent nous implorions sa divine assistance dans nos afflictions et nos misères. Mais s'il le veut, n'est-ce pas évidemment qu'il a le pouvoir de nous venir en aide et de remplir nos vœux, qu'il en a même la volonté; car il ne peut, s'il est permis de le dire, il ne peut, sans être inconséquent ou trompeur, lui, la raison et la vérité par essence, nous obliger de lui adresser nos prières, à la singulière condition de ne jamais les exaucer. Cela seul ne prouve-t-il pas leur efficacité? Donc, *sursùm corda*, élevons nos cœurs vers lui.

DES ACTES ET DE LEURS CONSÉQUENCES.

I

ILS SONT GÉNÉREUX OU ÉGOÏSTES, FATALS ET LIBRES.

Nous commencerons, pour être clair, par expliquer brièvement quelques uns des principes précédemment énoncés.

Quand l'homme agit, il obéit toujours à l'instinct qui le pousse vers la satisfaction d'un besoin quelconque de l'âme ou du corps, c'est-à-dire vers le plaisir ou le bonheur attaché à cette satisfaction.

Cet instinct est ou *irréfléchi*, c'est l'instinct pur, l'instinct proprement dit; ou *réfléchi*, c'est l'instinct intentionnel, ~~éclairé~~

L'instinct *irréfléchi* est égoïste ou généreux : égoïste, quand il a pour objet le *moi* seulement; généreux, quand il a pour objet le *moi* et le *non-moi* réunis; ou, ce qui revient au même, lorsqu'à son insu, il cherche sa propre satisfaction dans celle d'un autre.

Ainsi, on a vu des hommes, poussés par un mouvement naturel et irréfléchi, par un besoin de leur cœur, s'élancer aveuglément dans les flots, presque sans savoir nager, pour sauver des naufragés qui se noyaient. Là se trouvent ensemble le moi et le non-moi; le moi, parce que, sans le savoir, ils servaient un besoin de leur cœur; le non-moi, parce qu'ils ne pensaient qu'à sauver de malheureux naufragés.

Il en est d'autres au contraire qui, au milieu du danger, n'éprouvent que le besoin instinctif de leur propre conservation. Ici le moi seul se montre.

Nous avons donc des instincts, des penchants et des sentiments généreux, quoique irréfléchis, aussi bien que des penchants et des sentiments égoïstes.

L'instinct ou le besoin *réfléchi* de bonheur est toujours accompagné d'une *intention formelle*, d'un dessein arrêté. L'intelligence y domine; la plupart de nos actions lui appartiennent plus ou moins.

L'intention qui est toujours associée à cet instinct éclairé, est, de même que l'instinct pur, tantôt égoïste, lorsqu'elle n'a pour objet que le moi, tantôt libérale, lorsqu'elle a pour objet le non-moi.

Quand, voyant le danger que vous allez courir, vous vous précipitez néanmoins au milieu des flammes d'un incendie, dans le seul but de leur arracher une victime qui va périr, vous cédez, même alors, à un élan instinctif et généreux de votre âme, vous lui donnez satisfaction et vous pressentez une jouissance.

Mais ce n'est point à cette satisfaction ou à cette jouissance que vous songez, que vous visez en idée. Vous ne savez pas même ordinairement que vous obéissez à une secrète impulsion de votre cœur. Vous n'avez dans l'esprit d'autre *intention distincte*, d'autre pensée que de faire le bien, que de servir et de sauver l'un de vos semblables. La considération de votre bonheur personnel n'entre pour rien dans vos motifs; quelque chose de plus noble vous inspire : c'est l'amour du prochain, le sentiment du devoir, ou la douce compassion qui remue vos entrailles.

Ce n'est donc pas le moi, mais le non-moi que vous avez en vue. Votre intention est donc généreuse, désintéressée, et à ce titre méritoire.

Mais elle sera entachée d'égoïsme, si vous ne vous exposez que par le motif d'obtenir une récompense promise, parce que dans ce cas vous ne travaillez que pour vous, pour le moi. Vous n'êtes plus qu'un salarié, courageux peut-être, mais intéressé.

Il faut donc distinguer deux choses dans l'instinct réfléchi ou intelligent : 1° l'instinct pur ou le besoin instinctif de jouissance, que bien souvent on ne re marque pas, et d'où naît fatalement l'impulsion vers le bonheur; et 2° l'intention réfléchie de l'esprit, laquelle dirige en l'éclairant ce besoin de bonheur, dont elle n'a pas toujours connaissance, vers le but déterminé, généreux ou égoïste, qu'elle a sciemment et librement choisi.

D'où l'on voit que l'appétit instinctif de bonheur se trouve comme mobile au fond de toutes nos actions, même réfléchies; mais qu'il y est souvent comme à l'état latent, sans qu'on l'y aperçoive, ou du moins sans que l'attention de l'esprit chargé de le conduire se porte sur lui.

D'où l'on voit encore que si, dans sa tendance générale, l'appétit du bonheur est fatal et irrésistible, puisqu'il n'est pas en notre pouvoir de vouloir être malheureux, la direction de cette tendance appartient à la volonté libre et intelligente; c'est-à-dire, que cette volonté peut choisir à son gré la route, le moyen et le but spécial, attendu que ce but, quel qu'il soit, répond toujours à un besoin de bonheur présent ou futur.

Ainsi la fatalité et la liberté se partagent nos actes. A l'une appartient le principe du mouvement et la tendance générale; à l'autre, leur direction.

De cette manière, la liberté morale s'accorde parfaitement avec l'instinct forcé du bonheur; de cette manière, nous sommes maîtres de nos actions, maîtres de notre conduite, parce que nous le sommes de gouverner nos instincts, de délibérer et de choisir.

II

TROIS SORTES DE MOTIFS INTENTIONNELS.

C'est ici que se présentent légitimement les trois motifs généraux des actions humaines : l'honnête, l'agréable et l'utile.

Lorsqu'il s'agissait du principe et du but général de nos actions, nous avons démontré que ces trois motifs se réduisent à un seul : l'appétit du bonheur. Mais à présent qu'il s'agit, non plus de cet appétit général, considéré en lui-même et à sa source, mais des trois classes de moyens bons ou mauvais, par lesquels nous essayons de le satisfaire et d'atteindre son but, nous reconnaissons que la division ternaire est fondée.

Il est certain en effet que, dans le choix de la marche à suivre pour arriver au bonheur, nous nous déterminons librement, tantôt par les motifs que fournit le devoir et le beau moral, tantôt par ceux que suggère le plaisir, tantôt par ceux que présente l'utilité.

L'utile, l'agréable et l'honnête sont comme trois

routes par lesquelles nous prétendons tous parvenir au même but général, en suivant de préférence, les uns, celle des joies mondaines, les autres, celle des richesses, plusieurs, celle des vertus. Souvent nous les essayons successivement et plus ou moins toutes les trois, quelquefois même dans l'espace d'un jour.

Le mérite est dans le choix du devoir, de l'obéissance à la loi morale; obéissance quelquefois pénible à la nature passionnelle, mais suivie à la fin de plus de bonheur que les satisfactions puisées uniquement dans l'agréable et l'utile.

III

TROIS SORTES D'ACTES.

Les éclaircissements qui précèdent font voir que tous nos actes libres n'ont pas la même valeur par rapport à la loi morale de la nature; que les uns lui sont conformes, les autres contraires ou simplement indifférents.

On a distingué ces trois classes sous les noms d'actes moraux, immoraux et indifférents.

Les actes indifférents ou étrangers à la morale sont ceux qu'elle n'approuve ni ne condamne, qui ne sont à ses yeux ni bons ni mauvais, qui en un mot ne la blessent pas. Ils ont pour but intentionnel l'utile et l'agréable que la conscience permet, mais qu'elle n'ordonne pas, et ils vont à ce but sans enfreindre sciemment aucune loi.

Les actes moraux ou vertueux font régner sur la terre ce qu'on appelle le *bien moral*, c'est-à-dire, la justice, la bienfaisance, la piété, la bonne foi. Ils sont conformes à notre nature et à notre destination morales, et ont pour objet intentionnel le bien, la pratique du devoir ou de quelque vertu qui coûte. Ils engendrent le mérite.

Les actes immoraux ou coupables sont diamétralement opposés aux actes moraux. Ils produisent le *mal moral*, autrement dit, le vice, l'iniquité, l'homicide, etc. : ce sont les passions en essor subversif. Ils tendent à l'utile et à l'agréable d'opinion; mais ils y tendent en violant sciemment les lois naturelles et positives. Tout ce qu'il y a en nous de juste et de sensé leur est antipathique et les condamne. Ils enfantent le démérite.

IV

MORALITÉ DES ACTES. — LA FIN NE JUSTIFIE PAS LES MOYENS.

Les actes n'ont pas de moralité par eux-mêmes.

Ce qui leur imprime ce caractère, c'est l'intelligence et la volonté, c'est l'intention de l'agent moral.

Les seuls actes qui soient susceptibles de moralité, et partant de mérite et de démérite, se nomment actes volontaires.

Or, un acte est volontaire, quand l'agent l'a voulu librement et sciemment; car agir par contrainte ou par instinct, sans penser à ce que l'on fait, ce n'est pas proprement vouloir.

Un acte volontaire est donc tout à la fois réfléchi et libre, et parce qu'il est réfléchi et libre, l'auteur en est responsable.

Hors de ces conditions, les actes n'ont rien que de matériel. Ce sont des faits qui peuvent être heureux ou malheureux dans leurs résultats, mais jamais criminels ni vertueux dans leurs motifs ou leurs causes.

Si l'agent moral fait le bien avec intention de faire le bien, il est honnête; s'il fait le mal avec intention de faire le mal, il est dépravé; s'il fait l'un ou l'autre sans dessein, par accident ou par force, ou encore sans savoir ce qu'il fait, comme les aliénés, ses actes ne sont ni louables, ni blâmables; ils n'ont pas de moralité. On ne peut conséquemment les lui imputer ni à mérite ni à démérite.

D'autre part, s'il fait le bien voulant faire le mal, il est coupable, non à cause du bien qu'il fait, mais à cause du mal qu'il veut faire; et si à son insu il a produit du mal au lieu du bien qu'il se proposait, il est innocent, il est louable, non sans doute pour le mal produit, mais pour la bonne intention dont il était animé.

Cependant, s'il commet le mal *sciemment* pour arriver à un bien, il est coupable du mal qu'il fait avec connaissance de cause, sans que la fin qu'il a en vue justifie jamais le moyen qu'il prend.

De même, s'il pratique le bien dans un but ultérieur mauvais, il est coupable du mal prévu qu'il se propose, sans que le moyen puisse jamais justifier la fin.

Supposez, pour ce dernier cas, un homme cupide qui prodigue ses soins à un vieillard moribond en vue d'obtenir sa succession au préjudice des héritiers légitimes; est-ce que son action, matériellement bonne, n'est pas entachée d'une captation déloyale et moralement condamnable? est-ce que la fin coupable sera justifiée par les moyens?

Supposez, pour l'autre cas, un fanatique, jouissant de ses facultés intellectuelles, qui, dans une pensée de liberté politique ou religieuse, s'en va sacrifier quiconque est à ses yeux un obstacle à ses desseins. Son intention, moralement bonne et louable, empêche-t-elle son attentat d'être inique et barbare?

empêche-t-elle l'ordre et la sécurité publique d'en éprouver une déplorable perturbation? la victime qu'il immole, de perdre avec la vie tous les biens qu'elle recèle, et la famille qu'il condamne au deuil et aux larmes, d'être privée pour toujours de l'un de ses appuis?

En dépit donc de ce qu'on peut appeler son but ultérieur honnête ou son intention éloignée, ce frénétique est coupable, puisqu'il a conscience du mal qu'il fait, de l'injustice qu'il commet, puisqu'il a volonté et intention présente d'homicide.

Des deux intentions qu'il faut distinguer ici, l'une condamnable, l'autre louable, l'une qui se rapporte au moyen, l'autre au but, chacune a sa moralité propre et indépendante. Le caractère de l'une n'affecte point celui de l'autre. Rien ne peut faire qu'un projet digne d'éloges, légitime jamais des moyens odieux. Il pourrait tout au plus, selon les circonstances, atténuer la criminalité du coupable.

« Il n'est jamais permis à une nation d'acheter la révolution la plus désirable par le sang d'un innocent. » « Ces simples paroles du philosophe de Genève renferment, disait Mme de Staël, ce qu'il y a de vrai, de sacré, de divin dans la destinée de l'homme. »

La maxime que la fin justifie les moyens est tellement immorale et absurde, que, si elle était admise, le brigand pourrait dire logiquement, quelquefois même avec vérité : quand je dépouille les passants, c'est pour élever ma jeune famille; or, c'est un devoir de nourrir sa famille. L'assassin pareillement pourrait alléguer qu'il ne veut, en tuant son ennemi, que l'empêcher d'attenter à l'honneur ou à la vie de sa femme; or, ce vouloir-là commande notre estime.

Pourquoi aussi l'ami pour secourir son ami, le philanthrope pour soulager l'indigent, ne raviraient-ils pas aux riches leur superflu? N'est-il pas louable d'assister ses amis et les pauvres? Pourquoi de même le noir de Saint-Domingue n'aurait-il pas traîtreusement massacré ses maîtres dans leur lit?... Il voulait sortir d'esclavage : connaissez-vous un but plus légitime?

En s'appuyant ainsi toujours sur l'intention finale honnête, il n'est pas de crime qu'on ne pût commettre en sûreté de conscience. On égorgerait sans remords un roi, un ami, un père, un fils innocents, pourvu qu'on se mît en tête que le salut de l'Etat l'exige, ou que l'Eglise est en danger.

Ce qui ajoute encore à l'absurdité et à la barbarie de cette opinion, c'est que, dans la pratique, toujours le mal qu'on projette est certain, puisque l'on débute par lui; tandis que le bien qu'on en espère est au contraire presque toujours problématique, puisqu'il appartient à l'avenir. Or, on ne dispose pas de l'avenir à son gré, on ne commande pas aux évènements cachés qu'il tient en réserve.

Les évènements ont quelquefois des retours et des dénouements si subits, si imprévus, si extraordinaires, qu'il est impossible à la plus haute intelligence d'affirmer raisonnablement que les effets attendus arriveront tels ou de la manière qu'on les désire.

Souvent même, au lieu d'un bien qu'on poursuit, c'est un mal qu'on rencontre; et dans les cas les plus favorables, on n'a que des probabilités de succès, jamais une certitude.

Et c'est sur des probabilités plus ou moins douteuses, qu'on prétendrait avoir le droit de commettre des crimes non douteux!

En vérité, une pareille doctrine ne supporte pas l'examen de la raison. La conscience, le simple bon sens, toutes les lois divines et humaines l'improuvent et la flétrissent.

Jamais au reste elle n'a été prise au sérieux, que dans le délire des passions politiques ou religieuses. Mais souvent la mauvaise foi s'en est servie pour couvrir d'un prétexte spécieux des projets d'ambition ou de vengeance.

Non, il ne sera jamais permis de faire le mal pour arriver à un bien, fût-on même assuré de réussir, ni de se préserver d'une injustice en la commettant soi-même; il vaut mieux la subir. Non, jamais la fin, quelque désirable qu'elle puisse être, ne rendra légitimes des moyens injustes ou criminels.

« Quand il s'agirait de convertir toute la terre, dit Pascal, il ne serait pas permis de noircir l'innocence; parce qu'on ne doit pas commettre le moindre mal pour faire réussir le plus grand bien. »

Nous ne croyons pas d'ailleurs que pour opérer le bien, il y ait jamais nécessité de recourir à l'injustice ou au crime. Dieu ne l'a certainement pas voulu, car il ne peut vouloir que le mal qu'il réprouve soit l'indispensable condition du bien qu'il aime. Quand le bien qu'on désire ne peut actuellement s'opérer que par l'injustice, la morale exige qu'on y renonce ou qu'on le diffère. Il faut savoir attendre une occasion propice, pour accomplir par le bien le bien qu'on poursuit; le temps l'amènera tôt ou tard.

Le bien, qui semble quelquefois sortir des attentats de la force brutale, se ferait de même sans eux, avec le temps et le progrès naturel des lumières, à l'aide de moyens licites. Et quand c'est l'équité et la raison qui le créent, il est pur de tout détestable alliage et ordinairement plus durable. Il n'a pas de retours fâcheux, de réactions sanglantes.

Avouons en outre que nous sommes sujets à nous

tromper sur le vrai caractère du bien politique ou religieux projeté, que ce que nous avions regardé comme un avantage, se trouve être parfois un mal réel après l'évènement; et cela arrive surtout dans les occasions où nous avons employé la violence.

« Regardez à la fin d'un fait accompli, et vous verrez qu'il a toujours produit le contraire de ce qu'on en attendait, quand il n'a point été établi d'abord sur la morale et la justice. » [1]

L'auteur des *Girondins*, écrivant le 5 août 1847 à la *Revue de la Côte-d'Or*, se défend énergiquement « de passer condamnation sur le sang versé, de se résigner à la nécessité de l'échafaud. » Il y déclare que « son livre n'est qu'une protestation en huit volumes contre cette *prétendue nécessité du crime*. J'y ai montré, dit-il, à toutes les pages, que le meurtre révolutionnaire, en suppliciant les victimes, n'a tué que la révolution; que chacun des partis, en recourant à la mort, n'a fait que motiver, préparer, justifier sa propre mort; que Danton a succombé pour avoir provoqué les assassinats périodiques; Robespierre, pour n'avoir pas eu le courage de les abolir. »

1 Châteaubriand.

V

MÉRITE ET DÉMÉRITE DES ACTES. — PETITES VERTUS.

Nous venons de voir qu'aux yeux de la raison, dans le for intérieur et devant Dieu sans doute, c'est l'intention de l'acte, et non l'acte en lui-même, qui en fait la moralité, et par suite, le mérite et le démérite.

Le mérite des actes suppose donc toujours une intention droite et honnête; leur démérite, une intention déshonnête ou malveillante. Mais, au mérite de l'intention louable, joignez celui d'un effort quelconque, et votre mérite sera plus complet : vous l'aurez doublé, triplé peut-être.

Ainsi une action est méritoire aux deux titres, lorsqu'elle a pour objet *intentionnel* l'accomplissement de quelque devoir qui *coûte*. C'est le contraire, lorsque le mal est le but qu'elle se propose.

Il y a mérite à vouloir et à faire le bien, à pratiquer la loi morale, parce que pour y parvenir, on est ordinairement obligé de lui sacrifier des avantages au moins apparents et des plaisirs actuels, qui ont souvent un grand attrait, quoique en réalité ils ne vaillent pas les avantages et les plaisirs purs qu'on leur préfère; parce que de plus on est obligé de contrarier tous ses désirs déraisonnables ou injustes, quelquefois même ses penchants naturels les plus légitimes.

Alors souvent une lutte s'engage entre la nature passionnelle qui veut se satisfaire à tout prix, et la nature morale qui la gourmande et prétend à bon droit la gouverner.

La volonté sollicitée par ces deux forces contraires doit, comme nous l'avons prouvé, faire prévaloir celle qui montre à l'autre le chemin du devoir, lequel ne diffère pas de celui du vrai bonheur.

Mais parfois la lutte est pénible, et le triomphe de la raison et de la conscience ne s'obtient pas toujours sans souffrances, sans angoisses, sans déchirements de cœur. Parfois même la volonté faiblit : on délaisse le bien qu'on voit et qu'on approuve, et l'on fait le mal que l'on condamne. *Video meliora proboque, deteriora sequor.* [1]

Pour obéir à la loi morale il faut travailler, et pour s'y résoudre, il en coûte à la paresse; il faut secourir l'indigent, et il en coûte à l'avarice; il faut obliger, défendre le faible et l'opprimé, et la pusillanimité, l'indolence ou l'égoïsme ne s'en arrangent pas; il faut s'abstenir de tromper, de dérober le bien d'autrui, s'interdire toute iniquité, toute vengeance, toute

1 Ovide.

calomnie, toute voie de fait, et la cupidité, l'envie, l'amour-propre offensé, la haine ou la colère n'y trouvent pas leur compte ; enfin nous devons réprimer tous les penchants désordonnés qui nous portent à l'intempérance, à la débauche, et nous n'y parvenons pas sans souffrir.

Le combat est d'autant plus fatigant et plus rude, qu'on est obligé de le renouveler fréquemment ; car fréquemment le mal nous éblouit et nous attire.

Mais l'habitude de la lutte nous fortifie et nous rend la victoire de plus en plus facile. Nous finissons par nous posséder complètement, par être maîtres de nous-mêmes, c'est-à-dire, de nos désirs et de nos passions.

Et puis, le mérite est plus grand et plus beau, en proportion des efforts et des sacrifices faits pour la justice et le devoir. Il est plus grand et plus beau, parce qu'il exige plus de vertu, ce qui veut dire plus de force et de courage.

« Ce fut sans doute avec une profonde sagesse que les Romains appelèrent du même nom la *force* et la *vertu*. Il n'y a en effet point de vertu proprement dite, sans victoires sur nous-mêmes, et tout ce qui ne nous coûte rien, ne vaut rien. » [1]

Aussi, lorsque, à notre préjudice, en nous privant

1 Le comte de Maistre.

d'un plaisir, ou en contenant la fougue de notre caractère, nous avons été justes, bienfaisants ou généreux, nous sentons que nous avons *mérité* l'approbation des hommes et de Dieu, que la plus douce et la plus parfaite des victoires est de vaincre ses passions, de triompher de soi-même; [1] nous nous applaudissons d'avoir préféré, coûte que coûte, les injonctions de la loi, les exigences de la morale, à l'appât des richesses, ou aux séductions du vice attrayant; nous comprenons en un mot que la vertu, cette santé de l'âme, l'emporte sur toutes les jouissances de ce monde.

Cependant, dans notre préférence intentionnelle pour la loi morale, nous avons été mus par l'instinct secret du bonheur, mais sans intention de le satisfaire.

Si ce besoin calculé, réfléchi de bonheur eût *intentionnellement* déterminé seul notre préférence, on conçoit qu'alors elle n'aurait plus rien de méritoire ni de vertueux. Les calculs intéressés du marchand ou du spéculateur ont toujours été parfaitement étrangers au mérite moral.

Ainsi, vous ne seriez pas méritant, si vous faisiez le bien, soit seulement pour obtenir la considération

1 Imitation.

publique ou la protection d'un personnage puissant, soit même en vue *exclusivement* de la satisfaction intérieure de la conscience, ou de toute autre récompense présente ou future.

Vous ne le seriez pas davantage, si vous remplissiez vos devoirs uniquement par goût, par penchant ou par plaisir.

Il suffit d'énoncer ces propositions pour en faire comprendre la vérité. Sans réflexion, nous sentons de prime abord qu'il ne peut y avoir de mérite moral à travailler uniquement pour soi, ou pour satisfaire ses penchants.

On est néanmoins dans l'usage de dire que le mercenaire a *mérité* la rétribution pour laquelle il a fourni son labeur et son temps. Mais cette expression ne signifie rien autre chose ici, sinon qu'il a acquis ainsi un droit à cette rétribution, nullement qu'il s'est procuré par là un mérite moral.

Il n'aurait obtenu ce genre de mérite, qu'autant qu'il se serait efforcé de travailler avec conscience, en vue du devoir, à l'œuvre acceptée par lui en vue du salaire.

Car on peut fort bien se proposer un double objet en agissant : l'avantage des autres et le sien propre; et alors la peine que l'on prend a un côté méritoire, à cause de la part d'intention qui regarde le prochain ou le devoir.

Pour mériter moralement, il ne faut donc pas penser à la récompense seulement; il ne faut pas l'avoir pour but unique de ses actes. Tout le mérite d'une bonne action nous échappe, dès que nous ne considérons que la rémunération qui doit la suivre.

Encore une fois, le mérite dont nous parlons consiste, non pas précisément dans le devoir accompli, mais dans l'intention désintéressée qu'on a eu de l'accomplir. L'effort de l'agent libre dans ce cas ajoute au mérite de son action. Hors de ces conditions, nos actions sont toutes ou mauvaises ou moralement indifférentes.

Mais, sans qu'il y paraisse beaucoup, nous faisons journellement, pour la plupart, quelques sacrifices au bien; nous contrarions fréquemment nos goûts, nous résistons à l'entraînement de certains plaisirs, nous nous privons de plusieurs satisfactions qui nous tentent; et tout cela, assez souvent pour remplir nos devoirs, pour faire ce que la loi morale nous prescrit. Ce sont là de petits mérites, si vous voulez; mais pourtant ce sont des mérites, et des mérites d'autant plus précieux que par la répétition quotidienne ils se tournent en habitude et produisent quelque bien tous les jours; d'autant plus purs et plus estimables que, dénués d'ambition, ils n'ont point, comme les dé vouements héroïques, le puissant stimulant de l'admiration publique et de la gloire.

Les petits mérites supposent de petites vertus, il est vrai, des vertus obscures, inaperçues de la foule. Mais elles ont cet avantage qu'elles ne demandent pas de grands efforts, qu'elles sont d'un usage commun et journalier, praticables partout, dans toutes les conditions sociales; qu'elles s'appliquent aux plus menus détails, aux plus minces occupations de la vie, aux humbles soins et aux affections du foyer domestique, comme aux liaisons du dehors; et qu'enfin elles ne dépassent pas les forces ordinaires de l'homme de bonne volonté.

Par la pratique des petites vertus, on ne jette point d'éclat, on ne devient point célèbre; mais, ce qui vaut mieux, on remplit exactement et sans bruit les devoirs de sa position et de son état, on vit en paix avec tout le monde, et on a la conscience tranquille. Ajoutons que leur douce et heureuse influence rend nos relations d'amitiés et d'affaires toujours plus sûres et plus aimables, et que par suite l'ordre et l'harmonie règnent dans la famille et la société.

Les petites vertus suffisent au bonheur modeste, qui préfère le silence d'une obscurité paisible aux vains honneurs de la renommée; si, d'ailleurs, l'homme ne les remarque pas, Dieu les voit et les récompense. « Cherchez donc d'abord le royaume de

Dieu et sa justice, et tout le reste vous sera donné par surcroît. »[1]

Il existe une autre classe d'actions volontaires, qui, sans être obligatoires, sans être rangées parmi les devoirs, n'en sont pas moins très méritoires et très vertueuses; plus méritoires même et plus vertueuses que la plupart des actes que le devoir ordonne, parce qu'elles les dépassent en abnégation, en dévouement, et qu'elles atteignent quelquefois au beau moral le plus élevé, et même au sublime.

Vous n'êtes pas tenu toujours, par exemple, de répandre partout des largesses, de faire de grands sacrifices, d'immoler vos affections et vos droits; rien ne vous oblige à consacrer votre fortune entière, tout votre temps, tous vos soins, au service de vos semblables, encore moins à donner votre vie pour eux.

Ces dévouements cependant ont quelque chose de beau, de noble et de grand. Ils nous enthousiasment à bon droit, excitent nos éloges et notre admiration; et s'ils découlent d'une volonté libre, qui comprend ce qu'elle fait, ils sont très méritoires, quoique le devoir ne les commande pas. C'est quelquefois le plus haut héroïsme de la vertu, mais un héroïsme de

1 Saint Matthieu, ch. 6.

surérogation, qui a droit par là même à notre reconnaissance et à notre amour, pourvu qu'il n'éclate pas au détriment du devoir.

Ces actes en effet, si admirables, quand ils sont à leur place, deviennent condamnables, quand ils se font au préjudice de ceux qu'impose le devoir.

Si la générosité vous mène à l'injustice, la charité à l'oubli de la famille; si vous ruinez vos créanciers pour secourir l'indigence; si vous abandonnez des enfants qui réclament votre appui, de vieux parents dont vous êtes le soutien et la consolation, pour vous livrer tout entier à l'exercice de la miséricorde, ou aux pratiques extérieures de la dévotion, évidemment vous êtes coupable, parce que vous manquez à la justice qui passe avant la générosité, parce que vous désertez les charges de la paternité et de la reconnaissance, pour le soulagement d'infortunes qui ne vous obligent pas au même titre, ou pour l'ascétisme intempestif de l'anachorète.

Or, la pratique de la justice, les soins paternels et l'assistance filiale sont de devoir rigoureux; tandis que la libéralité, la bienfaisance illimitée et la contemplation pieuse sont le plus souvent facultatives, quelquefois même, comme dans l'hypothèse présente, défendues et coupables.

Que diriez-vous d'une mère qui frustrerait de son lait le fruit de ses entrailles pour le prodiguer aux enfants d'une femme étrangère? Que diriez-vous du chrétien qui, négligeant le précepte pour le conseil, se croirait obligé de réciter son chapelet tous les jours, et ne se ferait aucun scrupule, à l'occasion, de dénigrer amis et ennemis?

Vous affirmeriez sans hésiter qu'ils comprennent mal leurs devoirs, et qu'on ne peut jamais se dispenser ni de payer ses dettes, ni d'élever ses enfants, ni de soigner son père, ni d'épargner son prochain.

Remplissez donc d'abord tous les devoirs de votre état, de votre position, tous vos devoirs généraux et particuliers; mettez chaque chose à son rang; rendez à chacun ce qui lui est dû; soyez d'abord irréprochable; après cela, poussez l'héroïsme de la vertu aussi loin que vous le pourrez; votre héroïsme du moins sera sans tache; on pourra y applaudir sans réserve et vous décerner des couronnes.

« Il faut, dit Massillon, payer ses dettes, le salaire des artisans, les gages des domestiques, avant que de faire des charités..... La religion désavoue les œuvres les plus saintes qu'on substitue aux devoirs. »

VI

SANCTION DE LA LOI. — PEINES ET RÉCOMPENSES.

Puisque nos actions vraiment méritoires n'ont pas

le moi pour motif unique, puisqu'elles nous obligent à combattre, à nous vaincre nous-mêmes, pour éviter le mal et faire le bien, il est juste qu'elles trouvent leur récompense.

En retour, les vices et les crimes, qui sacrifient volontairement la règle morale aux appétits déraisonnables de la nature passionnée, ne doivent pas rester impunis.

C'est ainsi universellement que l'esprit humain conçoit l'équité naturelle. Toute infraction volontaire appelle un châtiment, toute vertu une récompense.

Cela vient de ce que la notion du juste se forme de certaines idées de proportion, de compensation, de dédommagement et d'équilibre moral, qui s'imposent de la même manière à toutes les intelligences, et qui font que chacun de nous sait merveilleusement bien quand on a été juste ou injuste, soit envers lui, soit envers les autres.

Ces récompenses de la vertu et ces peines réservées aux pervers sont ce qu'on appelle la sanction de la loi du devoir.

Sans cette sanction, sans l'autorité et la force qu'elle contient, sans les châtiments, qui rassurent les bons et intimident les méchants, la loi serait une lettre morte, un objet de risée, que braveraient effrontément autant qu'impunément les passions envieuses et brutales. Les sociétés devenues la proie des audacieux et des forts, seraient déchirées par eux, et périraient dans les angoisses de l'anarchie.

Elles ont donc besoin d'être protégées contre le danger incessant qui les menace, et cette protection nécessaire, elles la trouvent dans la sanction humaine ou terrestre et dans la sanction céleste ou divine.

Sanction humaine.

Celle-ci se subdivise en trois branches, et comprend : 1° le témoignage de la conscience, 2° l'opinion publique, et 3° les institutions de la justice sociale.

Ainsi, pour le témoignage de la conscience, il ne nous arrive point de faire le bien, sans éprouver un contentement intérieur plus doux et plus pur que toutes les autres jouissances. La paix, la sérénité de l'âme en sont le fruit assuré.

Jamais non plus, à moins de nous être enfin familiarisés avec le crime, nous ne pouvons le commettre, que nous ne ressentions à la suite, des remords rongeurs qui nous poursuivent partout, même au milieu des fêtes enivrantes et tumultueuses.

Ce sont là les récompenses et les peines que nous trouvons en nous-mêmes; c'est la *sanction de la conscience*.

La *sanction de l'opinion publique* dérive de la sympathie ou de l'antipathie que nos actions bonnes ou mauvaises éveillent pour ou contre nous, et du jugement qu'on en porte naturellement dans toutes les classes de la hiérarchie sociale.

Une vie honnête et honorable, quelquefois une simple action vertueuse nous concilie l'estime, l'approbation et, à un certain degré, l'amour de ceux qui en sont les témoins. Nos relations avec eux en deviennent plus faciles et plus agréables; ils en sont plus disposés à nous servir.

Au contraire, ils s'éloignent de nous avec défiance et mépris, lorsque notre dépravation produisant son effet ordinaire, leur inspire du dégoût ou de l'horreur. Ils se sentent enclins à nous nuire plutôt qu'à nous obliger.

La *sanction civile ou légale* consiste dans les châtiments que la société inflige aux infracteurs de ses lois, et dans les prix qu'elle décerne quelquefois à la vertu.

Sanction céleste ou divine.

Si toutes ces peines et ces récompenses terrestres étaient appliquées dans tous les cas et ne portaient jamais à faux; si elles étaient toujours exactement proportionnées au mérite et au démérite des actes, la raison n'apercevrait point la nécessité d'en chercher d'autres dans une vie ultérieure, puisque dès celle-ci il y aurait satisfaction complète.

Mais il n'en est pas ainsi : l'aiguillon du remords s'émousse quelquefois par l'habitude du crime ; quelquefois l'opinion publique s'égare dans ses jugements ou du moins dans ses hommages; la justice sociale se trompe aussi de temps en temps dans ses arrêts, et n'a d'ailleurs presque pas de couronnes pour l'humble vertu qui souffre, ni de châtiments pour la plupart des transgressions punissables.

Dans notre monde moral, dont l'homme est l'acteur obligé, tout est nécessairement imparfait comme lui. L'innocence y est parfois persécutée et le vice honoré. On y voit des souffrances non méritées sans compensation suffisante, et des joies impies sans expiation complète.

Puisque tout n'y est pas assujetti à la règle, au droit rigoureux; puisque l'ordre moral y est parfois interverti, bouleversé, il faut bien que dans une autre vie des compensations et des expiations nous attendent, il faut bien que tout y rentre dans le plan harmonique d'équité parfaite que réclame l'éternelle Sagesse. Quand le mal triomphe quelque part, il est nécessaire qu'il soit vaincu ailleurs.

Autrement, ces hautes conceptions de justice, d'ordre et de bien absolus que nous avons la puissance de produire, n'auraient point d'objet extérieur, ne correspondraient à aucune réalité, à aucun modèle.

Quoi donc! nous avons la notion d'un ordre parfait, d'une justice parfaite, et cet ordre et cette justice n'existeraient, ne devraient jamais exister nulle part, pas même en Dieu!

Pourquoi alors nous aurait-il donné ces idées creuses et décevantes, auxquelles naturellement nous croyons? Pourquoi les aurait-il gravées si profondément dans nos âmes, comme vérités éternelles, absolues, qu'aucune puissance ne réussirait à les en arracher, et que la pensée même de leur renversement, à une époque quelconque, ne saurait entrer dans la raison et la conscience humaines?

Il y a donc aussi une sanction céleste, un retour à la justice, dans un monde de redressement des torts et des crimes du nôtre. Nous en sentons le besoin et la nécessité.

Prétendre que ce monde inconnu est une chimère inventée par le fanatisme ou la peur, c'est admettre que la subversion morale, le désordre et l'iniquité sont l'état permanent et normal des choses, sous un Dieu qui a fondé et qui maintient la sublime harmonie des cieux; que par conséquent ce Dieu est en contradiction avec lui-même, tout à la fois sage et insensé; ou qu'il y a un Dieu du bien et un Dieu du mal, un Oromaze et un Arimane.

Cette conséquence renferme de telles énormités qu'elles sautent aux yeux des moins clairvoyants. Il n'y a donc pas lieu de nous y arrêter.

Non, Dieu ne se concevra jamais sans la justice, et la justice, sans le châtiment du crime et la réhabilitation de la vertu.

Au reste, cette sanction divine qu'avonc, que réclame la raison, se rencontre, comme dogme, dans toutes les religions du globe. Toutes, sous des formes et des dénominations diverses, ont un Elysée pour les justes et un Tartare pour les méchants. Cette croyance universelle, philosophique et religieuse à la fois, ne peut prendre sa source ailleurs, selon nous, que dans le sentiment inné de la justice et de l'ordre moral, qui, dès l'origine du monde, a dû partout et toujours parler aux hommes le même langage.

Quoiqu'il en soit, le christianisme, religion révélée, admet aussi, sur le témoignage de l'Evangile et de la tradition, un paradis et un enfer. Il confirme et consacre ainsi la vérité des peines et des récompenses d'une autre vie, et donne à cette sanction de la loi du devoir, une force, une autorité plus imposantes et plus efficaces en l'enseignant et la prêchant parmi les nations, au nom du souverain maître de la terre et des cieux.

VII

DU BONHEUR.

Point de bonheur dans le vice et l'iniquité.

Nous avons montré en commençant que sans cesse l'homme aspire et tend au bonheur, et nous venons de voir que l'accomplissement de ses devoirs lui procure sur la terre des récompenses diverses. Examinons donc enfin ce que c'est que le bonheur, et s'il se compose intégralement de ces avantages de la vertu.

Nous avons dit, pages ~~43 et 44~~, qu'il n'est autre chose ici-bas que la satisfaction, dans les limites de la raison et de la morale, de nos désirs, de nos penchants et de nos affections, c'est-à-dire, des besoins matériels, intellectuels et moraux qu'ils indiquent; qu'il consiste en un mot dans la satisfaction raisonnable des besoins du corps, de l'esprit et du cœur; et ici encore, après y avoir réfléchi davantage, nous ne voyons vraiment pas qu'il puisse sortir d'une autre source, non plus qu'aucune de ses nuances et de ses variétés.

De cette satisfaction bien entendue résultent en

effet tous les biens, toutes les jouissances que l'homme soit capable de goûter ici-bas, y compris la plus précieuse de toutes, le contentement de soi-même.

Etre heureux, c'est d'abord ne pas souffrir, et puis, c'est jouir, c'est être habituellement satisfait et content.

Le bonheur naît du bien-être moral encore plus que du bien-être matériel; mais ils lui sont tous deux indispensables. Il comprend donc tout ce qui réjouit, charme l'âme et les sens. Le calme, la paix, la joie de la conscience, c'est du bonheur, comme la santé du corps et ses jouissances.

Le premier des besoins de l'âme, n'est-ce pas cette tranquillité, cette joie secrète qu'elle éprouve quand elle est bien avec elle-même et qu'elle a rempli ses devoirs?

Pour satisfaire ses besoins, il faut donc avant tout lui procurer ce contentement intérieur, et pour le lui procurer, il est de toute nécessité de tenir une conduite sage et vertueuse, et de vivre pour les autres en même temps que pour soi. *Alteri vivas opportet, si vis tibi vivere.* [1]

On comprend, d'après ce peu de mots, que je sépare des éléments constitutifs du bonheur, les plaisirs immodérés ou coupables; car au lieu de laisser

1 Sénèque.

la conscience en repos, ils l'inquiètent et la troublent; ils la remplissent d'amertume et de dégoûts. Sans compter que le corps, lui aussi, est trop souvent victime de leurs excès.

Ce n'est point là, on le voit, cette satisfaction *raisonnable* dont j'ai parlé dans ma définition du bonheur.

A l'exception des plaisirs immoraux et outrés, des plaisirs qui dégradent l'âme et usent le corps, tous les autres contribuent au bonheur. Mais, je le répète, ceux qui découlent du devoir accompli ou du bien qu'on a fait, y conduisent plus sûrement et plus directement, et sont en même temps les plus doux et les plus purs, quoique les moins bruyants et les moins enivrants.

Le dérèglement des mœurs au contraire, le vice et l'injustice mènent presque infailliblement à la déconsidération, à la ruine, aux infirmités, au malheur.

« Les cœurs pervers n'ont jamais de belles nuits ni de beaux jours. Ils peuvent s'amuser ou plutôt s'étourdir; jamais ils n'ont de jouissances réelles. » [1] *Prima est hæc ultio, quòd se judice nemo nocens absolvitur.* [2]

« Je commence à m'apercevoir, disait lord Byron, que dans ce monde damné il n'y a rien de bon que

1 Le comte de Maistre.

2 Juvénal.

la vertu. Je suis las du vice, dont j'ai goûté toutes les variétés. »

Le bonheur dans ce monde est toujours incomplet; il n'a jamais que du plus ou du moins. C'est un bonheur relatif, perpétuellement entremêlé de quelque mal. Il s'en faut que l'homme puisse satisfaire intégralement et à la fois ses triples besoins physiques, intellectuels et moraux.

Tantôt quelques unes des choses nécessaires à son bien-être matériel lui manquent; tantôt la plupart de celles que réclame son besoin de connaître lui font défaut; tantôt il est privé des objets de ses affections, ou bien même il ne trouve pas un cœur à l'unisson du sien.

Ces biens en effet ne dépendent pas entièrement de lui, de sa volonté, de ses efforts mêmes. Mais, pensée consolante, le premier de tous est sous sa main, perpétuellement à sa disposition, car toujours il est maître d'accomplir ses devoirs et de faire quelque bien; toujours par conséquent il peut se procurer cette paix, cette joie intérieure de l'âme, le plus indispensable des éléments du bonheur.

Après ce contentement intérieur, que je place en tête des autres, viennent immédiatement les doux liens de la famille; puis les amitiés vraies, les tendres affections du cœur. Quoique rares, on en rencontre pourtant dans ce monde.

Par elles vous êtes heureux, car par elles vous êtes à la source des effusions confiantes, des conseils désintéressés, des consolations qui soulagent et fortifient. Là on mêle à vos regrets des regrets, à vos larmes des larmes, à vos soupirs des soupirs; on prévient vos désirs et vos besoins, on partage vos espérances, vos craintes et vos joies; on répond à vos épanchements par des épanchements, à votre dévouement par du dévouement; là tout est sincère, tout est senti; là il n'y a qu'une âme en plusieurs, là même quelquefois « mourir pour ce qu'on aime est encore du bonheur. » Mais là, pas plus qu'ailleurs, ne cherchez point la perfection, on ne la trouve nulle part, *omnis homo mendax;* n'exigez donc pas trop, soyez indulgent. Il ne faut demander aux hommes que ce qu'ils peuvent donner.

Les plaisirs qui surgissent des connaissances qu'on acquiert et des découvertes qu'on fait, ont aussi de bien grands charmes.

La science nous rend utiles à nos semblables, nous distingue parmi eux et nous entoure de leur considération. Elle satisfait d'ailleurs le besoin de connaître, qui est inné et quelquefois insatiable dans l'homme.

Curieux dès que nos yeux s'ouvrent à la lumière,

« tous, nous désirons naturellement de savoir, » [1] et nos études, comme le dit saint Augustin, n'ont d'autre but que notre bonheur : *nulla est homini causa philosophandi, nisi ut sit beatus.*

Si, poussés par ce désir d'apprendre, nous nous livrons aux recherches de l'érudit et du savant; si nous portons nos investigations sur les magnificences de la terre et des cieux, nous sommes ravis, attendris souvent de tout ce qui se déroule à nos regards dans cet univers, de bon, de beau, d'admirable; — et l'Ordonnateur suprême, l'Auteur divin de tant de merveilles, de tant d'harmonies sublimes ou touchantes, nous apparaît, plus grand que l'immensité, embrassant tous les mondes par sa vaste et toute-puissante intelligence, et les gouvernant sans effort, avec une ineffable sagesse, par la seule énergie de sa volonté souveraine. — Alors, nos sentiments, nos cœurs s'élèvent avec nos pensées jusqu'à lui, pour le louer et l'adorer; alors aussi nous goûtons une félicité vive et pure, avant-goût des félicités d'un autre monde.

Mais, « les limites des sciences sont comme l'horizon, plus on en approche et plus elles reculent. » [2] L'esprit humain d'ailleurs a des bornes qu'il ne peut franchir, et la nature, des secrets qu'elle nous cache.

1 Imitation.
2 Mme Necker.

Bientôt donc nous découvrons avec chagrin, qu'en dépit de notre amour-propre humilié, il nous faut renoncer à l'espoir enivrant de tout comprendre et de tout expliquer, et avouer franchement, ce qui n'est du reste ignoré que des demi-savants infatués de leur savoir, que si nous n'étions pas toujours plus frappés de ce que nous savons que de ce que nous ignorons, nous ne pourrions manquer de devenir plus modestes, à mesure même que nous pénétrons plus avant dans les mystères du monde matériel et moral.

En fait de connaissances effectivement, plus on est riche, mieux on connaît son indigence; chacune des choses qu'on apprend, en montre d'autres en plus grand nombre qu'on n'avait point vues encore, ou dont on ne soupçonnait pas l'existence. L'abîme sans fond de l'inconnu se laisse alors entrevoir, et l'on est tenté de s'écrier avec Socrate : « tout ce que je sais, c'est que je ne sais rien; » ou, avec Salomon dans ses proverbes : « celui qui veut approfondir la Majesté du Très-Haut, sera accablé de sa gloire. »

La fortune contribue au bonheur, parce qu'avec elle vous avez tous les biens qui se vendent, et surtout, quand le cœur ou le devoir vous y porte, les plaisirs délicats de la bienfaisance.

La bienfaisance, ou mieux la charité, vous fait chérir de Dieu et des hommes. Les plaisirs qu'elle procure sont si purs, si durables, si faciles pour qui a du surperflu, qu'on s'étonne de voir des riches qui ne les recherchent pas, ou qui ne les recherchent guère..... Serait-ce qu'ils ne les ont pas goûtés encore? Dans ce cas qu'ils en essaient; bientôt, s'ils ont un cœur, ils en savoureront la douceur secrète et ne voudront plus s'en priver.

Les honneurs et les dignités, qui flattent l'amour-propre, contribuent aussi au bonheur, parce que beaucoup d'avantages temporels y sont attachés, comme la considération, le pouvoir, et qu'ils permettent d'obliger les humbles, de protéger les faibles.

Mais qu'on ne croie pas que les richesses et les distinctions suffisent pour le constituer. Elles ne nous sauvent pas des soucis, des afflictions, des contrariétés domestiques, des attaques de l'envie et de la haine. Elles nous exposent à bien des tentations et des chutes; et puis, l'excès du plaisir, de l'oisiveté ou de la mollesse engendrent peut-être plus de maladies que les privations et le travail exagéré.

J'ai entendu des plaintes, j'ai vu couler des larmes dans les châteaux des riches comme dans les chaumières du pauvre. Ces grands qu'on jalouse, ces prétendus heureux de la terre; sont souvent dévorés de plus de chagrins amers que ceux qui les servent.

Si, aux avantages de la fortune ou de la naissance, ils ne joignent pas l'honnêteté et la vertu, leur cœur ne sera pas plus calme et plus content, au milieu de l'éclat du luxe et des délices de l'abondance, que s'ils étaient réduits au stricte nécessaire. — Il n'en est pas moins vrai que, lorsqu'on sait en user, les richesses et le pouvoir sont des éléments de bonheur.

On peut dire en général que, sans la vertu, tous les biens de ce monde ne rendent pas heureux, et que la vertu seule sans les autres biens ne donne pas non plus un bonheur complet.

Mais si la vertu seule ne fait pas le bonheur, elle nous console du moins, elle adoucit nos peines, et nous laisse l'espérance d'une vie meilleure. Avec la vertu, en un mot, on n'est jamais entièrement malheureux. *Cui virtus non deest, ille nunquam omninò miser.* [1]

VIII.

L'UTILE TOUJOURS D'ACCORD AVEC L'HONNÊTE.

Une chose bien digne de remarque, c'est qu'en définitive l'utile, véritablement utile, est toujours d'accord avec l'honnête. On ne se trompe à cet égard que parce qu'on n'envisage ordinairement que le moment actuel, au lieu de porter sa pensée sur l'avenir,

1 Horace.

sur le cours entier de la vie : c'est l'ensemble qu'il faut regarder.

Un Dieu souverainement bon ne pouvait en effet faire du devoir et de la vertu, la cause du malheur de l'homme qui les met en pratique. C'eût été le détourner de la voie du bien, et le pousser dans celle du mal ; le punir d'être honnête et le récompenser d'être vicieux. Aussi a-t-il voulu au contraire que, pour nous porter au bien qu'il ordonne et nous éloigner du mal qu'il défend, l'un nous fût définitivement utile et l'autre nuisible.

« Une loi de l'ordre éternel, a dit M. Cousin, attache la misère au crime, et le bonheur ou du moins la paix à la vertu. »

L'honnête doit donc régler nos actions. En le choisissant pour guide, nous finissons par reconnaître qu'il recèle l'utile.

L'utile au contraire, tel que nous l'entendons vulgairement, c'est-à-dire, l'utile sans égard à l'honnête, est une règle dangereuse. Ceux qui ne consultent que lui ont évidemment perdu tout souci du juste ; mais de plus, ils courent grand risque de prendre l'avantage apparent pour l'avantage réel, et de manquer ainsi leur but utilitaire, parce que, comme l'avoue Bentham lui-même, « l'esprit faible et borné se trompe en ne prenant en considération qu'une petite partie des biens et des maux, qu'un homme passionné se trompe également en mettant une importance extrême à un bien qui lui dérobe la vue de tous ses inconvénients. » La vraie pierre de touche de l'utile, c'est l'honnête.

Il n'est pas rare, je le sais, de voir des hommes justes échouer dans leurs entreprises; mais ce n'est pas parce qu'ils sont justes, c'est qu'ils manquent de talent.

Prenez deux individus également habiles, et placez-les dans les mêmes conditions. Celui qui aura des mœurs et de la probité prospèrera toujours plus sûrement que celui qui en sera dépourvu ; parce qu'ils finiront tous deux par être bien connus, et qu'alors l'un obtiendra l'estime et la confiance, tandis que l'autre ne rencontrera partout que répulsion, défiance et mépris. On se lasse bientôt des gens dont il faut se garder sans cesse.

Il est toutefois des personnes honnêtes, vertueuses même, à qui non seulement rien ne réussit, mais qu'on ne goûte pas, qu'on n'apprécie pas à leur valeur. Si vous les observez de près, vous en verrez la cause certaine dans un caractère ombrageux, susceptible, bizarre ou sauvage, dans une humeur peu sociable. « Avec de la vertu, de la capacité et une bonne conduite, on peut être insupportable. » [1]

1 Labruyère.

Quelques hommes corrompus au contraire, et sans principes, ont des succès dans le monde, et y sont recherchés. Pourquoi? parce qu'ils ont soin de s'y montrer constamment aimables et obligeants.

Ce n'est certainement pas la vertu qui repousse chez les premiers; ce sont leurs défauts. Ce n'est pas non plus la dépravation qui attire chez les seconds; ce sont leurs qualités. L'attrait dans ceux-ci serait même plus puissant, s'ils n'étaient pas dépravés; et l'éloignement que ceux-là nous inspirent serait aussi plus grand, s'ils n'étaient pas vertueux.

L'ensemble d'une conduite intègre, qui n'est pas gâtée par quelque défaut sérieux de caractère, nous concilie, quelquefois même en dépit de ce défaut, l'amour de nos semblables, leur confiance et leur estime, avec tous les avantages qui en découlent; et quand on ne serait honnête qu'en vue de ce résultat, ce serait du moins un excellent calcul. C'est ce que signifie cette sentence de Mme de Maintenon : « Rien n'est plus habile qu'une conduite irréprochable. »

« La droite raison et la conscience, d'accord avec les faits, disent ce qu'elles voient avec évidence, que dans toutes les professions, dans toutes les entreprises, dans toutes les affaires, l'avantage, toutes choses égales d'ailleurs, se trouve toujours du côté de la vertu ; que la santé, le premier des biens temporels, et sans lequel tous les autres ne sont rien, est en partie son ouvrage ; qu'elle nous comble enfin d'un contentement intérieur plus précieux mille fois que tous les trésors de l'univers... Pour celui même qui ne croirait pas à une autre vie, le parti de la vertu serait toujours le plus sûr, pour obtenir la plus haute chance de bonheur temporel. » [1]

Jamais, même ici-bas, un bienfait n'est perdu.

Cette opinion du reste est commune aux écrivains les plus sages de tous les temps. C'était celle de Platon qui a dit : « que le meilleur et le plus juste des hommes est aussi le plus heureux ; que le plus méchant et le plus injuste est en revanche le plus malheureux. » C'était aussi celle de Cicéron qui rend brièvement la même pensée comme il suit : *Conducunt ea maximè quœ sunt rectissima.* Les choses les plus justes sont aussi les plus avantageuses. Et ailleurs : *Sic cogitans, est illud quidem honestum, verùm hoc expedit, res a naturâ copulatas audebit errore divellere.* Celui qui se dira : voilà l'honnête, il est vrai, mais voici l'utile, aura le tort de séparer deux choses que la nature a réunies. Juvénal donne là-dessus son avis en trois mots : *Nemo malus felix.* Le méchant n'est jamais heureux..... Vous trouvez les mêmes affirmations dans tous les ouvrages de saine philosophie.

1 Le comte de Maistre.

En plaçant ainsi l'utile dans l'honnête, le bonheur dans la vertu, Dieu a voulu sans doute que notre amour pour l'un nous excitât à chercher l'autre. C'est un secours accordé à notre faiblesse.

Ce qui n'empêche pas que le bonheur à notre portée ne soit plus ou moins difficile à atteindre, suivant que la position où l'on se trouve, et la société dans laquelle on vit, présentent plus ou moins d'obstacles aux efforts que fait l'homme pour le conquérir.

Mais on objecte que pour pratiquer la vertu et jouir des avantages qu'elle procure, on est obligé de se contrarier et de résister à ses penchants déréglés; que c'est là souffrir et acheter des jouissances par des privations et des luttes pénibles, en un mot, par des souffrances, qui ne sont certes pas du bonheur.

Nous n'en disconvenons pas. Oui, la souffrance est l'épreuve, et l'épreuve, la condition de la vertu; oui, la vie se passe à lutter; tous les biens de ce monde sont à ce prix, tous se paient plus ou moins cher.

La vie est un combat dont la palme est aux cieux.

Mais personne ne niera non plus qu'il ne soit mille fois préférable de se contrarier quelquefois et de combattre ses mauvaises passions, que de s'y abandonner;

puisqu'ainsi l'on s'épargne des regrets cuisants, des maladies, des malheurs de toute sorte, et qu'on se ménage des jouissances pures et durables. Se contrarier dans ce cas, c'est choisir le moindre des maux, *minima de malis;* ne pas se contrarier, c'est employer sottement la première partie de sa vie à rendre l'autre misérable.

N'est-il pas vrai, par exemple, que, s'il vous en coûte de résister aux excitations d'un appétit immodéré, vous avez incomparablement plus à souffrir, quand, en leur cédant, vous vous chargez l'estomac d'une masse d'aliments qu'il ne peut digérer sans douleur? Et puis, n'est-ce rien que l'altération de la santé, qui résulte infailliblement tôt ou tard des excès du boire et du manger? N'est-ce rien non plus que la déconsidération, que le mépris qu'on encourt, dès qu'on s'écarte des règles de la sobriété?

Qu'un homme retienne sa colère, il fait un effort, qui est pénible sans doute; mais qu'il s'y abandonne et se livre à des actes de violence, il devient aussitôt l'objet de l'effroi ou de l'animadversion des habitants de sa contrée; le voilà désormais exposé aux chances d'une poursuite judiciaire, aux représailles vindicatives des ennemis qu'il s'est faits, en proie enfin à des regrets, à des tourments cruels, qui feront évanouir pour longtemps peut-être la sérénité de ses jours.

J'en puis dire autant de tous les excès des passions. Il en est même dont les suites, plus déplorables encore, assombrissent le plus brillant espoir de prospérité future, quand elles ne le brisent pas tout-à-fait, quand elles n'emportent pas leurs victimes. Usez donc du présent, mais de manière à ne pas gâter votre avenir. « *Sic præsentibus utaris voluptatibus, ut futuris non noceas.* » [1]

Malheur à quiconque n'a pas appris à se vaincre, à souffrir et à s'abstenir! *Sustine et abstine*, disaient les Stoïciens. Toute la sagesse de l'homme est renfermée dans ces deux mots.

Il y a du vrai dans cette sentence devenue vulgaire : « Tout crime est ânerie; » et c'est pour cela que l'auteur des *Nuits* définit le vice : « Un défaut de capacité dans l'âme, d'étendue dans la pensée; » et que La Bruyère a dit : « Il est difficile qu'un malhonnête homme ait assez d'esprit. Un génie qui est droit et perçant conduit enfin à la règle, à la probité, à la vertu. Il manque du sens et de la pénétration à celui qui s'opiniâtre dans le mauvais comme dans le faux. »

Concluons encore une fois que l'utilité bien entendue se confond toujours avec l'honnête, avec le devoir, et qu'il n'y a point de bonheur possible pour l'homme esclave de ses passions.

1 Sénèque.

IX

LE BONHEUR DIFFÉRENT POUR CHACUN. DESTINÉE DE L'HOMME.

Le bonheur n'est point le même à tous les yeux. Il est ici pour vous, il est là pour moi. Il se présente à tous sous des aspects fort différents, parce que chacun ayant sa passion dominante, le voit infailliblement dans la possession de l'objet qu'elle convoite.

L'un le place dans la vie des champs ou dans les molles et enivrantes délices de l'amour; l'autre dans le tumulte des camps et le bruit des armes; celui-ci dans le négoce qui enrichit, ou les voyages qui instruisent; celui-là dans les honneurs et la puissance, ou dans les recherches curieuses de l'érudit et du savant; *nulla est homini causa philosophandi nisi ut sit beatus;* [1] chacun enfin dans la jouissance des biens qu'il préfère, qui correspondent à son âge, à ses désirs et à ses goûts particuliers. Le bonheur est partout où nous porte notre cœur. *Trahit sua quemque voluptas.* [2]

Mais souvent nous nous faisons illusion. Nous le

1 Saint Augustin.
2 Virgile.

voyons rarement où nous sommes, presque toujours où nous ne sommes pas. Et cependant, arrivés au terme qui devait combler tous nos vœux, nous n'y trouvons fréquemment que déception et mensonge, rien qui réponde aux secrètes aspirations de notre âme, rien qui puisse en remplir les besoins; le bonheur enfin n'est pas là. Cest que l'imagination est plus riche que la réalité, les désirs plus vastes que la nature entière; c'est qu'à l'infini du cœur, il faut l'infini des cieux.

Quand on ne sait ni borner ses désirs, ni contenir son imagination, on ne peut se contenter du bonheur limité qui nous est offert et qui suffit au sage. On court après des chimères enchanteresses, vers une félicité parfaite qui n'existe pas. Les désappointements ont-ils dissipé le charme, on devient sombre et mélancolique, on se dégoûte de la vie avant même de la bien connaître, et l'on finit par accuser la Providence. *Animum rege, qui, nisi paret, imperat.* [1]

La conséquence à tirer ici, c'est que pour acquérir le bonheur qui est à notre disposition, il importe avant tout de régler ses désirs sur son pouvoir, d'éviter les sentiers du vice, et de s'occuper de la félicité d'autrui sans négliger la sienne.

Il est impossible de vivre heureux, lorsqu'on rap-

1 Horace; *Epîtres.*

porte tout à sa personne, à son intérêt particulier. Il faut contribuer au bien-être d'autrui, si l'on veut l'obtenir pour soi-même. *Nec postest quisquam beatè degere, qui se tantum intuetur, qui omnia ad utilitates suas convertit. Alteri vivas opportet, si vis tibi vivere.* [1]

Remarquons en finissant qu'il y a un enseignement sérieux dans ces deux états si différents de l'âme, précédemment signalés; dans ces sentiments opposés de félicité et de douleur morales, que nous causent d'une part la pratique du bien, d'autre part la perpétration du mal.

Ils témoignent en effet, non seulement que le vice est notre éternel ennemi, mais surtout que la vertu renferme l'élément principal et indispensable du bonheur véritable; qu'il faut conséquemment passer par l'une pour arriver à l'autre; qu'ainsi Dieu, qui veut que nous nous rendions heureux par le bon usage de notre liberté, veut aussi par suite que nous tendions sans cesse à la vertu, et que nous la considérions comme notre fin, comme la fin où nous rencontrons le bonheur possible.

Ils témoignent, en d'autres termes, que Dieu, lorsqu'il nous a donné l'appât du bonheur, n'avait

1 Sénèque.

pas uniquement en vue de pourvoir à notre conservation, mais aussi de nous attirer plus fortement à la vertu, en nous fournissant ce puissant motif de nous y attacher, qu'elle est la condition *sine quâ non* du bonheur que nous cherchons.

Ainsi, le but de la nature instinctive, le bonheur, et le but de la nature morale, la vertu, se trouvent sur la même route. Il n'y a pas moyen d'atteindre l'un, avant d'avoir touché l'autre, par la raison que l'un, le bonheur, est l'effet, dont l'autre, la vertu, est la cause. Or, pour produire l'effet, il faut avoir recours à la cause, c'est-à-dire à la vertu. Delà l'heureuse nécessité d'en faire l'objet constant de nos efforts et de nos aspirations.

Il règne donc un parfait accord entre le besoin inné du bonheur et la loi également innée de la morale éternelle. Loin de se repousser, ils s'attirent et s'entr'aident, puisque le désir du vrai bonheur nous porte à la vertu, et que la vertu nous mène au vrai bonheur, contient même le vrai bonheur, c'est-à-dire, la douce paix, la sérénité de l'âme ici-bas, et là haut, son éternelle et ineffable félicité dans le sein de Dieu. Je mentionne, parce que je l'admire, cette alliance salutaire, cette harmonieuse combinaison de deux choses qui semblent antipathiques.

Vient enfin une dernière induction aussi importante que logiquement inévitable. La voici en peu de mots : la destinée de l'homme, d'après tout ce qui précède, ne peut être que *le bonheur par la vertu*, le bonheur, sinon toujours dans la vie actuelle, du moins dans une autre; ou bien, *la vertu, avec le bonheur pour stimulant et pour récompense ;* c'est-à-dire, selon le père Lacordaire, la perfection et la béatitude. Je n'imagine pas de destinée plus digne d'un Dieu parfaitement bon et juste, qui veut que nous aspirions vers lui, parce qu'il est le souverain bien et notre fin dernière. Or, cette fin si désirable n'est accessible qu'à la vertu.

« C'est dans le cœur humain, a-t-on dit, qu'il faut lire la destinée de l'humanité. » C'est de cette source, en effet, qu'ici nous la voyons sortir.

LIVRE TROISIÈME.

L'HOMME EN SOCIÉTÉ.

I

L'HOMME EST NÉ SOCIABLE.

L'homme naît dans la famille, qui est déjà une société, la première de toutes et l'élément des autres. Il y reçoit les soins de ses parents; il les suit, les écoute, les imite; il est incorporé à leur tribu ou à leur cité, et s'il les quitte quelquefois, c'est pour se joindre à quelque autre peuplade voisine et amie, avec laquelle il veut fraterniser, et d'où peut-être il ramènera une compagne au foyer paternel. La société est aussi ancienne que lui, est née avec lui; l'état social est son état naturel partout et toujours.

Les sauvages, comme les autres hommes, se forment en agglomérations distinctes, dont chacune a son territoire particulier, fixe ou temporaire, et ses habitations rapprochées. Ils marchent dans leurs pérégrinations sous des chefs, auxquels ils obéissent plus ou moins. Ils se réunissent à certains jours, et vont parfois en troupe à la pêche et à la chasse, aussi bien qu'au combat. On n'en a jamais rencontré un seul qui ne fît partie de quelque agrégation sociale, sédentaire ou nomade.

L'homme cherche instinctivement la compagnie de ses semblables, et parce qu'il a besoin d'eux, et parce qu'ils lui inspirent de la sympathie. Rien de ce qui les intéresse ne lui est complètement étranger.

« De la sensibilité qu'éprouve même le sauvage, des besoins de l'enfance, des affections que cette première liaison développe dans nos âmes, et de la perfectibilié dont nous sommes capables, il est aisé de conclure que l'homme est né sociable. » [1]

« Ses besoins, le soin de sa sûreté, le désir des commodités de la vie, l'amour du plaisir et l'inclination naturelle qui lui fait aimer ses semblables, tout concourt à l'engager à vivre avec eux. » [2]

Il se soulage le cœur en leur communiquant ses peines et ses inquiétudes; il double ses joies en les

1 Le père Corbin.

2 Le chancelier d'Aguesseau.

leur faisant partager ; il nourrit et fortifie son esprit en l'aiguisant au contact du leur : tout est échange entre les hommes.

C'est dans ses relations avec eux qu'il développe ses facultés, qu'il se dégrossit et grandit. C'est près d'eux qu'il trouve de la protection, de la bienveillance, ou du moins de la pitié ; qu'il se procure des plaisirs et du bien-être ; qu'il apprend à aimer, à connaître, à agir et à parler.

Avec eux il se défend contre les éléments déchaînés, contre les animaux malfaisants ; il franchit les fleuves et les abîmes, perce les forêts et les rochers, et dompte la nature. Avec eux il cultive la terre, les arts, les sciences, les lettres et l'amitié ; il comprend la vertu et s'élève à Dieu.

Hors de la société au contraire, l'homme se conçoit à peine ; tout lui manque ; il est faible, il est brut, il est triste ; il reste et meurt incomplet. C'est un membre détaché de son corps, une branche arrachée au tronc qui la faisait vivre ; c'est un enfant sans nourrice, une fleur sans soleil, qui périt avant de s'épanouir.

Que voulez-vous qu'il devienne, seul, sans secours contre les ennemis qui l'assiégent, contre l'intempérie des saisons, contre les ouragans, les inondations et les maladies ? Que voulez-vous qu'il devienne seul, avec mille besoins qu'il ne peut satisfaire ? Que voulez-vous qu'il aime, séparé des êtres qui sympathisent avec lui, loin d'une mère, d'un fils, ou d'une épouse ?

Il éprouve, il est vrai, au milieu de ses pareils, des désappointements, des contrariétés de bien des sortes, quelquefois des dommages et des vexations qui l'indignent. Eh bien, il aime encore mieux souffrir de leurs mille défauts que de s'y soustraire par l'exil.

C'est qu'il sait que, dans la solitude des déserts, il aurait bien d'autres maux à supporter, sans aucune des compensations sociales ; c'est que ses besoins, ses penchants secrets et ses affections le poussent incessamment vers ceux de son espèce. *Naturâ propensi sumus ad diligendos homines.* [1]

Ainsi s'expliquent sa patience et son opiniâtreté à demeurer au sein des sociétés, même les plus défectueuses.

Tout ce que l'éloquent philosophe de Genève a écrit contre la thèse que je défends, a eu un grand retentissement à son époque. Mais, c'est l'incomparable mérite de son style qu'on a applaudi, non pas la vérité de sa doctrine, simulée d'ailleurs, assure-t-on, plutôt que réelle. Aussi, nous ne voyons pas qu'il ait persuadé personne. Il eût fallu pour cela éteindre le flambeau de la raison commune, étouffer la voix des consciences et faire taire les faits eux-mêmes.

1 Cicéron, *De leg.*

II

LOI ÉCRITE.

Conciliation des droits entre eux.

Les hommes ont longtemps vécu sans législation écrite, sous le simple régime de la loi naturelle, dans cet état social primitif qu'on a appelé l'état de nature. Longtemps ils n'ont eu que cette loi pour règle de conduite. Ils savaient par sentiment ou par réflexion qu'ils devaient s'y conformer. Ce fut la loi des patriarches; c'est encore celle de plusieurs peuplades errantes.

Mais les familles se multipliant, formèrent des tribus, les tribus, des peuples, et les peuples, des nations.

Les rapports d'intérêts entre ces familles réunies, entre les individus qu'elles comprenaient, devinrent enfin nombreux et compliqués.

Il fallut les régler pour prévenir les luttes; il fallut organiser la tribu pour la paix et pour la guerre; il fallut ensuite y maintenir l'ordre et la justice; il fallut en un mot une discipline, une police, un pouvoir coërcitif.

Les chefs, quels qu'ils fussent, ne tardèrent pas à les établir. Mais d'abord ils durent se borner à prononcer des jugements, à donner verbalement leurs ordres, au fur et à mesure des besoins. Ensuite ils firent probablement des règlements particuliers, tantôt sur un point, tantôt sur un autre, selon que les circonstances et les évènements leur en montraient l'urgence.

Ces ordres, ces décisions et ces règlements de circonstance, recueillis plus tard, furent sans doute les premiers éléments de la législation positive.

Enfin on formula la loi naturelle en articles de code; on l'écrivit pour la fixer, et on lui donna la sanction des peines, quelquefois même celle des récompenses.

Telle fut la transformation graduelle qu'opéra le besoin d'ordre et de sécurité. Telle fut aussi la transition successive de l'état de nature ou de société rudimentaire à l'état légal constitué.

Quand je dis que la loi naturelle ne fut que transformée, je suppose que la copie, pour le fond du moins, fut conforme au modèle; que la loi civile, politique et militaire, qu'on en tira, fut juste. Car tout ce qui dans le droit écrit est équitable, appartient nécessairement au droit de la nature, puisque ce droit n'est que la justice même appliquée aux rapports des hommes entre eux.

« Les lois civiles ne sont justes qu'autant qu'elles sont fondées sur les principes de cette loi naturelle, dont Dieu même est l'auteur.... Elles ne doivent être que la confirmation ou l'explication et le supplément de cette loi supérieure, qui a précédé l'établissement de toute cité et de toute puissance humaine. » [1]

« La société peut assujétir l'homme à des devoirs, mais les lois qu'elle fait pour cela sont plus ou moins justes, en raison de leur plus ou moins de conformité avec la loi antérieure à l'établissement des sociétés. » [2]

La législation positive, lorsqu'elle est ce qu'elle doit être, n'est donc que la loi naturelle écrite, que la loi naturelle formulée, développée et appropriée aux besoins sociaux.

On doit y prévoir et y résoudre, conformément aux données de la raison et de la conscience, les difficultés nombreuses que soulèvent fréquemment le choc des intérêts et l'opposition des droits individuels.

Il faut y envisager le droit naturel, non plus seulement dans ses principes généraux et fondamentaux, mais aussi dans ses détails, dans toutes les applications qu'on en peut faire aux rapports si nombreux et si divers, par lesquels les individus associés se touchent et se froissent.

1 Le chancelier d'Aguesseau.

2 Boulage.

Il y fant considérer qu'il est des droits naturels d'un intérêt majeur que la société doit soigneusement garantir; d'autres d'une moindre importance dont elle peut commander le sacrifice; que de plus, le même droit existe ou n'existe pas suivant les circonstances; que ce qui serait un droit dans l'état de nature, chez des sauvages ou des barbares, cesse quelquefois d'en être un dans un état civilisé, par la seule raison qu'on ne saurait l'y exercer qu'en attaquant celui d'autrui, qu'en tombant dans l'injustice.

Il vous plaît, je suppose, de sonner du cor toutes les nuits à votre fenêtre; il n'y a rien là de condamnable ni d'immoral en soi. Vous en avez évidemment le droit dans l'habitation isolée que vous possédez à la campagne. Mais au milieu d'une ville, votre musique retentissante troublera le repos de tout le voisinage, et privera les malades du sommeil réparateur dont ils ont besoin. Là donc votre droit disparaît, parce que là aussi l'injustice commence.

Il ne peut être permis de nuire aux autres, même pour satisfaire ses goûts les plus innocents.

Robinson, jeté seul dans une île déserte, a droit sur tout ce qu'il y trouve. Il peut légitimement en exploiter le sol tout entier, se servir des arbres qu'il porte, du gibier qu'il nourrit. Là son droit est sans limites, car il ne lèse les intérêts de personne. Seul habitant du territoire, il ne rencontre jamais sur ses pas des droits pareils aux siens, des droits rivaux qui lui créent des devoirs. Mais dans un pays peuplé, ses droits se resserrent et ses devoirs s'étendent, parce que là il a des semblables, qui ont les mêmes besoins que lui, et des prétentions tout aussi fondées que les siennes.

Si, ce qui n'est pas douteux, nous croyons que nos pareils doivent respecter nos droits, nous trouverons juste, même malgré nous, qu'ils veuillent aussi que nous respections les leurs. Car leurs droits naturels sont égaux aux nôtres, et il n'y a pas de motifs pour que nos exigences prévalent sur celles de nature supérieure ou de même nature qu'ils ont à nous opposer.

Comment donc concilier toutes ces prétentions rivales, ces intérêts et ces droits si souvent contraires en apparence? car en réalité « il n'y a pas de droit contre le droit. » [1]

Le seul moyen raisonnable et juste d'y procéder, quand on ne peut les maintenir ensemble, c'est de faire céder les moindres aux plus importants, de subordonner ce qui n'est qu'agréable à ce qui est utile, puis l'utile au nécessaire, et le bien particulier

1 Bossuet.

au bien général ; c'est aussi parfois de prendre un peu à l'un, un peu à l'autre, dans des proportions équitables, d'établir enfin des compensations sages et consciencieuses.

Mais en observant ces règles générales d'équité, le législateur doit se préoccuper du soin de ne ravir aux citoyens aucun des droits essentiels que leur a donnés la nature. Il ne peut légitimement leur ôter que ce qui est indispensable au maintien de l'ordre, à la sûreté, à la félicité publiques et à la défense de la patrie. Passé cette limite, il tombe dans l'arbitraire, il devient tyran. Car, comme le dit M. Cousin, « le principe et l'objet de tout gouvernement humain digne de ce nom, est la protection des droits naturels. »

Il est impossible que les hommes en s'associant aient jamais eu d'autre but que de s'assurer ce qui importe le plus à leur bonheur : la liberté de vivre, de se développer et de s'enrichir en travaillant ; la liberté de jouir en paix de ce qu'ils ont légitimement acquis ; la liberté, dans des bornes raisonnables, de penser et d'écrire, d'agir et de s'associer, de participer aux affaires de leur pays, quand ils en ont la capacité ; celle enfin d'adorer le Dieu de leur choix, et de faire tout cela sous la garantie de l'ordre, sous la protection des lois et de la force publique.

Le but obligé du législateur est conséquemment de

concilier ces deux éléments principaux du bonheur social : l'ordre et la liberté.

III

ORDRE ET LIBERTÉ.

La vraie liberté ne peut exister sans l'ordre, qui en permet et en protége l'exercice; et l'ordre véritable ne peut exister sans la liberté; car il n'est que cette liberté même paisiblement et régulièrement exercée en conformité de la loi, dans toutes les classes de citoyens.

Ainsi la liberté est nécessaire à l'ordre, comme l'ordre est nécessaire à la liberté. Ils se soutiennent, se défendent mutuellement, et concourent par leur union à l'avantage et au bien de tous.

Mais il est un ordre qui tue la liberté et une liberté qui tue l'ordre; une liberté qui dégénère en licence, un ordre qui se résume en despotisme.

Cette liberté exagérée, c'est, en dernier résultat, l'injustice éhontée et brutale des pervers, c'est l'anarchie, le chaos, c'est l'oppression de chacun par tous.

Cet ordre asservissant, purement matériel, qui ressemble au calme des tombeaux, c'est l'oppression de tous par un seul ou par quelques uns, c'est la peur jetée d'en haut sur tout un peuple : c'est, des deux parts, le règne de l'arbitraire et de la violence.

La vraie liberté permet tout ce qui ne nuit pas aux droits d'autrui, à l'ordre et à la paix publique; mais si elle sort de ce cercle, elle ne mérite plus que le nom de licence, d'anarchie ou de crime. La société alors est aux abois. Dieu nous garde de cette liberté sans frein!

De son côté, l'ordre, pour être vrai, doit être à la fois matériel et moral. Or, il n'est pas moral, s'il méconnaît l'égalité des citoyens devant la loi; s'il exclut la liberté des personnes et des consciences, toutes les autres libertés raisonnables; car attaquer ces libertés et cette égalité, c'est renverser tous les droits essentiels de l'homme, et par là même élever sur leurs ruines l'odieux régime de l'arbitraire; c'est répudier toute justice, toute probité politique; c'est créer le plus grand des désordres moraux.

Le désordre moral peut coexister avec un certain ordre matériel, avec un ordre extérieur qui plaît et séduit; mais cet ordre que, dans l'origine, la force et la ruse établirent, qu'entretient ensuite la crainte des espions officiels et officieux, ou l'habitude d'une longue sujétion, ne met personne à l'abri des caprices ou des vexations d'un pouvoir arbitraire. Ce n'est au fond qu'un ordre tronqué, apparent et faux, privé de son élément principal : la justice. Il n'affecte que la surface des choses et ne se voit que dans la rue; il maintient, que dis-je? il protége et affermit le désordre moral.

Il faut donc, pour la garantie de tous les droits, de la sécurité particulière et publique, accorder entre eux l'ordre et la liberté, les maintenir ensemble, les tempérer l'un par l'autre, les limiter sagement, pour que l'ordre n'étouffe pas la liberté, pour que la liberté ne renverse pas l'ordre.

La solution de ce difficile problême est inévitable, quand on tient à fonder une société sur les bases de la justice, dans des conditions de prospérité et de force.

De tout ceci je conclus que la loi positive ne doit jamais être que l'expression exacte des règles de la justice naturelle, appliquées aux rapports des hommes entre eux, et aux intérêts particuliers et généraux.

Mais une bonne législation n'est pas l'œuvre d'un jour, d'une année. Elle demande, pour être telle, non seulement des esprits droits, sages, pénétrants, pleins d'expérience et de probité, mais une connaissance approfondie des hommes et des choses, des intérêts individuels et des besoins sociaux, avec le talent de les faire concorder ensemble sans choquer la justice.

A ces qualités du législateur capable, ajoutez, pour

le compléter, celle de savoir approprier les institutions et les lois qu'il fait, aussi bien que la forme gouvernementale qu'il adopte, aux mœurs, aux croyances, aux relations internationales et commerciales, au mode d'existence, au caractère et enfin aux besoins particuliers du peuple auquel elles sont destinées. Car elles en doivent être le calque et le reflet; autrement, elles sont inapplicables; elles n'ont ni force ni efficacité : on les viole.

Souvenons-nous de ce que Solon disait aux Athéniens, que ses lois, quoique imparfaites dans le sens absolu, étaient néanmoins lês seules qui leur convinssent.

Ces difficultés sont graves et nombreuses. Cependant elles n'effraient et n'effraieront jamais personne. Qui ne se croit pas très sérieusement aujourd'hui en état de faire des lois?

IV

DROIT DE SE CONSTITUER EN SOCIÉTÉ.

Lorsqu'ils se sont formés en société, les hommes, nous l'avons dit, ont obéi à leurs inclinations natives, à l'impulsion de leurs besoins; et en leur obéissant, ils ont usé d'un droit naturel incontestable, celui de chercher leur avantage commun, et de pourvoir par leur union à leur conservation et à leur bien-être.

Ils ont pu en effet, sans injustice pour personne, se concerter pour se soustraire à l'anarchie, aux attentats de la force brutale; ils ont pu s'entendre pour vivre unis, s'entre-aider et se protéger mutuellement; ils ont pu se donner des lois et s'obliger à les suivre; ils ont pu enfin renoncer à une portion de leur liberté naturelle pour conserver l'autre, sacrifier quelques uns de leurs droits de moindre importance, pour jouir en toute sécurité, sous la garantie de l'agrégation sociale, de ceux auxquels ils tenaient le plus, parce qu'ils leur étaient le plus nécessaires.

Ils l'ont pu légitimement, car en tête de nos droits naturels primitifs, se trouve celui d'assurer notre sécurité et notre bien-être au sein d'une société régulière, celui par conséquent de nous imposer à nous-mêmes, pour y fonder l'ordre et la paix, des lois restrictives de nos droits naturels. La société n'est possible d'ailleurs qu'à la condition de ces sacrifices de chacun pour tous, dont tous et chacun profitent plus ou moins.

« Par l'effet de l'association, la situation des particuliers se trouve réellement préférable à ce qu'elle était auparavant; et au lieu d'une aliénation, ils n'ont fait qu'un échange avantageux d'une manière d'être incertaine et précaire, contre une autre meilleure et plus sûre. »[1]

« Même sous un mauvais gouvernement, il n'y a pas de proportion entre l'acquisition et le sacrifice. »[2]

Puisque la recherche du bonheur est toujours permise quand elle ne blesse aucun intérêt légitime, l'homme a eu le droit de faire, en s'associant avec ses semblables, l'échange avantageux dont parle le philosophe de Genève.

Par conséquent en principe la loi naturelle a présidé à la formation de la société et à la confection des lois destinées à y faire régner la justice et l'ordre, et à déterminer les droits et les devoirs du citoyen. C'est donc toujours la nature qui est la source du droit, même du droit écrit. *Quoniam juris natura fons sit.*[3]

Je suis loin d'affirmer que dans la formation des sociétés et la confection des lois, on ait toujours procédé régulièrement, ou d'une manière conforme à la morale éternelle. Mais je dis que le droit de se constituer ainsi existait dans la loi naturelle, et qu'on a pu légitimement en faire usage.

Que l'amour du pouvoir, secondé par l'astuce et

1 J.-J. Rousseau.
2 Bentham.
3 Cicéron.

l'audace, ait quelquefois obtenu une soumission forcée, je le crois sans peine. La souveraineté est presque toujours prise, rarement donnée. Mais je crois aussi que, hors le cas de la conquête, c'est ordinairement, non pas, il est vrai, une convention formelle ou un contrat social, mais le hasard ou l'adresse, l'influence ou l'ascendant de quelque supériorité naturelle qui a mis sans contrainte certains hommes à la tête des autres.

N'en est-il pas qui semblent nés pour régner? qui se distinguent entre tous, qu'on écoute et qui entraînent? d'autres qui suivent naturellement l'impulsion donnée, se laissent persuader et paraissent appelés à obéir?

L'âge et l'expérience, la sagesse et l'habitude du commandement chez le père de famille, le courage, l'intelligence, ou la force du corps et du caractère donnent aux premiers le rang suprême; la médiocrité ou la faiblesse, quelquefois le bon sens, fait des seconds des sujets dociles. Voilà selon moi l'explication qui s'accorde le mieux avec les penchants connus de la nature humaine.

Dès lors la multitude, en acquiesçant à leur volonté, acceptait librement pour chefs ces privilégiés de la nature; elle donnait son consentement au moins tacite à ce qu'ils entreprenaient et décidaient.

Ce qui me le persuade, c'est qu'originairement

surtout, lorsque la propriété territoriale n'attachait pas encore l'homme au sol, lorsqu'il n'avait que peu de besoins, qu'il ne lui fallait que quelques heures pour sortir de sa tribu, il lui eût été facile de se dérober par la fuite à une tyrannie qui lui aurait déplu.

Il y avait donc consentement libre à la loi, de la part de tous ou du grand nombre, et par conséquent aussi obligation morale de lui obéir ou d'abandonner le territoire.

« Le véritable lien politique, a-t-on dit, est dans l'immense intérêt des hommes à maintenir un gouvernement. Sans gouvernement point de sûreté, point de famille, point de propriété, point d'industrie. C'est là qu'il faut chercher la base et la raison de tous les gouvernements, quelles que soient leur origine et leur forme ; c'est en les comparant avec leur but, qu'on peut raisonner solidement sur leurs droits et leurs obligations, sans avoir recours à de prétendus contrats qui ne peuvent servir qu'à faire naître des disputes interminables. »

V

OBÉISSANCE DUE AUX LOIS ET A L'AUTORITÉ LÉGITIME. — EXCEPTIONS. — DEVOIR DES GOUVERNANTS.

Les lois que les hommes se sont données, ou plutôt

qu'ils ont acceptées, ils sont, disons-nous, tenus de s'y conformer, puisqu'en y contrevenant, ils manqueraient d'une part à un engagement moral libre, et que de plus ils nuiraient injustement à la communauté dont ils sont membres, qui accepte ces lois, ou s'y soumet volontiers.

Ils lui nuiraient, car ils en rompraient l'unité, y jetteraient le désordre, en détruiraient la force et l'accableraient de tous les maux de l'anarchie.

Oui, tel serait en abrégé l'effet inévitable de l'insubordination et de l'éparpillement des prétentions particulières. Une pareille conduite violerait évidemment l'équité naturelle, ou la loi de la nature.

Cette loi exige donc que nous obéissions aux lois de l'Etat dans lequel nous vivons, par le triple motif qu'elle rend tous les engagements obligatoires, qu'elle nous défend de causer aucun dommage à autrui, et que d'ailleurs « une loi mauvaise vaut souvent mieux que l'absence de toute loi. »

Ainsi, tout citoyen doit prêter à la société l'assistance que la loi positive lui demande au nom de tous, comme le paiement de l'impôt et le service militaire. Il doit obéir à toute autorité légalement constituée qui lui transmet les commandements de la loi; il doit enfin, autant qu'il le peut, concourir au bon ordre, à la tranquillité publique, au bien général.

Il saute aux yeux de tous que ce qui convient au

grand nombre des citoyens ne peut être repoussé légitimement par quelques uns, qu'il n'est pas juste de troubler la paix et l'ordre de la société, d'interrompre le cours de la justice, de porter préjudice à ses semblables, en semant la discorde et la guerre dans les cités et les campagnes.

Les citoyens ne sont pas seulement obligés d'observer les lois qu'ils approuvent ; ils doivent la même soumission à celles qu'ils condamnent.

La raison en est que, jusqu'à preuve évidente contraire, elles conviennent toutes au grand nombre, puisque le grand nombre s'y soumet ; et que le salut de l'Etat serait mortellement compromis, que la société périrait déchirée par la discorde, si chacun n'accomplissait que les prescriptions législatives qui auraient son approbation particulière. Quand tout le monde est maître, il n'y a point de maître ; point, par suite, de protection ni d'ordre.

Les lois obligent souvent l'égoïsme à des sacrifices qui le contrarient. Les lois de police, de finance, du timbre, des douanes, de la conscription sont de ce nombre, et bien d'autres encore qui restreignent la liberté, et que pourtant le bien de la société réclame.

Comment voulez-vous que ces lois paraissent justes aux intérêts qu'elles blessent ? Qui ne sait que l'égoïsme fausse le jugement et dispose à l'opposition ? Il ne faut donc pas espérer d'obtenir l'assentiment de ceux qui, sans souci du bien général, n'envisagent jamais que leur propre avantage.

Combien d'ailleurs de gens à courte vue, qui décrient hardiment des lois dont ils n'entrevoient même pas la portée bonne ou mauvaise!

L'obligation d'obéir quand même, qui est fondée en morale, se montre donc aussi comme nécessaire. Voilà le principe général; mais il n'est pas absolu.

Si, par exemple, il existait des lois assez insoucieuses de la conscience universelle, pour ordonner de dénoncer un père, d'immoler un fils, de calomnier ou de trahir un ami, de sacrifier un innocent, de renier son Dieu, certes, on pourrait, que dis-je, on devrait s'abstenir de les exécuter.

Les lois qui prescrivent le crime, soulèvent, révoltent trop ouvertement le cœur et la raison, sont trop évidemment contraires à la nature morale de l'homme et aux enseignements qu'il en reçoit, pour que leur source empoisonnée ne frappe pas tous les yeux.

Elles sont visiblement pour tout le monde l'œuvre de la fureur en délire ou d'une froide férocité. Mais elles n'apparaissent dans l'histoire qu'à de longs intervalles, et ne sont heureusement qu'une exception fort rare.

Quant aux organes de la loi, aux agents de la force publique, qui nous protégent, nous, nos familles et nos biens, en thèse générale, il y aurait ingratitude, injustice ou crime à s'insurger contre eux, ou seulement à leur refuser obéissance. Aussi, reconnaît-on généralement que cette obéissance est le fondement de tous les devoirs du citoyen, parce qu'elle renferme la condition essentielle, *sine quâ non*, de l'existence et de la paix des états.

« L'autorité, en prévenant les écarts de l'indépendance dans la société religieuse, civile et domestique, devient le premier de nos intérêts et le plus indispensable des besoins sociaux. »[1] Cette vérité, en tant que générale, nous paraît incontestable. S'ensuit-il que toute autorité ait le droit de commander l'obéissance? S'il arrive, par exemple, que le pouvoir soit arbitraire et tyrannique, faudra-t-il toujours obéir? la soumission n'a-t-elle point de bornes? Evidemment elle en a, nous le verrons. Mais quelles sont ces bornes? comment les déterminer? Là est la difficulté, la grande difficulté. Osons cependant l'aborder et en dire notre opinion.

Sans aucun doute, la dépendance a ses limites comme la liberté. Les hommes évidemment ne sont

1 Académie de Dijon.

pas destinés à vivre dans la servitude, sous le fouet d'un maître, mais à développer librement les facultés que Dieu leur a départies, et à chercher paisiblement le bonheur sous l'égide d'un gouvernement bienfaisant et paternel, en même temps qu'éclairé et fort.

Ils ne sont plus les temps où, dans leur simplicité, le serf et le sujet croyaient que les peuples sont faits pour les rois et non les rois pour les peuples ; maxime absurde, que, sous l'impérieux Louis XIV lui-même, Fénelon repoussait formellement. Désormais on ne parviendra pas à ressusciter cette croyance des siècles d'ignorance et de despotisme.

Cependant la difficulté reste ; car qui, si ce n'est pas la nation entière, prononcera sur la tyrannie du pouvoir ? qui affirmera que les populations en sont lasses, et qu'indignées de ses violences ou de sa perfidie, elle veulent le renverser ?

N'a-t-on pas à craindre l'esprit de parti toujours si aveugle, les sourdes brigues de quelque ambition déçue, la fougue des passions envieuses et vindicatives ? N'est-il pas à craindre que l'on ne confonde les vœux d'une minorité factieuse avec ceux d'un peuple entier, qui ne peut être ni rassemblé, ni consulté ?

Quel homme de conscience, au milieu de ces doutes fondés et de ces perplexités poignantes, osera se faire juge et partie, et prendre l'initiative de l'attaque ? Qui osera exposer son pays aux luttes intestines, aux réactions sanglantes, à tous les fléaux qui accompagnent et suivent ordinairement les révolutions ?

Livrer aux hasards d'une anarchie, dont on ignore la durée et les suites, le sort de plusieurs millions d'hommes et de frères, n'est-ce pas abdiquer tout sentiment de justice et d'humanité ? n'est-ce pas faire trop bon marché de la vie de ses semblables ?

Car enfin nul n'est certain du succès, nul ne connaît d'avance les résultats heureux ou malheureux. Que dis-je ? on ne sait que trop sûrement qu'au milieu de l'effervescence populaire, il se commettra des injustices inévitables, des cruautés mêmes, peut-être des atrocités ; qu'il y aura enfin du sang innocent, du sang généreux répandu. Voilà ce qui n'est pas problématique ; le bien l'est au contraire toujours.

C'est cette certitude d'un côté et cette incertitude de l'autre, qui doit faire trembler toute âme honnête, et la porter à réfléchir sérieusement avant de mettre la cognée à la racine de l'arbre.

« On ne peut trop redouter les révolutions ; car dans ces grandes luttes organiques de la vie des peuples, on ne sait jamais si c'est la vie ou la mort qui triomphera. » [1]

1 De Lamartine.

Il est incontestable cependant qu'un pouvoir devenu prévaricateur, qui viole ostensiblement les lois et met sa volonté à leur place, qui transgresse ses devoirs et opprime au lieu de protéger, perd les droits qu'il avait au gouvernement. La nation, qui conserve les siens, peut légitimement lui en substituer un autre..... mais, en suivant les voies légales, s'il en existe, en observant du moins toutes les formes salutaires et conservatrices de la justice, toutes les règles de l'équité naturelle.

Si ce moyen lui est ôté, elle doit réclamer, protester sans cesse, tenter la résistance passive, souffrir longtemps et attendre les extrémités de la tyrannie et de la démence, avant d'en venir aux extrémités de la guerre ouverte.

Cette prudente réserve, cette patiente longanimité a ses inconvénients sans doute; elle peut encourager ou rassurer les despotes et les tyrans. Mais en revanche, combien de malheurs et de crimes les peuples et les individus s'épargneraient, s'ils la mettaient en pratique! Quand il y a nécessité d'opter entre deux maux, et c'est souvent la condition de l'espèce humaine, le sage ne doit-il pas toujours choisir le moindre? D'ailleurs, en saine morale, il vaut mieux supporter une injustice que de la commettre, dût-on s'en garantir en la commettant soi-même. Tel était l'avis, telle était la conduite de Phocion, lorsqu'il disait à ses ingrats concitoyens : *Malo a vobis, Athenienses, malum accipere quàm ipse vobis malum inferre.* J'aime mieux accepter du mal de vous, ô Athéniens, que de vous en faire moi-même.

Ces idées, du reste, ne sont pas nouvelles. L'ange de l'école, comme on l'appelait, le célèbre saint Thomas d'Acquin les proclamait dès le 13me siècle.

« Il faut observer, disait-il, qu'un gouvernement tyrannique, c'est-à-dire, qui se propose la satisfaction personnelle du prince, et non la félicité commune des sujets, cesse par là même d'être légitime : ainsi le professe Aristote aux 3mes livres de la morale et de la politique. Dès lors le renversement d'un semblable pouvoir n'a pas le caractère d'une sédition, à moins qu'il ne s'opère avec assez de désordre pour causer plus de maux que la tyrannie elle-même. Dans la rigueur des termes, c'est le tyran qui mérite le nom de séditieux, en nourrissant des dissentiments parmi le peuple, afin de se ménager un despotisme plus facile ; car le gouvernement tyrannique est celui qui est calculé dans l'intérêt exclusif du pouvoir, au préjudice universel de la multitude... Le tyran, s'il se contient en de certaines bornes, doit être supporté, de crainte d'un plus grand mal. S'il excède toute mesure, il peut être déposé, jugé par un pouvoir régulièrement constitué. Mais les attentats contre sa personne, qui seraient l'œuvre du fanatisme personnel ou de la vengeance privée, demeureraient d'inexcusables crimes. »

On ne peut être plus explicite que ne l'est ici le docteur chrétien. Si donc l'autorité, au nom de la loi, a le droit de réclamer le concours des citoyens, l'abandon d'une partie de leurs biens et de leur temps, elle n'a point celui de les plier injustement ou violemment à ses caprices, de les mener despotiquement comme un troupeau d'esclaves : elle doit compte de ses actes.

La société elle-même tout entière n'a ni le droit d'exiger, ni celui de commettre aucune iniquité, aucun attentat. Comme l'individu, elle est liée par la loi naturelle. Elle doit respecter la vertu, l'innocence, la dignité de l'homme ; elle doit les défendre, les honorer et ne sévir que contre les coupables.

La société a ses devoirs aussi bien que ses droits. Elle est mauvaise, elle est criminelle, quand elle les enfreint ; bonne et vertueuse, quand elle les pratique. Il n'y a pas de nécessité prétendue qui puisse la justifier de la mort d'un innocent. La justice, qui borne ses droits, est sacrée et inviolable, pour elle comme pour chacun de ses membres : [1] Il n'y a pas deux morales.

1 Le bien ou le mal, l'heur ou le malheur, la bonne manutention ou la ruyne des Estats, procède de la justice ou de l'injustice ; l'une causant l'ordre, la police et la paix ; l'autre traînant après soi le désordre, la guerre, le renversement des lois et de toute bonne police. (*Le chancelier de* LHOPITAL.)

S'il lui est interdit de violer jamais la justice, à plus forte raison l'est-il aux hommes qui la représentent et qui exercent ses pouvoirs.

Ces chefs de la société n'ont que les droits qu'elle a elle-même; ils sont obligés de s'y renfermer. Les pouvoirs qu'ils en reçoivent ne dépassent pas les siens: ce sont des pouvoirs délégués qui ne leur appartiennent pas en propre. Elle les leur prête, parce qu'elle ne peut les exercer par elle-même.

La société ne se borne pas à leur confier ses droits; elle les charge en même temps de tous ses devoirs envers les gouvernés, et du moment qu'ils acceptent les premiers, ils ne peuvent, sans prévariquer, se dispenser de remplir les seconds.

Ces devoirs en substance consistent à défendre l'Etat, ses citoyens et tous leurs droits, contre les attaques intérieures et extérieures; à faire régner dans le pays l'ordre, la justice et l'abondance; à y appliquer, avec une intelligente et sévère équité, des lois faites et promulguées dans son intérêt, pour son profit et sa prospérité.

Gouverner n'est pas autre chose. [1] Toutefois c'est

1 Sous le point de vue le plus général, l'*administration* consiste dans *un ensemble de moyens* destinés à faire arriver le plus promptement, le plus sûrement possible, la volonté et l'action du pouvoir central dans toutes les parties de la société; et à faire remonter vers le pouvoir central, sous les mêmes conditions, les forces de la société, soit en hommes, soit en argent.

(GUIZOT, *histoire de la Civilisation en Europe.*)

la plus sublime et la plus ardue des fonctions sociales. Bien peu d'esprits sont capables de s'en tirer avec gloire.

Ce n'est jamais du reste à la société en masse qu'il faut s'en prendre du mal qui se commet dans son sein. Il est clair qu'elle ne peut vouloir troubler son repos, sa propre félicité, encore moins se suicider.

Quand la discorde et le crime l'affligent et l'épouvantent, ce sont presque toujours quelques ambitieux dépravés, quelques meneurs fanatiques ou la populace en démence qui les a suscités ; ou bien des gouvernants inhabiles et faibles qui les souffrent, quand ils ne sont pas assez pervers pour les alimenter ou les produire.

Ce sont là les vrais criminels, ceux qui méritent d'être châtiés. Ce n'est pas elle, elle, la déplorable victime de leurs forfaits, qu'il en faut accuser et punir. Trop souvent une faction se donne pour la nation entière, et parle effrontément en son nom.

En prouvant que l'homme doit obéir aux lois positives et aux magistrats qui les personnifient, nous avons implicitement indiqué tous ses devoirs comme citoyen.

C'est dans ces lois en effet qu'il trouve tout ce qu'il est tenu de faire ou d'éviter ; tout ce qui lui est permis, ordonné, ou défendu. C'est là qu'il apprend qu'en beaucoup de points, la société, par ses magistrats, ses tribunaux et ses autres institutions, s'est substituée en son lieu et place, et qu'il doit recourir à son intervention et à son autorité pour soutenir ses prétentions légitimes; qu'ainsi il lui est interdit de se faire justice par lui-même et d'employer la force pour exercer ses droits. « Sa liberté n'est plus dès lors que le droit de faire tout ce que la loi ne défend pas. »[1]

Il est, on le voit, très intéressé à s'instruire de ces lois, afin de connaître les devoirs qu'elles lui imposent et les droits qu'elles lui laissent ou lui donnent.

VI

DROIT DE PUNIR.

Après avoir indiqué les droits et les devoirs de la société, et des chefs qui la gouvernent, il nous reste à parler de leur droit de punir et de la sanction civile des lois humaines, qui est contenue dans ce droit.

Ce droit, pour le dire tout de suite, n'est pas autre que le droit de la défense personnelle.

1 M. Dupin aîné.

La personne sociale ou la société consiste dans la collection de tous les citoyens, régis par des lois, sous la direction de magistrats de différents ordres.

Ces lois et ces magistrats, interprètes de ses volontés, protégent les citoyens et maintiennent parmi eux l'ordre et la justice. En sorte qu'attenter à ces lois et à ces magistrats, c'est attenter contre la société elle-même et contre ses membres. De même, attaquer les membres ou l'un deux, c'est encore attaquer le corps tout entier avec les lois qui le gouvernent.

La société, individu collectif, a évidemment, aussi bien que chacun de nous, le droit de se conserver et de travailler à son bien-être, ou, ce qui est la même chose, au bien-être de tous les citoyens qui la composent.

Si elle a ce droit, elle a nécessairement aussi celui de se défendre contre tous les attentats qui lui font obstacle ou qui l'offensent.

Or, disions-nous, l'infraction de ses lois la blesse et compromet son existence ; elle souffre, toutes les fois que quelqu'un de ses membres est lésé dans sa personne, son honneur ou ses biens ; elle souffre comme souffre votre corps, quand l'un de vos membres est malade.

Lorsque votre maison brûle, toute la ville est en danger, l'effroi et le trouble sont partout, *nam tua res agitur, paries quum proximus ardet.* [1] La même chose a lieu dans la société quand un crime y est commis. Chacun craint pour soi-même ; tous les citoyens sont en cause et s'inquiètent ; le mauvais exemple est donné, gare à tous et à chacun. La société se défend donc elle-même en leur prêtant son appui et sa force.

C'est d'ailleurs pour s'assurer cet appui salutaire qu'ils se sont placés sous son égide. Elle doit par conséquent les garantir de toute atteinte. Les protéger n'est pas seulement un droit pour elle, c'est aussi un devoir et un devoir rigoureux.

Or, le moyen de les protéger et par conséquent de se protéger elle-même, c'est de prévenir le crime ; et quand elle n'a pu le prévenir, c'est de le punir, car le punir est aussi une manière de le prévenir.

Le droit de punir est, comme on voit, fondé sur la justice et la nécessité, et dérive, comme tous les droits véritables, de la loi naturelle, qui permet à chacun de se défendre.

On prévient le crime par le châtiment, soit parce que la peine corrige le coupable ou le met dans l'impuissance de nuire davantage, soit parce qu'elle effraie et retient le méchant, en lui montrant le glaive de la justice perpétuellement suspendu sur sa tête.

1 Horace.

Je ne crois pas avec quelques jurisconsultes, que sans aucun besoin de conservation et de bien-être pour elle ou ses membres, la société eût jamais eu le droit de poursuivre les coupables.

C'est, comme nous l'avons dit, le droit qu'elle a d'exister et de s'améliorer, qui lui donne celui de punir. Si donc le crime ne compromettait en rien son existence, ni sa prospérité ; s'il était possible qu'aucune faute, aucun délit ne pût jamais nuire à ses intérêts, aucune faute, aucun délit, aucun crime ne devrait jamais être puni par elle. « Ce qui n'offense pas la société n'est pas du ressort de sa justice. » [1]

« Dans les mains de l'homme, la justice n'est pas en principe, mais en délégation. Son usage n'est autorisé que pour l'intérêt de sa conservation, et il a cet intérêt pour mesure exacte. » [2]

Pourquoi sévirait-elle en effet, quand elle n'est pas blessée? à quoi bon? que lui en reviendrait-il autre chose que le plaisir de la vengeance exercée par le fort contre le faible?

La société se défend contre les attaques de la malveillance, elle ne s'en venge pas. Le mot de vindicte publique a été emprunté à des temps d'ignorance. Dans son sens étymologique il n'exprime pas la vérité de droit.

1 Vauvenargues.
2 Aug. Nicolas.

La société n'a pas plus que l'individu la faculté de satisfaire, sans but utile, la haine que nous inspirent naturellement le vice et la méchanceté. La haine, la vengeance, sans profit pour personne, seraient-ce là des motifs dignes d'un être moral?..... Non, la loi doit être impartiale et calme en punissant. Elle sévit contre le crime, non à cause du crime en lui-même, mais pour empêcher, par l'exemple, qu'il ne se renouvelle et ne se propage. En agissant ainsi, elle n'a qu'un but : celui de protéger les biens, l'honneur et la vie des citoyens. « *Puniendum non quia peccatum, sed ne peccetur.* »

Si du moins, par les châtiments et les supplices, l'homme pouvait réaliser sur la terre le type idéal de justice qu'il conçoit, s'il pouvait y établir l'ordre parfait d'une équité parfaite, je comprendrais qu'on vînt nous dire que Dieu l'a chargé de cette mission sublime de faire régner la justice pour elle-même, indépendamment de tout intérêt social et particulier.

Mais ce n'est là qu'une supposition gratuite, que tous les faits démentent. L'homme, quoi qu'il fasse, est réduit à l'impossibilité de redresser tous les torts, de réparer tous les dommages, de rendre à chacun exactement ce qui lui est dû, d'arriver enfin à une justice complète, à rien de parfait et d'absolu.

Puisque l'homme ne le peut pas, Dieu ne l'en a pas chargé.

Les législateurs sont loin, non seulement de récompenser toutes les vertus, mais même de punir tous les vices. Ils ne s'occupent guère que de ceux qui troublent essentiellement l'ordre matériel de la société, et qui en même temps peuvent être atteints par elle. Ils abandonnent les autres à la justice divine.

Ainsi, dans la plupart des cas, le mensonge, l'ingratitude, l'injure, la lâcheté, la fourberie, le parjure, la débauche, la trahison, échappent à la répression de la loi. Si elle prévoit quelques unes de ces infractions au devoir, c'est seulement lorsqu'elles sont accompagnées de certaines circonstances de publicité scandaleuse qui en révèlent la turpitude et en font craindre la propagation. La société ne pousse pas plus loin ses investigations, parce qu'elle juge que l'ordre social n'en demande pas davantage.

La même raison d'utilité sociale a fait que les peines correspondent plus souvent au crime matériel, si je puis m'exprimer ainsi, qu'au crime intentionnel et réfléchi, qui seul néanmoins rend l'agent véritablement responsable de son action ; que ces peines sont presque nulles pour le calomniateur vindicatif qui cherche à vous perdre, rigoureuses au contraire pour le faux monnayeur qui ne songe qu'à s'enrichir, mais qui, par le fait, jette le trouble dans toutes les transactions de la vie civile.

M. Keratri, dans ses inductions morales et physiologiques, semble même approuver ce principe matériel et utilitaire, aujourd'hui un peu mitigé, de la justice humaine.

« Plus, dit-il, le vice compromet d'intérêts, plus il devient difforme et criminel. La morale ne suit pas d'autre règle dans l'application du blâme; la jurisprudence, dans celle du châtiment. L'assassin est plus coupable que le suicide, et le conspirateur, dans un état légal, que l'assassin même, parce que l'ennemi d'un seul sera toujours moins à craindre que celui de tous. »

« Le tort fait à autrui, par son intensité et sa latitude, constitue les différents degrés du crime. »

« Avant tout, la société veut et doit subsister. »

En vertu de cette morale utilitaire, qui n'est pas la vraie, mais qu'on suit en effet souvent dans la confection et l'application des lois, vous serez puni en proportion de l'étendue du mal que vous aurez causé, sévèrement si le mal est considérable, faiblement s'il ne l'est pas, plutôt qu'en raison du mal que vous aurez voulu faire, c'est-à-dire, en raison de la valeur morale de votre action.

On n'examinera qu'accessoirement, je ne dis pas l'intention qui y a présidé, mais le degré d'intelligence du prévenu, son éducation plus ou moins vicieuse, l'entraînement auquel il a cédé, la fougue ordinaire de ses passions; toutes choses néanmoins qui modifient la criminalité, et qu'il faudrait connaître exactement pour proportionner la peine à la faute et être parfaitement juste envers chacun.

Cette imperfection de la justice humaine, je ne l'accuse pas, je la constate. Je sais qu'elle est en grande partie inévitable, soit à cause de l'insuffisance de l'homme, soit à cause des besoins sociaux. Si ce sont des hommes qui sont jugés, ce sont aussi des hommes qui jugent. Des deux parts surgissent des obstacles.

Les premiers sont parfois fort difficiles à pénétrer; ils ne souffrent pas volontiers qu'on descende dans leur conscience, qu'on en déroule les replis; ils la tiennent soigneusement fermée et cherchent à vous donner le change sur tout ce qui s'y passe.

Les seconds ne sont pas toujours clairvoyants ou attentifs, et si ce n'est pas l'insouciance ou l'impéritie, c'est quelquefois la prévention, la faveur, la passion qui offusquent leur intelligence.

Et puis, le texte de la loi est là sous leurs yeux, lequel détermine le fait et non sa valeur morale. C'est donc sur le fait principalement que se porte leur attention. Le fait matériel n'est-il pas effectivement ce qui blesse le plus visiblement l'ordre et les intérêts sociaux?

Les peines à appliquer viennent encore augmenter l'embarras. Il est impossible de les graduer à l'infini, comme est graduée la culpabilité morale. Il y a dans celle-ci des nuances nombreuses, insaisissables, sur lesquelles il n'est donné à personne de calquer, pour ainsi dire, de régler le châtiment.

Ajoutez que selon la nature physique et morale du prévenu, selon son état de santé, l'éducation qu'il a reçue et sa position dans le monde, la même répression sera dure et rigoureuse pour l'un, supportable et douce pour l'autre. Vous souffrez d'une piqûre d'épingle, votre voisin ne la sent presque pas. La honte vous abat et vous désespère, elle effleure à peine une âme de boue.

En résumé, les satisfactions que la société tire du malfaiteur, sont imparfaites, incomplètes, jamais entièrement justes, parfois même tout-à-fait iniques, et il ne peut guère en être autrement.

Il n'y a que l'Intelligence infinie, que la souveraine justice, qui, connaissant pleinement toute notre puissance de sentir, de comprendre et de vouloir, sache sans erreur appliquer à la faute intentionnelle la peine précise qui lui correspond, et demander juste à chacun selon ce qui lui a été donné.

Donc Dieu n'a pas chargé la société de cet ordre

moral absolu qui découle d'une justice parfaite; donc il veut qu'elle châtie, non pour établir cet ordre impossible ici-bas, mais pour assurer sa sécurité et son bien-être.

Cette conclusion n'empêche pas que le législateur et le juge, obligés, l'un de fonder, l'autre de maintenir la paix et l'harmonie dans la société, ne doivent, en s'occupant spécialement de l'ordre matériel, s'efforcer aussi de se rapprocher de plus en plus de la justice de Dieu, la prendre pour modèle dans l'appréciation de la culpabilité morale et de la peine qui lui convient, tout en combinant cette peine avec les besoins sociaux qu'elle est destinée à servir. C'est le seul moyen qu'ils aient de se conformer aux intentions évidentes de l'infaillible et souveraine Equité.

. . . .

Dès qu'il est admis qu'on ne doit pas vouloir la mort du pécheur, mais sa conversion, et que la loi pénale ne châtie pas pour faire souffrir, mais pour arriver au bien, il est logique autant qu'humain et juste, qu'en songeant avant tout à la sûreté des bons citoyens, cette loi tende aussi de plus en plus à l'amélioration du coupable.

Les peines moralisantes sont donc de beaucoup les meilleures, quand leur effet d'intimidation n'en est pas affaibli. La société y trouve son compte aussi bien que le condamné. Mais on doit leur laisser le caractère de menace permanente, qui fait leur principale force contre la perversité et la scélératesse.

De ce que la société n'a le droit de punir que parce qu'elle a le droit de se défendre, il s'en suit qu'elle ne doit infliger que les corrections qu'exigent sa conservation et sa prospérité.

Son droit de punir, avons-nous dit, est absolument nul, s'il lui est inutile, et dans aucun cas il ne dépasse les bornes de ses besoins. Au-delà de ces bornes, les peines ne sont que des cruautés gratuites qui l'accusent et la déshonorent.

Mais ces bornes n'ont rien de fixe. On doit les étendre ou les resserrer, suivant l'état où sont parvenues la civilisation et les mœurs.

Les corrections légères n'agiraient pas sur l'esprit d'un peuple rude, endurci aux privations, aux souffrances, accoutumé à la guerre, aux meurtres et au sang. Il faut le contenir par la terreur des supplices, comme on le voit chez les hordes barbares.

Les peines rigoureuses pour des populations timides, pacifiques ou amollies, seraient atrocement inutiles; elles ne pourraient que les démoraliser et les abrutir.

Il importe donc de modifier diversement la pénalité, pour l'accommoder aux différents besoins de chaque nation.... Il importe bien davantage encore de diminuer ces besoins de répression, afin d'abaisser la pénalité générale. Mais ce n'est qu'en rendant les peuples plus heureux et plus moraux que les gouvernements y parviendront.

VII

PEINE DE MORT.

Deux conditions sont indispensables pour légitimer l'infliction d'une peine quelconque, grave ou légère, savoir : qu'elle soit méritée par le condamné, et de plus, nécessaire à l'ordre social; d'où il suit que les actions à la fois moralement coupables et socialement dangereuses, sont les seules qui puissent en droit tomber sous le coup de la justice humaine.

Mais ces deux conditions remplies, je ne vois pas pourquoi, dans le cas d'assassinat, par exemple, la peine de mort elle-même ne pourrait pas être légitimement prononcée.

La loi naturelle ne s'y oppose pas, puisqu'elle me permet de tuer le brigand qui m'attaque, lorsque je n'ai d'autre moyen de sauver ma vie qu'en lui ôtant la sienne. Comment la société, formée de la totalité des citoyens, aurait-elle moins de droits que l'un d'entre eux?

Vous me direz sans doute, car c'est la réponse ordinaire, que, par ses galères à temps ou à vie, la société peut se défendre sans tuer. Mais, à part les évasions fréquentes, qui sont pour tous un danger perpétuel, est-ce que la captivité, est-ce que des liens, qu'on espère bien briser un jour, font peur comme le glaive ou une balle? Est-ce que vous contiendrez la fureur homicide des pervers par cette crainte puérile à leurs yeux?.... S'ils rient des paternelles menaces de votre code pénal adouci, où sera, dites-moi, la défense de la société? Ne voyez-vous pas qu'en lui ôtant l'intimidation, vous lui enlevez ses meilleures armes?

Tout homme, objecte-t-on, a le droit de vivre; il le tient de Dieu, et personne ne peut le lui ôter. Mais tout homme a aussi le droit naturel d'être libre; est-il défendu, pour cela, d'enchaîner les brigands?

La mort, poursuit-on, est un mal irréparable; s'il y a une erreur commise, plus de ressource possible. C'est un immense malheur, j'en conviens. S'ensuit-il que la société doive périr? non évidemment, mais qu'elle doit prendre le plus grand soin de ne se pas tromper.

« Je ne pense pas, avec ceux qui veulent bannir de nos codes la peine de mort, que la société n'a pas le droit de mort, parce qu'elle ne peut rendre la vie. »

« L'existence de la société étant nécessaire, la société a tous les droits nécessaires à son existence. » [1]

Presque toutes les peines dépassent les limites de la condamnation judiciaire et ont quelque chose d'irrémédiable.

Un coupable a été flétri par la loi; devînt-il plus tard l'homme de bien par excellence, la flétrissure lui reste et lui restera toujours, sans que malheureusement personne puisse jamais l'en bien laver.

Il est suspect encor lorsqu'il est corrigé. 2

Faudra-t-il en conséquence supprimer les peines infamantes? A ce compte, on en viendrait même à supprimer toutes les peines correctionnelles; car il n'en est guère qui ne laissent après elles quelque tache ineffaçable.

On a proposé de remplacer la peine de mort par l'aveuglement, comme si ce n'était pas aussi un droit naturel très précieux que celui de conserver sa vue; comme si on pouvait la rendre à celui qui en a été privé. Qui croira d'ailleurs que sa puissance d'intimidation fût pareille?

Mais passons; la vraie question n'est pas là. Dans

1 Lamartine.

2 Voltaire.

les conditions exprimées, le droit de la société est incontestable : la société veut et doit subsister.

En principe, toute peine inutile doit être retranchée; toute peine qui peut sans danger se remplacer par une autre plus douce, doit être remplacée.

La question consiste donc à savoir si la peine de mort est inutile, ou si on peut la supprimer sans danger, lui en substituer une autre moins terrible, mais aussi répressive et aussi efficace; si en un mot la société peut prospérer sans elle.

Dans ce cas, ce n'est plus une question de droit, mais une question de fait toute pure, dans laquelle, par conséquent, il n'y a que des faits à discuter et à juger.

Dès lors, il est nécessaire, pour la résoudre, de désigner d'abord la société particulière dont on entend s'occuper, puis de considérer quelles en sont les institutions et les mœurs, quel est l'état de sa civilisation, le caractère, la condition aisée ou misérable de ses citoyens; car la répression, nous l'avons montré, doit être basée sur toutes ces données, puisque la même pénalité modérée ne convient pas à tous les peuples.

Même après cet examen, ou plutôt à cause de cet examen, qui du reste n'est pas de mon sujet, je me persuade qu'on ne se croira pas assez éclairé pour asseoir un jugement définitif, et qu'on sentira la nécessité, dans une question si grave, de recourir préalablement à l'expérimentation. C'est, je pense, la voie la plus sûre, celle que pour moi je conseillerais.

. . . .

On a prétendu, je le sais, que les méchants ne craignent pas plus la mort que tout autre châtiment, qu'ils la bravent effrontément sur l'échafaud, et que cette crainte ne les empêche pas de se livrer à leur rage meurtrière.

Sans doute, nous en connaissons qui l'ont dédaignée, mais connaissons-nous également tous ceux qu'elle a retenus?

La peine capitale, heureusement adoucie aujourd'hui, est à la vérité beaucoup moins douloureuse physiquement que la plupart des morts naturelles. Elle n'est d'ailleurs, comme celles-ci, que la dette commune de la vie, à laquelle nous sommes tous condamnés en naissant, et que bon gré mal gré il nous faut payer tôt ou tard, en sorte que la sentence du juge ne fait qu'en avancer le terme. Mais en définitive, c'est la mort, la mort que tout le monde redoute, et ici, la mort avec l'ignominie, la mort violente, par le glaive, à heure fixe et sans remise.

La preuve que, même tempérée, elle agit toujours

très puissamment sur le grand nombre, c'est que souvent ceux qui projettent le crime, consultent le code pénal avant de le commettre, pour savoir si la mort n'en serait pas le prix, et qu'ils s'abstiennent au moins des circonstances aggravantes qui pourraient les y conduire.

Les cours d'assises nous ont bien des fois révélé ce fait significatif.

Pour moi, je suis convaincu que les pervers ne craignent rien tant que la mort, et surtout la mort par la main du bourreau. Les autres peines, si épouvantables qu'elles soient, laissent toujours quelque espoir; la mort seule n'en laisse aucun.

A part quelques exceptions, l'homme en général a horreur de sa destruction; il l'appréhende plus que tout autre mal, et en éloigne le moment tant qu'il peut.

A cette idée naturellement triste de la mort, s'en joint fréquemment une autre, non moins effrayante pour les grands coupables : c'est celle d'un Être puissant et juste qui pourrait bien les attendre dans une autre vie, pour leur demander compte de leurs actes.

Je suis de l'avis de Lafontaine et du sage Mécène qu'il traduit :

.... Qu'on me rende impotent,
Cul-de-jatte, goutteux, manchot; pourvu qu'en somme
Je vive, c'est assez, je suis plus que content.

Voilà le cri de la nature!

Quant aux bravades de l'échafaud, elles sont exceptionnelles. Qui ne sait d'ailleurs ce que peut l'amour-propre chez des hommes qui n'ont plus rien à espérer. Pour laisser d'eux une haute idée, ils tâchent d'en imposer à la multitude, en feignant un courage qu'ils n'ont pas. C'est là tout le secret de leur mépris menteur.

La plupart au contraire frémissent ou s'évanouissent à la vue de l'appareil effrayant du supplice. D'autres, le remords dans l'âme, avouent hautement qu'ils ont mérité leur sort, et l'acceptent avec résignation en expiation de leurs crimes. Ils implorent leur pardon des hommes et de Dieu; et les hommes attendris leur pardonnent du fond du cœur, et Dieu, le père des miséricordes, leur pardonne sans doute aussi, car le repentir est une seconde innocence. Il y a du moins, dans ce suprême sacrifice d'une victime résignée et repentante, quelque chose de touchant et de solennel, qui laisse dans l'âme des impressions consolantes et salutaires, en même temps que douloureuses.

Je n'en déclare pas moins en finissant que je hais la peine de mort, mais que dans l'intérêt des honnêtes gens, qui, tout considéré, méritent qu'on s'occupe d'eux plus encore que les assassins dont ils sont trop souvent les victimes, je ne veux pas que la société s'en désarme définitivement, avant des expériences bien faites. Si les résultats en sont heureux, qu'on l'efface de nos codes, j'en bénirai le ciel.

Déjà, grâce à Dieu, les délits politiques n'ont plus rien à démêler avec elle.

Nous nous en réjouissons, parce que nous avons remarqué maintes fois que dans les guerres civiles, soit politiques, soit religieuses, la moralité meurt, étouffée par le fanatisme de l'esprit de parti; que les lumières naturelles s'éteignent, et qu'une cruelle insensibilité, compagne ordinaire de la vengeance, de la haine, ou de l'ambition aigrie par la résistance, endurcit, pétrifie tous les cœurs; parce qu'au milieu des orages révolutionnaires, qui depuis plus de soixante ans sont venus fondre périodiquement sur nos têtes, nous avons toujours vu les mêmes combattants recevoir alternativement au sortir de la lutte, ou l'ovation des héros, ou le stigmate des brigands, selon qu'ils étaient vainqueurs ou vaincus. C'est inique, dégradant, stupide; mais qu'importe! Si les moyens sont sûrs, ils sont bons, ils sont justes; le succès légitime tout. Voilà de tout temps la morale des partis. Pauvre humanité! que devient ici ton orgueil? Cesse donc enfin d'être si fière.

VIII

PLAIES SOCIALES. — ESPÉRANCES DE GUÉRISON. MISÈRES.

Au moyen de ces lois, des peines et des récompenses qui leur servent de sanction ; au moyen des tribunaux chargés de la justice distributive, des gouvernements plus ou moins savamment constitués, de la force publique organisée ; à l'aide de tous ces ressorts fonctionnant de concert, les sociétés se soutiennent et marchent comme nous le voyons, le plus souvent en paix et dans un certain ordre, et les citoyens jouissent et usent de leurs principaux droits avec sécurité.

Cependant tout le mal social n'est pas détruit : les tribunaux ne sont pas oisifs, il se commet des délits et des crimes, des attentats contre les personnes et les propriétés. La loi, la répression, l'autorité, ne suffisent point à prévenir tous les écarts des passions.

J'accorde, bien entendu, qu'il y en aura toujours ; qu'on ne parviendra jamais à les faire complètement disparaître ; mais ils sont beaucoup trop multipliés encore : il faut tâcher d'en réduire le nombre.

D'un autre côté, la misère existe; quelquefois le travail manque, souvent il n'est pas assez rétribué. Des indigents meurent lentement, exténués à la longue par le besoin et les privations de tout genre. La concurrence, qui est partout, excite les haines, enfante les fraudes et les sophistications du commerce. Enfin, les vices, les jalousies, la corruption, l'égoïsme exercent plus ou moins leurs ravages dans toutes les conditions. Nos sociétés actuelles, si savantes, si industrieuses, sont donc bien imparfaites encore.

Mais, si jusqu'ici elles ont pu se dépouiller de leur barbarie primitive, se délivrer de l'oppression, détruire beaucoup d'abus, s'améliorer progressivement dans tous les sens, pourquoi ne le pourraient-elles plus? Comme l'homme, elles sont perfectibles indéfiniment, je veux dire à un degré indéterminé, dont le *nec plus ultra* est inconnu.

De nouveaux efforts amèneront assurément de nouveaux succès. Nul doute qu'en continuant leur travail de développement successif, elles n'arrivent avec le temps à extirper la plus grande partie du mal qui les ronge encore, à éteindre la mendicité et la misère, à réduire de beaucoup le nombre des délits, des infractions à la loi, à suppléer, par une organisation et des institutions mieux entendues, à l'insuffisance des juges, des gendarmes et du bourreau, à rendre enfin leur sort meilleur, leur moralité plus pure.

Quand je parle de la misère, je ne la confonds pas avec la pauvreté.

Celle-ci vit de travail et gagne à la sueur de son front le pain de chaque jour. Elle manque d'aisance et de confortable; mais elle a du moins le nécessaire, et possède peut-être les conditions les plus favorables au vrai bonheur; car elle s'allie merveilleusement à la pratique des vertus religieuses et civiles.... De même que l'inégalité des fortunes, elle est inévitable; la société ne subsisterait pas sans elle.

La misère au contraire, c'est-à-dire l'extrême pauvreté, l'absence du nécessaire, qui résulte du manque de travail, ou de l'insuffisance du salaire, s'associe facilement avec le désordre et le crime. Comme elle n'a pas les moyens de contenter les premiers besoins de la vie matérielle, elle cherche souvent des compensations dans les ignobles satisfactions du vice.

Ceux qu'elle étreint, qu'elle consume, qu'elle abrutit, en sont sans doute les premières victimes; mais le mal ne se borne pas là, il atteint le pays tout entier; car mauvaise conseillère, s'il en fut jamais, la misère, non-seulement entretient la mendicité, engendre la dégradation intellectuelle et morale, la promiscuité des sexes sur le même grabat et la prostitution; elle enfante encore, les tribunaux en font foi, elle enfante les fraudes, le vol, le brigandage, la plupart des délits et des crimes; elle se mêle à toutes les émeutes, à toutes les révolutions, pour y assouvir sa soif de pillage et de vengeance. Je ne vois rien dans les sociétés de plus déplorable, de plus hideux, de plus menaçant que la misère; rien conséquemment qui mérite davantage d'occuper l'attention des gouvernements, qui se recommande plus légitimement à leur persévérante sollicitude. N'est-ce pas en effet une bien triste civilisation que celle où la misère étale partout ses haillons, montre son visage hâve et décharné?

Cette plaie de l'humanité n'est pas incurable. Je crois fermement que de sages institutions charitables et sociales réussiront à la guérir, sinon parmi les débauchés et les fainéants incorrigibles, du moins dans toutes les classes de travailleurs rangés et laborieux.

IX

AMÉLIORATION DE L'INDIVIDU PAR LA SOCIÉTÉ.

Il n'y a pas de moyen plus sûr d'améliorer l'homme

que d'améliorer le milieu dans lequel il vit; et réciproquement, pour le corrompre, il faut corrompre son milieu social.

Élevé parmi des bandits, il perdra à certains égards jusqu'à la conscience du juste, prendra le goût du vice et s'habituera au crime. Si au contraire il a toujours sous les yeux l'exemple d'amis sages qui, sans contrarier ses penchants légitimes, l'entraînent avec eux vers tout ce qui est honnête, il sera bon, il aimera et fera le bien.

C'est que dans le premier cas, on aura tourné ses passions vers le mal, que dans le second on les aura dirigées vers le bien, et qu'au lieu de les comprimer maladroitement, on leur aura offert un aliment utile, un but louable et vertueux.

A part ce qui relève de notre libre arbitre, nous devons presque tout à la société. C'est elle qui nous pétrit et nous façonne à son image, qui nous fait en grande partie ce que nous sommes. Nous ne pouvons rien sans elle; elle peut tout sur nous, par l'entraînement de ses exemples et de ses idées, par les occupations qu'elle nous propose, les amorces qu'elle nous présente, et les occasions continuelles de développement qu'elle nous fournit.

Selon qu'elle est bien ou mal organisée et morigénée, elle est donc la source de la plupart des vices individuels qui la souillent, ou des vertus qui la décorent; elle en est du moins la cause occasionnelle; car c'est elle qui les fait éclore.

Pour que l'homme soit bon, il ne suffit donc pas d'agir directement sur lui par une éducation particulière, morale et religieuse, mais aussi et surtout indirectement, par la société dont il est membre, en donnant à celle-ci des mœurs, une organisation et des institutions accommodées à nos besoins et à nos tendances naturelles, justes et avouables.

La société la mieux constituée, la plus voisine peut-être de cette perfection idéale que par nature nous cherchons sans cesse, serait celle où tout homme en travaillant aurait la certitude de passer ses jours à l'abri de l'indigence, et de trouver jusqu'au dernier, les moyens de satisfaire ses besoins et ses penchants raisonnables; celle où il serait entraîné au bien par amour, détourné du mal par dégoût, où enfin son intérêt se confondrait toujours avec celui des autres.

Une société pareille, si elle existait, n'aurait point à gémir sur la misère du pauvre, ni sur la dureté du riche. Les crimes, avec leur hideux et affligeant cortége, n'y sèmeraient point le trouble et la terreur. Elle serait dans ce monde la sanction la plus efficace et la plus douce de la loi morale et religieuse, parce qu'elle serait elle-même profondément empreinte de moralité et de religion.

Voilà le but vers lequel il faut tendre sans cesse. Peu importe qu'il y ait ou qu'il n'y ait pas possibilité de l'atteindre. En y tendant toujours, on en approchera du moins; et c'est une chose considérable qu'une amélioration sociale de plus ou de moins, qui intéresse le bonheur de tout un peuple.

C'est pourquoi je pense qu'au lieu de les blâmer, nous devrions applaudir aux efforts de ceux qui, convaincus de la possibilité du succès, travaillent généreusement, dans le but de faire à l'humanité un sort plus heureux.

Quand ils se tromperaient sur l'ensemble ou sur les détails, leurs travaux, encore une fois, ne seraient pas perdus. Il en reste toujours des vérités utiles qui font leur chemin, que tôt ou tard la société tourne à son profit, et dont elle tire au moins des réformes partielles. Et puis, chaque pas qu'il font en avant dans la découverte du vrai, abrège le chemin qu'auront à faire leurs successeurs.

Il n'est personne qui ne veuille des améliorations sociales; et nous sommes inconséquents au point de tourner en ridicule, souvent sans examen sérieux, les tentatives de ceux qui en cherchent. Les rêveurs cependant ont quelquefois été des génies : témoin le divin Platon, le célèbre navigateur génois, et le sage Fénelon lui-même, peintre aimable de la fortunée Salente.

Toutefois, les réformes et les innovations ne sont pas chose tellement simple qu'on puisse les entreprendre à l'étourdie. Elles présentent des dangers aussi bien que des avantages. On doit donc, en courant après les uns, prendre de sages précautions pour se préserver des autres. Sans cela souvent on recule au lieu d'avancer, on sape l'édifice social au lieu de l'affermir, on accumule des ruines au lieu d'élever des monuments durables.

Les réformes qui vivent ne s'opèrent point par soubresauts, par voie de révolutions subites, en faisant table rase. Il y faut de la réflexion, du temps, de la prudence et de la mesure. On ne joue point, sans être insensé ou pervers, avec l'existence et le salut des peuples.

Améliorer la société, ce n'est pas la démolir, ce n'est pas renverser par leur base toutes ses institutions, ses lois, son gouvernement et son culte. C'est là du radicalisme, et le radicalisme lui est mortel; car il arme les citoyens les uns contre les autres, il fait couler des larmes et du sang.

Améliorons donc la société, puisqu'elle est défectueuse en même temps que perfectible; améliorons-la tant que nous la verrons malade. Mais souvenons-nous en y travaillant que, si le progrès doit être continu, il doit aussi marcher graduellement, régulièrement, avec circonspection et lenteur. Seules, les améliorations successives et partielles ont certitude de durée. Il y a de l'inhumanité et par conséquent de l'immoralité, très souvent du crime, à procéder autrement; car, arrivât-on au bien, toujours est-il qu'on n'y parviendrait qu'en passant, au travers des horribles tempêtes qu'on aurait soulevées, sur le corps des victimes qu'on aurait faites.

« Obéissons aux lois de notre être, qui sont de viser sans cesse au perfectionnement. Le stationnement, c'est la mort: la société doit être ce juif errant qui marche, marche éternellement vers un bien inconnu. Oui, marchons, mais en marchant évitons les abîmes. »[1]

X

SOCIALISTES MODERNES.

A notre époque, sur plusieurs points du globe, quelques hommes d'intelligence et de cœur travaillent à imprimer dans les esprits un mouvement passionné vers cette perfection que nous concevons et désirons tous, vers ce bien-être général inconnu que nous dévorons en idée. Ils proposent des remèdes à nos

1 Thiers.

maux; ils présentent des plans d'association et d'organisation nouvelles.

Charles Fourier l'un d'eux s'efforce dans le sien de donner une utile satisfaction à nos penchants et à nos besoins natifs, de concilier l'intérêt individuel et l'intérêt commun, l'ordre et la liberté, et d'asseoir tout son système sur les tendances indestructibles de la nature humaine.

Dans sa commune associée qu'il compose d'environ 2,000 âmes et qu'il nomme un phalanstère, chacun, dit-il, se livre au travail, parce qu'il est de son choix, attrayant, lucratif et varié; chacun concourt au bien général, parce qu'il y trouve son avantage particulier; chacun apporte à la communauté le tribut de son capital, de son travail ou de son talent, et perçoit sur le produit total une part proportionnelle à son apport. Là point de misère, point de contrainte, et partant peu ou point de crimes.

Les procédés d'élection pour les chefs, de répartition pour les produits; l'invention des séries et des groupes de travailleurs, leur accord et désaccord harmoniques, leurs mouvements combinés et alternés, l'économie, la richesse et le contentement qui en résultent : tout cela est on ne peut plus ingénieux et séduisant.

Il est toutefois fort difficile de se persuader qu'une organisation si compliquée, sans pouvoir coercitif, quelque savante qu'on la suppose, puisse se maintenir longtemps en paix. Trop de rouages passionnels y sont mis en jeu. On les verrait, selon toutes probabilités, se détraquer souvent et amener bien vite dans la marche et l'ensemble du mécanisme sociétaire en fonction, une perturbation générale, et par suite une dissolution entière ?

Les passions ne sont point aussi faciles à gouverner que l'auteur semble le croire; et malgré les nombreux moyens qu'il imagine pour les faire servir à son but sans contrainte, nous pensons que la paresse ou l'indolence, l'antagonisme des intérêts et le froissement des amours-propres, toujours inévitables, quelques précautions qu'on prenne, menaceront éternellement l'existence de toute association de ce genre, dont les membres n'auront pas, pour sacrifier leurs exigences personnelles à l'intérêt commun, et faire taire leurs volontés particulières devant celles des chefs, ou des engagements religieux à garder, ou les fortes convictions d'une piété profonde qui veut, par l'abnégation, conquérir le ciel.

Quant à la transformation totale du pays en phalanstères, avec la meilleure volonté du monde, il est impossible d'y croire. C'est là que pour nous le rêve de Fourier est évident.

Ces quelques réflexions du reste ne regardent que

son organisation du travail, son association domestique, agricole et manufacturière.

Nous passons sous silence ses excentricités morales et ses idées cosmogoniques, que nous repoussons d'ailleurs pour la plupart.

Nous ne dirons rien non plus des socialistes appelés Saint-Simoniens et Communistes, parce que nous avons cru voir chez les uns, — les disciples d'Enfantin, — le despotisme et l'immoralité; chez les autres, l'injustice, la spoliation et l'anarchie mêlées inséparablement à leurs systèmes. Et puis, ils ne tiennent point assez de compte des inclinations naturelle se traisonnables de l'homme, de son besoin de travail libre, de son besoin surtout d'appropriation indivduelle.

On trouve pourtant chez tous ces novateurs, non-seulement parfois un talent remarquable et une imagination féconde et hardie, mais aussi souvent des vues saines et beaucoup de vérités frappantes; surtout dans la partie critique. Malheureusement ils ne se bornent pas à proposer des améliorations partielles; ils ne veulent rien moins que refaire la société de fond en comble, au risque de tout brouiller, de mettre tout en feu. Ils visent d'ailleurs à une perfection qui n'est pas de ce monde. Or, on échoue quand on tente l'impossible. C'est ce qui est arrivé à plusieurs d'entre eux, quelque louables que fussent leurs intentions.

Quelques personnes pieuses ont prétendu que dans l'association phalanstérienne, où l'on ne ferait le bien que par entraînement et par amour, la vertu serait sans exercice et le mérite anéanti.

Nous ne voulons pas, disent-elles, d'un régime qui rend le devoir si facile qu'il n'est besoin d'aucun effort pour le remplir. Nous aimons mieux la misère, la souffrance, même le vice et l'iniquité avec la vertu, que la justice, l'abondance et la paix sans elle. Le dénuement engendre parfois le vol, la violence ou le blasphême, il est vrai; mais il donne lieu aussi à la patience, à la résignation, au courage. Eh bien, pour avoir la résignation et le courage, nous acceptons le dénuement, et avec lui la souffrance, le vol et le blasphême.

Voilà certes, à certains égards, un noble langage; mais on s'égare évidemment, quand on prétend qu'il ne faut point attaquer le mal dans ses causes, parce que ces mêmes causes engendrent aussi des vertus.

On ne s'aperçoit pas que l'on condamne ainsi toutes les améliorations, toutes les réformes, tous les perfectionnements de la civilisation, [1] car toutes ces choses sont des coups portés au mal.

1 Il m'a paru que, de l'avis général, la *civilisation* consistait essentiellement dans deux faits : le développement de la société

Autant alors nous défendre de féconder et d'enrichir nos champs, d'expulser la misère de la terre, de répandre partout l'aisance et le bien-être, de perfectionner l'industrie, d'aspirer au bonheur; autant nous interdire tout progrès. Il faut que nous restions immobiles... et pourtant, Dieu nous ordonne de marcher.

Il y a plus, nous ne devrions jamais, avec ce principe, éviter aucune tentation, car si en y succombant nous devenons criminels, c'est en y résistant que nous sommes vertueux. Toutes les occasions de mal faire sont alors de bonnes fortunes, qu'il faut chercher et saisir, parce qu'elles donnent lieu à la lutte et partant au mérite. Tant pis, si nous nous laissons entraîner.

N'arrachez pas l'indigent à ses maux, car vous lui ôteriez le mérite de les supporter patiemment, et vous raviriez au riche celui de les adoucir.

Gardez-vous de même de nous faire aimer le devoir, ou aucune des choses moralement bonnes et belles, de peur qu'en nous y attachant par plaisir ou par amour, notre culte pour elles n'ait plus rien de méritoire.

humaine, et celui de l'homme lui-même; le développement de la condition extérieure et générale, et celui de la nature intérieure et personnelle de l'homme, en un mot, le *perfectionnement* de la société et de l'humanité.

(GUIZOT, *histoire de la civilisation en France*.)

Voilà quelques unes des conséquences inévitables du faux principe qu'on nous allègue en faveur du mérite moral. Qu'on le juge par ce qui en sort.

Heureusement le christianisme ne l'a pas entendu ainsi, ne l'a jamais adopté. Il agit précisément en sens contraire; il ne néglige rien pour nous rendre la piété et la vertu aimables; il veut nous y attacher par amour; il cherche à nous passionner pour elles, en nous les montrant environnées d'attraits.

Voyez la pompe de ses cérémonies : musique, peinture, décorations, fleurs, parfums, rien n'y est oublié pour nous séduire, pour attirer et enchanter l'âme par les sens.

Lisez ses docteurs, les saint François de Sales, les Fénelon : Quels tableaux délicieux ils nous tracent de la vertu, de sa beauté et de ses charmes! de combien de douceurs et de grâces ravissantes ils la revêtent! Ils ne craignent donc pas qu'on la pratique par enthousiasme ou par amour!

N'est-ce pas aussi le christianisme qui nous recommande de fuir les tentations, d'éviter toutes les occasions de chute? Dira-t-on qu'il veut nous ravir le mérite de la vertu qui résiste ou qui combat?

Quand il fonde des couvents, n'est-ce pas encore pour préserver de la contagion et des entraînements du monde ceux qui consentent à s'y ensevelir? Pourquoi donc les soustraire à l'obligation de lutter contre les ennemis de leur salut, et les priver ainsi des moyens de *mériter* la couronne ?

Autant l'Église nous lève d'obstacles, autant elle nous dérobe de mérites possibles; plus elle nous aplanit le chemin, moins nous avons à déployer de courage. Et pourtant c'est un fait constant qu'elle nous facilite par tous les moyens en son pouvoir l'observation de ses préceptes.

Allez donc dire aux théologiens de la Sorbonne qu'ils ne veulent pas tarir les sources du mal, qu'ils se refusent au progrès. Ils s'indigneront et vous reprocheront de les calomnier.

Le christianisme, outre son but céleste, s'est effectivement toujours efforcé d'expulser le mal de la terre, de faire aimer le bien et d'en faciliter la pratique.

Dans quelque societé que ce soit d'ailleurs, fût-elle plus parfaite que celle dont Fourier nous a tracé le séduisant tableau, il y aura toujours place pour le mérite et la vertu.

Même dans son *Eldorado* socialiste, vous verriez des chocs et des conflits, des amours-propres froissés, des desseins contrariés, des ambitions déçues. Il y aurait là aussi des sacrifices à faire, des dévouements qui coûteraient à la faiblesse humaine et qu'elle pourrait offrir à Dieu.

Croyez-vous, par exemple, que les infirmités et

les maladies n'y affligeraient jamais les regards; que la perte d'objets chéris n'y ferait jamais couler de larmes; qu'enfin le corps, l'esprit et le cœur y seraient à couvert de toute atteinte douloureuse?

On ne pourrait raisonnablement en attendre, s'il était réalisable, qu'une diminution considérable de nos maux et de nos infractions au devoir; qu'une distraction journalière et un grand adoucissement à nos peines, avec une satisfaction plus complète de nos besoins et de nos désirs, par l'accroissement de la richesse et l'extinction de la misère..... Je ne crois pas à la perfection absolue dans ce monde.

LIVRE QUATRIÈME.

APPLICATION DES PRINCIPES A PLUSIEURS QUESTIONS IMPORTANTES.

I

PERFECTIBILITÉ DE L'HOMME. — PROGRÈS.

Dire, comme je l'ai fait, que pour remplir sa loi, l'homme doit perfectionner son être, c'est dire qu'il est perfectible, qu'il peut se former, s'améliorer, développer tous les germes de bien qu'il apporte avec lui en naissant.

L'expérience de tous les jours nous montre en effet qu'il fortifie ses membres et ses organes par l'alimentation et l'exercice; qu'il prend de bonnes habitudes morales et en perd de mauvaises à l'aide de soins intelligents; qu'une culture habile épure ses sentiments, élève ses pensées, affermit son jugement; que l'étude et la réflexion éclairent son esprit, l'aiguisent et l'étendent, qu'il acquiert enfin progressivement une force de résolution, des qualités et des talents qu'il n'avait pas.

C'est la croyance universelle à la perfectibilité humaine qui fait que partout on trouve des colléges, des gymnases, des maisons pénitentiaires; que partout on enseigne, on exhorte, on réprimande, on propose des modèles.

L'homme est donc perfectible; il n'y a là-dessus aucun doute. Mais jusqu'à quel degré l'est-il? c'est ce que personne ne peut dire avec certitude.

Il me paraît toutefois que s'il a le pouvoir d'améliorer sa nature, il n'a pas celui de la changer. Le fond reste toujours le même. On a beau remonter aux premiers temps historiques, on ne signale sur ce point aucun progrès réel. Partout dans la Bible et dans Homère la personnalité humaine apparaît avec les mêmes penchants fondamentaux, les mêmes répugnances natives, le même appétit du bonheur, la même conscience du bien et du mal, les mêmes passions, la même force et la même faiblesse qu'aujourd'hui, souvent aussi par conséquent avec les vices et les vertus de notre époque; seulement, l'objet en est différent à certains égards, et il y a du plus ou du moins.

Mais sous d'autres rapports l'homme marche, il avance, et les sociétés et l'humanité avancent avec lui. Il découvre des vérités nouvelles, dépouille des préjugés anciens, augmente la somme de ses connaissances, et fait faire aux sciences, aux arts, à l'industrie et à l'agriculture des progrès dont profitent les générations suivantes.

En même temps, il accroît son bien-être avec ses richesses, il améliore sa législation, son état social et sa moralité. Il peut aller plus loin encore ; il peut tous les jours approcher davantage de la perfection, sans qu'il lui soit donné toutefois de l'atteindre jamais : un homme ne peut devenir un Dieu.

D'où je conclus que sa perfectibilité est indéfinie, mais non pas infinie.

Elle est indéfinie dans ce sens qu'il n'est pas possible d'en déterminer les limites avec précision. Et elle n'est pas infinie, parce qu'elle a pour bornes nécessaires la nature même de l'homme, laquelle est finie. Or, la nature ou la substance des choses ne périt pas avec ses modes et ses transformations, ne change pas essentiellement, et l'être fini ne saurait jamais arriver à l'infini.

Ce que je conclus de l'individu, je dois le conclure de l'espèce, puisque l'espèce se compose d'individus ;

je dois le conclure des sociétés, qui sont l'ouvrage et l'agrégat des individus et de l'espèce ; je dois le conclure de l'humanité entière.

La perfectibilité indéfinie leur appartient à toutes, puisqu'elle appartient à l'individu, qui en est seul l'élément constitutif. Il est impossible qu'une population quelconque reste immobile, quand les individualités qu'elle comprend sont en marche; il est impossible que l'œuvre ne s'améliore pas avec l'ouvrier.

Au reste, on ne peut nier que l'humanité n'ait progressé. De la vie sauvage à la vie patriarcale, du patriarcat à la barbarie et de celle-ci à la civilisation actuelle, il y a évidemment progrès.

Ce progrès, il est vrai, a eu ses intermittences, ses temps d'arrêts, ses phases rétrogrades même, tantôt sur un point, tantôt sur un autre. Presque toujours il a été lent, et il le sera probablement toujours. Mais enfin dans son ensemble le monde a visiblement marché.

Nous sommes loin de l'état de nature, du règne de la force brutale, de la confusion anarchique; loin de l'antique et universel esclavage, loin même déjà de la féodalité du moyen-âge, « de ce régime le plus arbitraire, selon M. Guizot, le plus vexatoire qui fut jamais; » de ces temps de vasselage et de servage, où la plupart des charges de la société pesaient exclusivement sur les classes les plus nombreuses et les plus pauvres; où les petits, humiliés, gémissaient sous le despotisme des grands; où l'on méconnaissait enfin toute égalité de droits entre les citoyens d'une même nation, entre les enfants d'un même père, entre les adorateurs d'un même Dieu. [1]

1 « Si aucune opinion sur les causes de la servitude n'avait cours au moyen-âge, cette grande injustice des siècles écoulés, œuvre des invasions d'une race sur l'autre et des usurpations graduelles de l'homme sur l'homme, était ressentie par ceux qui la subissaient avec une profonde amertume. Déjà s'élevait, contre les oppressions du régime féodal, le cri de haine qui s'est prolongé, grandissant toujours, jusqu'à la destruction des derniers restes de ce régime. La philosophie moderne n'a rien trouvé de plus ferme et de plus net sur les droits de l'homme, sur la liberté naturelle et la libre jouissance des biens communs, que ce qu'entendaient dire aux paysans du XIIe siècle les Trouvères, fidèles échos de la société contemporaine :

« Les seigneurs ne nous font que du mal, nous ne pouvons avoir d'eux raison ni justice; ils ont tout, prennent tout, mangent tout, et nous font vivre en pauvreté et en douleur. Chaque jour est pour nous jour de peines; nous n'avons pas une heure de paix, tant il y a de services et de redevances, de tailles et de corvées, de prévôts et de baillis...... Pourquoi nous laisser traiter ainsi? Mettons-nous hors de leur pouvoir; nous sommes des hommes comme eux, nous avons les mêmes membres, la même taille, la même force pour souffrir, et nous sommes cent contre un..... Défendons-nous contre les chevaliers, tenons-nous tous ensemble, et nul homme n'aura seigneurie sur nous...., et nous ferons notre volonté, aux bois, dans les prés et sur l'eau. »

(*Considérations sur l'histoire de France, par* Augustin Thierry.)

« La féodalité était une confédération de petits souverains, de petits despotes, inégaux entre eux, et ayant les uns envers les autres des devoirs et des droits, mais investis dans leurs propres

La religion mieux comprise, les lumières, les sciences, la philosophie plus répandues, ont enfin renversé ces odieux et injustes priviléges, et avec eux, l'arbitraire de l'absolutisme, le règne du bon plaisir et les maux qu'ils ont accumulés sur la nation..... Il s'en faut assurément que tout soit bien encore; mais nous devons compter sur des progrès nouveaux.[1]

Les progrès des sociétés vont nécessairement de

domaines, sur leurs sujets personnels et directs, d'un pouvoir arbitraire et absolu..... La liberté, l'égalité et le repos manquaient également, du dixième au treizième siècle, aux habitants des domaines de chaque seigneur....... Les habitants des fiefs ne pouvaient se consoler au sein du repos ; sans cesse compromis dans les querelles de leur seigneur, en proie aux dévastations de ses voisins, ils menaient une vie encore plus précaire, encore plus agitée que lui-même, et subissaient à la fois la continuelle présence de la guerre, du privilége et du pouvoir absolu. » *(Essais sur l'histoire de France, par* M. GUIZOT.)

1 « La société a évidemment fait des progrès immenses ; la condition humaine est douce, juste, comparée à ce qu'elle était antérieurement. Nous pouvons même dire de nous, sans trop d'orgueil, comme Sthénélus dans Homère : « Nous rendons grâce au ciel de ce que nous valons infiniment mieux que nos devanciers. »

» La pensée humaine est fort loin cependant d'être aujourd'hui tout ce qu'elle peut devenir..... Que chacun de nous descende dans sa pensée, qu'il s'interroge sur le bien possible qu'il conçoit, qu'il espère ; qu'il mette ensuite son idée en regard de ce qui existe aujourd'hui dans le monde : il se convaincra que la société et la civilisation sont bien jeunes ; que, malgré tout le chemin qu'elles ont fait, elles en ont incomparablement davantage à faire. »

(Histoire de la civilisation en Europe, par M. GUIZOT.)

compagnie avec ceux des individus. Ils dépendent les uns des autres; ils se poussent mutuellement en avant, sans pouvoir se séparer ni se dépasser de beaucoup; ils sont en somme identiques.

Si l'individu formé a son action sur la société, la société a la sienne plus grande encore sur l'individu qui se forme. Mais de même qu'en général il ne peut aller beaucoup plus loin qu'elle, de même aussi elle ne peut aller beaucoup plus loin que lui. La perfectibilité des sociétés, quoique indéfinie, a donc des bornes aussi bien que celle des particuliers.

Malgré ces bornes incontestables, trop souvent nous voulons, non pas le progrès simplement, mais la perfection dans le progrès, la perfection en fait et sur-le-champ. Nous la voulons conforme en tout au modèle de bien absolu et de beau idéal que notre esprit conçoit. — Mais, comme avec tous nos efforts nous n'y arrivons pas, parce qu'elle est impossible en pratique, nous nous indignons, nous nous gendarmons, comme des enfants mal élevés, contre chacune des difficultés et des résistances qui s'opposent à sa réalisation.

Chez les honnêtes gens, car je passe sous silence les ambitieux, qui ont, eux, leurs vues particulières; chez les honnêtes gens, dis-je, c'est d'ordinaire l'effet d'un vif amour du bien, aveuglé par l'ignorance ou la passion.

Ils oublient que la nature humaine étant finie, limitée, tout ce qui en dépend est nécessairement fini, limité comme elle, c'est-à-dire imparfait, défectueux; que les améliorations possibles elles-mêmes exigent du temps, de la patience, beaucoup de sagesse, et laissent toujours, même après leur réalisation, quelque chose à désirer.

Si ces vérités d'expérience et de bon sens étaient plus habituellement présentes à notre pensée, nous ne cesserions pas pour cela de viser constamment à la perfection, comme unique moyen d'en approcher de plus en plus; mais nous y marcherions tranquillement, avec circonspection, sans nous tourmenter, et surtout sans espérer de l'atteindre jamais. Nous continuerions de désirer le progrès, mais nous ne verrions pas ce désir providentiel, indispensable au perfectionnement, et par conséquent au bonheur de l'humanité, se transformer, comme dans ces derniers temps, en une fièvre ardente de bouleversement, cause ordinaire de troubles ou de guerres civiles.

L'excès en tout est un défaut, parfois même une calamité. Le mieux se trouve entre les extrêmes. *In medio virtus*.

II

ÉGALITÉ ET INÉGALITÉS DES HOMMES.

Il y a longtemps que saint Paul disait que « toutes les créatures humaines sont égales devant Dieu, » égales en effet par leur origine, leur nature et leur fin commune.

Tous les hommes sont frères, *vos omnes fratres estis;* [1] à ce titre encore ils sont égaux. Ils ont d'ailleurs des facultés et des organes semblables; ils appartiennent à la même espèce d'êtres animés. Dieu leur a départi à tous la raison et la conscience, qui leur parlent le même langage moral, qui leur révèlent les mêmes droits et les mêmes devoirs. Ils sentent qu'ils sont faits pour s'entr'aider, pour s'aimer les uns les autres, pour vivre ensemble dans l'harmonie d'une fraternité solidaire.

« La nature de l'homme est au fond la même partout. Chez tout individu, chez toute nation, les facultés intellectuelles, les affections, la volonté existent, soit développées, soit en germe. A moins de ces anomalies que la nature physique et morale présente accidentellement, aucune faculté, aucun

1 Saint Mathieu.

instinct ne manquent entièrement à personne; il suffit qu'ils soient distribués dans des proportions inégales pour que les caractères soient variés. »

Puisqu'il est certain que nous possédons tous les facultés de sentir, de penser et de vouloir; que nous avons les mêmes besoins, la même passion du bien-être avec le même sens moral, qui sont, comme on sait, les seules sources de nos droits et de nos devoirs, il est certain pareillement que la nature ayant ainsi établi entre nous une certaine parenté, comme l'a dit Sénèque, nous a tous faits égaux en droits et en devoirs, et nous a donné à tous le droit de vivre aussi heureusement qu'il nous est possible, avec celui, bien entendu, d'employer à cet effet nos facultés et nos forces; il est certain encore et par la même raison, qu'elle nous astreint en revanche, les uns comme les autres, à être justes et bienfaisants : *Quod ad jus naturale attinet, omnes homines æquales sunt.* [1]

Cette conformité de droits et de devoirs primitifs, que nous devons à la nature, en tant qu'elle nous engendre tous égaux et nous élève comme de véritables frères, *quæ omnes ex æquo genuit, educavitque tanquam mater germanos fratres re vera, non solo nomine,* [2] cette égalité, dis-je, suit l'homme en tous

1 Ulpien, *Dig.*
2 Philon d'Alexandrie.

lieux, dans toutes les situations de la vie, au sein des sociétés civilisées, comme au milieu des hordes sauvages.

En aucun cas il ne peut la perdre; aucun despote ne peut la lui ravir, puisqu'elle est inhérente à sa constitution intime.

En fait on peut bien n'en pas tenir compte, on peut la briser quand on est fort, soit en instituant des classes privilégiées, soit en sanctionnant la propriété impie des serfs et des esclaves; mais en droit elle n'en subsiste pas moins. Il n'y a pas d'oppression capable d'anéantir un droit imprescriptible fondé sur l'essence des choses et sur leurs rapports nécessaires, pas plus qu'il n'est possible à qui que ce soit de faire un jour ou l'autre que le devoir ne soit rien.

Mais cette égalité d'origine et de nature, cette égalité de droits et de devoirs qui en dérive, est la seule qui existe entre les hommes. Pour tout le reste, ils sont fort différents les uns des autres. Il n'y en a pas deux qui se ressemblent sous tous les rapports. Vous remarquez chez eux la même variété infinie qui s'observe dans tous les règnes de la nature, parmi les individus d'une même classe, les fruits ou les feuilles d'un même arbre.

« La diversité native des hommes, sous le point

de vue moral comme sous le point de vue physique, n'est pas contestable. » [1] Ils diffèrent par la force du corps et du caractère, par l'intelligence et le cœur, par la puissance du désir, de l'amour et de la volonté, par l'organisation physique et morale.

S'ils ont les mêmes facultés, ils ne les ont pas au même degré; leurs aptitudes sont diversement prononcées, leurs organes plus ou moins parfaits. L'un est propre à l'action, l'autre à la méditation; l'un aux arts mécaniques, l'autre aux arts libéraux. Quelques-uns réussissent dans les sciences, quelques autres dans les lettres. Ceux-ci s'entendent à commander, ceux-là à exécuter. Plusieurs conviennent au professorat ou au sacerdoce, un plus grand nombre au commerce ou à l'industrie; chacun enfin a sa personnalité propre, des sentiments, des mœurs, des goûts, des inclinations, des qualités ou des défauts qui le distinguent de ses semblables.

Ces différences en amènent nécessairement d'autres dans les positions sociales, dans les fonctions et l'utilité relative de chacun, dans le degré et le genre de considération qui s'attachent à nos travaux respectifs, à nos talents et à notre conduite.

Puisqu'il y a du plus et du moins dans nos facultés et nos aptitudes, puisqu'elles sont inégales, il est bien

1 Guizot.

clair que nous n'avons pas tous la même vocation et la même mission; que tous nous ne pouvons faire les mêmes choses, occuper les mêmes places, recueillir les mêmes avantages. Le moyen, je vous prie, d'empêcher que chacun ne jouisse des bénéfices inhérents à sa fonction particulière, et que le rang de celui qui commande ne soit dans l'opinion supérieur au rang de celui qui est commandé? Toujours, quoi qu'on fasse, le général aura des prérogatives refusées au soldat, et sera présumé plus habile que lui.

Mais, comme le remarque M. de Lamennais, de ces inégalités naturelles dépend en grande partie le progrès général, et aussi, peut-on ajouter, l'ordre hiérarchique, la prospérité et le mouvement régulier des sociétés. Elles ne subsistent en effet que par la diversité des fonctions et des professions utiles ou nécessaires.

III

DROIT PRÉTENDU DE LA FORCE.

Souvent, sous le nom de droit qu'elle usurpe, la force dédaigne de tenir compte de l'égalité et des inégalités naturelles que nous venons de signaler. Elle les foule aux pieds, les transpose en mettant en haut ce qui est en bas, ou en bas ce qui est en haut; en faisant de l'homme un serf, un esclave ou une bête de somme. Elle viole les droits, transgresse les devoirs qui en découlent, et feint néanmoins presque toujours d'agir en conséquence d'un droit.

A l'attentat donc elle joint l'hypocrisie, car il est impossible qu'elle voie jamais un droit réel là où il n'y a pas de moralité, et de la moralité là où il n'y a ni justice, ni raison, ni conscience. Or, il n'y a rien de tout cela dans la force pure.

La force est une puissance matérielle, le droit une puissance morale. Il s'en faut qu'elles soient toujours réunies, qu'elles marchent toujours de concert. Trop souvent au contraire elles sont en lutte ouverte; trop souvent la force attaque le droit qu'elle est destinée à défendre, et le droit plie sous la force qu'il a mission de gouverner.

L'ordre n'existe que lorsque le droit, par ses organes légaux, règle les mouvements de la force, ou en réprime les excès; et lorsque la force appuie les justes exigences du droit. Le droit est nécessaire à la force pour en légitimer l'emploi, de même que la force est nécessaire au droit pour en faciliter l'exercice.

La force devrait toujours être au service du droit. Quand elle n'est pas avec lui, elle déserte son rôle, elle trahit son devoir, et le droit désarmé languit.

Quand elle se tourne contre lui, elle devient plus criminelle encore, car elle s'en prend alors directement au principe tutélaire sur lequel seul la société repose : c'est le plus odieux des attentats, une rébellion ouverte que partout on maudit. Quand d'autre part le droit ne combat pas la force en délire, il est prudence ou faiblesse, s'il n'est pas lâcheté. Du reste, le droit vaincu ne meurt jamais; il se relève tôt ou tard.

Si la force est un droit, tout brigand plus vigoureux que moi peut légitimement me commander, me dévaliser, me couper la gorge, et je suis obligé en conscience de me laisser faire; car, ainsi que nous l'avons vu, le droit implique le devoir. Nul ne peut avoir sur moi un droit véritable, sans qu'il soit de mon devoir de souffrir qu'il l'exerce.

Mais, que dis-je! tout devoir disparaît si la force est un droit; car une force peut perpétuellement être opposée à une autre et la combattre, et celle qui l'emporte dans la lutte a le droit pour elle, jusqu'à ce qu'une force nouvelle supérieure vienne à son tour le lui ravir. Mais, s'il m'est toujours permis de résister à la force, il est clair que je ne suis jamais obligé de m'y soumettre, quoique j'y puisse être contraint quand mon ennemi triomphe; seulement, à la première occasion favorable, je relève la tête et je prends ma revanche. C'est donc la guerre perpétuelle, la guerre de tous contre tous, *bellum omnium contrà omnes;* c'est l'impitoyable condamnation des faibles, c'est l'anathème jeté sur les vaincus : *Væ victis!* Quelle place, je le demande, reste-t-il ici pour le devoir? N'est-il pas anéanti, avec ce droit lui-même, au milieu des désastreuses conséquences du principe?

Qui dit droit de la force pure, dit droit illimité. L'homme ou l'ange qui le possèderait serait par conséquent exempt de devoir, car c'est le devoir, et le devoir seulement qui limite le droit. Il pourrait donc l'exercer dans toute l'étendue de son pouvoir, sans scrupule et sans crime, *per fas et nefas*, selon son intérêt ou son caprice. Rien en effet ne lui serait défendu, puisqu'avec ce droit absurde, la morale, le devoir s'évanouissent, qu'ils n'ont plus d'emploi, plus de raison d'être.

Mais admettez au contraire l'existence du devoir, ce droit aussitôt disparaît à son tour; car il se transforme sous l'empire de la règle, en droit limité, véritable par conséquent et avoué par la raison, en droit inséparablement uni au devoir, inséparablement, dis-je à dessein, puisque par leur divorce ils périssent à la fois l'un et l'autre.

Si le droit de la force existe, il n'y a pas d'autre droit que lui; il les écrase et les anéantit tous, sans en excepter le droit de vivre; il supprime ainsi tout l'ordre moral, tous les devoirs par conséquent, et se détruit lui-même, puisque l'absence du devoir exclut l'existence du droit.

De ce qu'on a vu souvent la force commander aux hommes et les gouverner, il ne s'ensuit pas qu'elle eût le droit de le faire Le fait ne constitue pas le droit. Le droit et le fait ne se confondent et ne s'identifient que lorsque celui-ci s'appuie sur celui-là, c'est-à-dire, sur la justice et la raison. Alors seulement le droit passe dans le fait, le pénètre, pour ainsi dire, et le fait devient droit : c'est le droit en action, le droit vivant.

« Un peuple conquis n'est tenu à rien du tout envers son maître, qu'à lui obéir autant qu'il y est forcé. L'esclave est dans le même cas..... Céder à la force est un acte de nécessité, non de volonté; c'est tout au plus un acte de prudence. En quel sens pourra-ce être un devoir?.... La force est une puissance physique : je ne vois point quelle moralité peut résulter de ses effets..... Toute force qui surmonte la première, succède à son droit. Sitôt qu'on peut désobéir impunément, on le peut légitimement..... Convenons donc que la force n'est pas un droit, et qu'on n'est tenu d'obéir qu'aux puissances légitimes. » [1]

1 J.-J. Rousseau.

IV

PUISSANCES LÉGITIMES.

Nous avons avancé que le consentement ou l'acceptation libre est la condition nécessaire de toute puissance légitime, de tout gouvernement de droit.

Tous les hommes étant égaux par la nature de leurs facultés, de leurs besoins et de leur organisation, on ne concevrait pas en effet qu'aucun d'eux eût le droit exhorbitant de se constituer chef ou roi des autres contre leur volonté, qu'il pût de son autorité privée leur intimer ses ordres, les régenter, les juger et les conduire à son gré.

Quand il allèguerait à l'appui de ses prétentions qu'il est pétri d'un autre limon qu'eux, que son âme est d'une essence différente et supérieure, ou qu'il a reçu d'en haut une mission exceptionnelle et privilégiée, encore faudrait-il qu'il exhibât ses titres et fournît ses preuves, et qu'en outre, ces titres et ces preuves fussent reconnus valables par la conscience et la raison de ceux qu'il voudrait gouverner. C'est-à-dire, en définitive, qu'il lui faudrait toujours leur adhésion ou leur consentement. [1]

1 Si la volonté du prince a force de loi, c'est, disent les jurisconsultes romains, que le peuple lui a transmis et a placé en lui son empire et toute sa puissance : *Quod principi placuit legis habet vigorem ut potè quum..... populus ei et in eum omne suum imperium et potestatem conferat.* (*Dig., institut.*)

Tant que d'une manière ou d'une autre ils ne lui ont pas accordé cette adhésion, ils sont fondés à repousser, comme injuste et absurde, le droit de commandement qu'il prétendrait avoir sur eux, et la domination effective que par suite il essaierait d'usurper.

« L'élection est la manière innocente de faire des rois. »[2] Ce sont les peuples qui, par l'ordre de Dieu, les ont faits tout ce qu'ils sont; c'est à eux à n'être ce qu'ils sont que pour les peuples. Oui, sire, disait Massillon à Louis XV avant sa majorité, c'est le choix de la nation qui mit d'abord le sceptre entre les mains de vos ancêtres; c'est elle qui les éleva sur le bouclier militaire, et les proclama souverains. Le royaume devint ensuite l'héritage de leurs successeurs; mais ils le durent originairement au *consentement libre* des sujets. Leur naissance seule les mit ensuite en possession du trône, mais ce furent les *suffrages publics* qui attachèrent d'abord *ce droit et cette prérogative* à leur naissance. »

Nous venons de parler de la légitimité primordiale du commandement, de celle qui découle directement du droit de la nature. Mais il en existe une autre

2 Bossuet, *Politique sacrée*.

sorte, qui appartient au droit écrit : c'est la légitimité en vertu de laquelle règnent les princes d'une même famille dans les monarchies héréditaires ; c'est la légitimité conventionnelle ou légale.

Une loi spéciale, organique, qui règle d'avance et à perpétuité l'ordre de succession, selon lequel ils sont appelés au pouvoir, en fait une légitimité permanente qui ne doit plus sortir de la famille adoptée.

La société, en accordant une si magnifique prérogative, a eu certainement en vue sa prospérité particulière beaucoup plus que celle de la famille privilégiée. Elle a voulu par ce moyen se préserver des troubles et des commotions politiques que font ordinairement éclater les ambitions rivales à la fin de chaque règne, dans les états électifs, et qui exposent tout un peuple à perdre son indépendance nationale et à subir le joug des puissances jalouses qui l'entourent.

Les lois dynastiques, que la société a établies dans ce but, sont obligatoires aux mêmes titres, à plus de titres même que toutes les autres. Car leur importance est telle, par rapport au salut public, qu'on ne peut guère les enfreindre sans le compromettre essentiellement, sans troubler tout l'État, sans ébranler ou détruire les institutions fondamentales.

Cependant, je dirai avec M. de Lamartine dans sa *Politique rationnelle* : « Le bon sens, comme la morale, comme l'invincible nécessité de l'existence sociale, nous amène à conclure que la légitimité, la meilleure des conventions sociales, n'est cependant qu'une convention sociale, une salutaire fiction de droit; qu'elle n'a le droit que pendant qu'elle a le fait ou qu'il y a lutte pour le recouvrer; et que le pouvoir, expression et propriété de la société tout entière, ne s'aliène pas à jamais. » La raison en effet, la justice et le droit ne se prescrivent point. Or, il est rigoureusement possible, un jour ou l'autre, qu'un Néron ou un Caligula sur le trône déchire, à force de tyrannie et d'oppression, les engagements qu'il contracte en y montant, et foule aux pieds sans pudeur les devoirs essentiels qu'il avait assumés sur sa tête.

Dans ce cas évidemment ses sujets ne sont plus tenus de lui rester fidèles, ni de subir une domination qu'ils n'avaient acceptée que pour avoir des garanties d'existence, de liberté et de bonheur, puisque ces garanties leur sont injustement arrachées par celui-là même qui devait les défendre. Ils sont déliés, on n'en saurait douter, de l'obligation de lui obéir.

Mais alors souvent la famille régnante disparaît sous les coups de la foudre qui frappe les demeures royales; la chaîne dynastique est rompue, les anneaux en sont dispersés, et la race, qui seule auparavant avait le droit d'occuper le rang suprême, en est quelquefois pour jamais bannie.

Une autre sans doute s'élève bientôt sur le trône vide et cherche à s'y fixer à son tour; mais c'est au milieu des tempêtes qu'excitent les passions subversives, et sur un sol fraîchement remué par les volcans. Qui sait alors si de nouvelles explosions ne viendront pas accroître les ruines!

De grands malheurs accompagnent donc presque toujours ces infractions aux lois constitutives des États. Il est si difficile, même en exerçant ses droits, qu'un peuple en colère n'oublie pas ses devoirs! Et pourtant nous dépassons nos droits, toutes les fois que nous violons nos devoirs. Le droit et le devoir, il est bon de le rappeler, n'existent chacun à part qu'autant qu'ils existent tous deux. Ils sont inséparables, comme le sont, dans l'unité de l'âme humaine, l'appétit du bonheur qui produit l'un, et la raison morale qui engendre l'autre. Quoiqu'il en soit, les peuples en tout temps ont abhorré plus ou moins, ainsi que les Esséens chez les Juifs, et même renversé quelquefois les dominations iniques et impies, comme antipathiques au droit de la nature : *Essœi dominationem damnant ut injustam atque impiam, repugnantem juri naturæ.* [1]

1 Philon d'Alexandrie.

Mais il y a sur la légitimité dynastique une opinion singulière, qui lui assigne une autre origine, une inviolabilité quand même, une durée éternelle. C'est, dit-on, un droit descendu du ciel, ou résidant en lui-même, antérieur et supérieur à la volonté nationale, indépendant d'elle; un droit de régner, qui ne peut périr dans la famille à laquelle on l'attribue, quels que soient d'ailleurs ses actes oppressifs, les évènements politiques et le vœu clairement exprimé des peuples; c'est en un mot une sorte de mystère semi-politique, semi-religieux, qu'on appelle le droit divin, quoiqu'il soit l'œuvre de l'homme.

Malheureusement, les races royales, qui se proclamaient légitimes, n'ont pas elles-mêmes reconnu ce droit dans celles qui régnaient avant elles, puisqu'elles les ont impitoyablement dépouillées et proscrites, malgré leur légitimité incontestée.

Si la dynastie Mérovingienne était légitime, comment celle des Carlovingiens, qui l'a renversée, a-t-elle pu l'être après elle? Comment ensuite les Capétiens, qui ont chassé du trône la descendance Carlovingienne, ont-ils pu succéder à sa légitimité? Est-ce en violant un droit qu'on se l'approprie? Dans ce cas, rendons hommage à la force, qui tour à tour fait et défait les légitimités.

L'histoire en outre ne parle d'aucune race de nos rois qui soit d'institution divine. Chacune d'elles au contraire a pour chef un usurpateur, dont les successeurs n'ont jamais eu d'autre droit au pouvoir suprême que l'acceptation ou le consentement de la nation qu'ils ont gouvernée. C'est, avec le temps, cet assentiment seul qui les a rendus légitimes.

L'opinion dont nous parlons ne se fonde donc sur aucune réalité. Elle rappelle une croyance ancienne, une erreur propagée sans doute à dessein par les intéressés, et perpétuée jusque dans notre siècle, mais en s'affaiblissant par degrés. Les restes des préjugés détruits survivent toujours dans quelques têtes, parfois même intelligentes. Cependant les hommes véritablement instruits s'y laissent rarement prendre. Ceux d'entre eux qui se nomment légitimistes, reconnaissent généralement aujourd'hui, comme les autres, que tout droit de souveraineté dérive en dernière analyse du consentement plus ou moins explicite des peuples. Les Empires, *d'abord violents, injustes et tyranniques*, peuvent devenir légitimes; mais, dit Bossuet, « par la suite des temps et par le *consentement* des peuples. »

V

SOUVERAINETÉ NATIONALE.

Les quelques réflexions qui précèdent sur la

légitimité de droit naturel et de droit écrit, se lient intimement à la question tant controversée de la souveraineté nationale. C'est pourquoi nous en dirons aussi notre opinion, en nous plaçant, comme toujours, au point de vue de la raison et de la justice, puisqu'aucun droit n'existe qu'à la condition d'être raisonnable et juste.

En examinant cette question, on ne doit jamais perdre de vue deux choses que nous avons précédemment constatées, savoir : que le but de l'établissement social est de procurer à tous ceux qui en font partie le plus grand nombre d'avantages possibles, et ensuite, qu'ils sont indispensablement obligés de sacrifier en y entrant une portion de leurs droits naturels, pour rendre l'association avantageuse et durable.

Quand on a dit qu'en droit naturel le peuple est souverain, on a émis sans doute une vérité incontestable. Mais dans quel sens est-ce une vérité? Dans le sens apparemment de la raison et de la justice; car la raison et la justice sont les reines du monde moral. Un peuple, aussi bien qu'un individu, sort de son droit et viole son devoir, quand il s'insurge contre elles. Un peuple, comme un individu, est tenu de leur obéir en tout ce qu'il médite ou entreprend. Elles sont faites pour l'un comme pour l'autre. Toute souveraineté qui n'en porte pas le cachet, ne porte pas non plus celui du droit; elle est usurpée ou surprise ; c'est une souveraineté de mauvais aloi. Il n'y a de vraiment légitime que ce qu'elles approuvent, et elles n'approuvent que ce qui est d'accord avec elles.

Ces mots : le peuple est souverain, signifient donc seulement qu'une nation, qu'il ne faut jamais confondre avec une faction, a le droit de disposer d'elle-même et d'exiger pour son bonheur tout ce qui est raisonnable et juste.

Si donc par impossible elle voulait des choses contraires au bien commun, qui est la fin que se propose toute société, elle serait absurde et manquerait à son devoir en dépassant son droit.

On ne niera certainement pas ces principes; la vérité en est trop frappante. Mais on me demandera quel est dans un peuple l'interprète de la raison et de la justice?

Quelque part que je regarde, je ne vois, je l'avoue, que des hommes faillibles, qui peuvent s'égarer plus ou moins, soit par l'effet des passions, soit par suite des bornes naturelles de leur esprit. Mais alors évidemment il faut chercher où il y a le moins de chances d'erreur.

Est-ce dans le nombre? On ne le prétendra pas;

car, généralement parlant, les masses, qui font le nombre, sont, non par leur faute sans doute, mais à cause de leur position sociale et de leur éducation, ignorantes et grossières, faciles à tromper et à corrompre.

Obligé de subsister du travail de ses mains, absorbé par les soins que réclament ses besoins physiques et ceux de sa famille, le grand nombre n'a ni le loisir, ni les moyens de cultiver son intelligence et son cœur, d'étudier les lois de son pays, de s'instruire de ses droits et de ses devoirs. Il ne peut connaître ni le but de l'institution des sociétés, ni leurs conditions d'existence et de bonheur. Il ne comprend rien aux combinaisons qui règlent les rapports des citoyens entre eux ou avec l'État, rien aux ressorts nombreux qui tempèrent ou soulèvent les passions humaines. Il est incapable d'apprécier la valeur des hommes et l'importance des choses.

Allez lui confier les destinées d'une nation ; sans le vouloir, il la lancera infailliblement dans les désordres de l'anarchie. Tous les maux provenant de lois insensées, d'une administration incapable et d'une police brutale ou aveugle, tomberont à la fois sur elle

C'est que le grand nombre, privé, comme je l'ai dit, du développement moral et intellectuel nécessaire, ne réunit pas les conditions de justice et de raison que j'ai signalées; par conséquent il n'est apte ni à gouverner, ni à exercer un pouvoir politique. La souveraineté de la raison et de la justice ne réside pas en lui.

En fait de mesures législatives, administratives, judiciaires et politiques, pour être juste et sage, il ne suffit pas d'en avoir le désir; il faut encore posséder en soi une forte dose d'habileté et de lumières Par ignorance ou impéritie, on commet de nombreuses injustices, on cause beaucoup de malheurs particuliers et généraux.

Mais ce n'est pas tout. Cette multitude inculte et aveugle, perpétuellement et forcément dépendante par sa position précaire et malaisée, demeure par là même toute sa vie à la merci du riche ambitieux et intrigant qui veut s'en servir; elle est sous sa main, à sa disposition toujours.

Comment s'en garantirait-elle? Est-il facile à l'ouvrier gêné, père de famille ordinairement, de résister aux caresses ou aux menaces du solliciteur opulent, qui donne ou refuse du travail et du pain? Qui croira que dans ces conditions un électeur ait une volonté à lui, qu'il soit autre chose qu'un instrument, un gant qu'on tourne et retourne à son gré? Qui croira que dans ces conditions son vote soit libre et consciencieux?

Admettons, si vous le voulez, qu'on répugne à le

corrompre; alors au moins on abuse de sa simplicité, on le trompe, sciemment ou non, dans l'intérêt de ce que chaque parti appelle la bonne cause; on lui présente le mal sous les apparences du bien, le vice sous le manteau de la vertu, et, par l'artifice du moins, quand ce n'est pas par l'or, on en obtient ce qu'on désire.

Donc celui que sa position expose à une séduction facile, qui n'entend rien à la direction des affaires publiques et n'a aucune des qualités qu'elle exige, ne peut, par son intervention, que nuire à la société qu'il doit servir. Par conséquent il n'a pas le droit d'y exercer les fonctions politiques, puisque jamais on n'a le droit de faire le mal.

Ses droits naturels sur ce point périssent ou se retirent devant le droit bien plus important que lui oppose le grand intérêt du salut public et de la félicité générale.

Où trouverons-nous donc des chances plus favorables, des interprètes plus sûrs de la raison et de la justice? S'il en existe quelque part, ce ne peut être évidemment que dans les capacités, c'est-à-dire dans les citoyens éclairés, honnêtes et indépendants; car pour nous l'homme capable se forme de ces qualités réunies.

Eux seuls en effet voient clairement la fin qu'ils doivent se proposer, et savent employer les meilleurs moyens d'y parvenir; eux seuls, en voulant le bien de tous, sont en état de l'obtenir, au moins dans la mesure possible.

C'est donc à eux qu'appartiennent les droits politiques, puisqu'eux seuls sont capables de les exercer d'une manière profitable à la société. C'est à eux qu'appartient la souveraineté pratique, la souveraineté en action, l'autorité. C'est à eux enfin que revient le droit de gouverner, d'administrer, de choisir les législateurs du pays.

N'est-il pas raisonnable et juste que les sages dirigent les fous, que ceux qui ont des yeux conduisent les aveugles? Le serait-il de donner satisfaction à quelques amours-propres aux dépens de la société tout entière, d'abandonner les pouvoirs publics à toutes les classes de citoyens indifféremment, au risque de sacrifier, ou seulement de compromettre le bonheur de la grande famille sociale?

La réponse ne saurait être douteuse pour quiconque professe le dogme sacré du juste et de l'injuste, et reconnaît en conséquence que le mal n'est pas permis; que le droit, que l'égoïsme de l'individu ne doivent pas prévaloir sur le droit et l'intérêt de tous.

En parlant de souveraineté, nous ne considérons pas, on le voit, une simple abstraction, une virtualité pure. Que servirait une souveraineté abstraite qui ne pourrait fonctionner? Ce que nous examinons, c'est la question de savoir en qui doit résider l'autorité en exercice, autrement dit, le droit de gouverner, de faire des lois et de remplir les fonctions politiques; et nous nous prononçons pour les capacités contre les incapables.

Nous avouerons tant que l'on voudra, car c'est notre opinion, qu'une nation, envisagée comme un individu collectif, s'appartient à elle-même, est maîtresse et souveraine d'elle-même; [1] qu'excepté ce qui est déraisonnable et injuste, elle peut tout exiger pour son bien-être.

Mais l'autorité suprême que nous lui reconnaissons

1 Sous Charles VIII, fils unique de Louis XI, Philippe Pot, député de la noblesse de Bourgogne aux États de 1484, réunis à Tours, prononça ces mots très remarquables pour cette époque : « Dans l'origine, dit-il, le peuple souverain créa des rois par son suffrage.... Les princes sont institués, non afin de s'enrichir aux dépens du peuple, mais pour, oubliant leurs intérêts, enrichir et faire avancer la chose publique. Il n'y a que des flatteurs qui attribuent la souveraineté au prince, laquelle n'existe que par le peuple.... La chose publique n'est que la chose du peuple : c'est lui qui l'a confiée aux rois. Quant à ceux qui l'ont possédée de toute autre manière, ils n'ont pu être réputés que des tyrans ou des usurpateurs du bien d'autrui. Il est évident que notre roi (il n'avait que 13 ans) ne peut gouverner la chose publique par lui-même; mais alors elle ne doit point revenir aux princes : elle appartient à tous. C'est au peuple, qui l'a donnée, que la chose du peuple doit revenir; or, j'appelle peuple, non point la populace ou seulement les sujets du royaume, mais les hommes de tous les états, même les princes. »

(*Histoire des Français*, par Lavallée.)

en principe, elle ne saurait l'exercer par elle-même et en corps. Il faut donc que quelqu'un l'exerce à sa place, et qu'alors elle se choisisse un ou plusieurs mandataires et leur délègue ses pouvoirs.

Mais pour ce choix et cette délégation mêmes, elle est forcée de se diviser en individualités multiples, de s'exprimer par des volontés particulières, par des hommes fort inégaux en mérite, dont la plupart sont tout-à-fait incompétents à rendre sa pensée et à lui donner des élus utiles et sages.

Ce n'est plus là précisément cet être de raison, cet individu collectif, ce corps que j'ai appelé la nation, et qui ne peut jamais vouloir que le bien général et le règne de la justice.

Eh bien, je dis que ce bonheur et cette justice qu'une nation en corps veut toujours, elle ne les obtiendra que par un hasard fort rare, des esprits obtus ou ignorants, faibles ou corrompus qui la composent en grande majorité.

J'en conclus qu'il convient pour le profit de tous, d'écarter les incapacités de l'action et de l'influence politiques. Il n'est pas plus permis d'abandonner la destinée d'un peuple à l'aveugle direction des classes incultes, que le gouvernail d'un navire aux mains inhabiles d'un matelot ignorant : A chaque capacité sa fonction.

La souveraineté de droit est nécessairement une

puissance intelligente et morale. Elle appartient pour cela, non à la force matérielle, qui n'est pas un droit; non au nombre, qui n'a le droit qu'autant qu'il a la capacité; mais, comme nous l'avons dit, aux plus raisonnables, aux plus éclairés, aux plus honnêtes, aux plus indépendants.

A mesure que, par l'éducation et la diffusion des lumières, le nombre de ceux-ci s'étend, il est clair que le droit de souveraineté s'étend aussi à une plus grande quantité d'individus; et s'il était possible que tout un peuple se composât de gens sages et justes, ils auraient tous également le droit de participer à la souveraineté, et d'en déléguer les pouvoirs à des représentants de leur choix.

Mais comme la sagesse et la moralité sont loin d'être également réparties entre tous les hommes, comme notre utilité par rapport au bien commun est fort différente, nos droits à la souveraineté sont aussi fort inégaux. La part de chacun est en raison des services qu'il peut rendre, c'est-à-dire que sa capacité intellectuelle et morale en est la mesure. « La valeur des hommes doit être comptée en raison de leur utilité en face de l'intérêt social. »[1]

D'où il suit que pour beaucoup le droit de participation à la souveraineté est très restreint, que

1 Buchez.

pour plusieurs même il est nul. Car tout ici se rapporte et se subordonne à l'intérêt social; et cet intérêt supérieur, je le répète, exige de chaque citoyen l'abandon de quelques uns de ses droits naturels.

Ainsi le peuple en corps est souverain, et néanmoins chaque individu ne doit participer à l'exercice de la souveraineté, qu'autant que sa participation ne sera pas nuisible. Mais que le peuple entier s'éclaire et se moralise, le peuple entier rentrera dans son droit naturel d'élire ses magistrats et ses législateurs. Le suffrage universel étant alors sans danger pour la société, deviendra le mode légitime et régulier de constituer le pouvoir, ou, selon l'expression de Bossuet, *la manière innocente de faire des rois.*

En attendant, marchons avec le siècle; mais, en institutions sociales surtout, ne le devançons pas; cela se paie trop cher. D'où je reviens à ma conclusion : les fonctions politiques, aussi bien que les emplois civils, ne sont dues qu'à la capacité.

« C'est, je crois, dit M. Guizot, un principe certain, et maintenant établi dans un grand nombre d'esprits, que la participation au pouvoir suppose *la capacité morale* de l'exercer; où la capacité manque réellement, la participation au pouvoir périt naturellement. Le droit continue de résider virtuellement dans la nature humaine; mais il sommeille, ou plutôt il n'existe qu'en germe, en perspective, attendant que la capacité se développe, pour se développer avec elle et paraître au jour. »

Mais, on me dit : vous accordez aux uns des droits que vous refusez aux autres, vous consacrez l'inégalité et le privilége. Je le reconnais sans hésiter, et je prétends qu'on l'a toujours fait plus ou moins, et qu'on sera toujours forcé de le faire.

Faudrait-il, pour éviter le privilége, que sans distinction d'aptitude, de connaissance, de talent ou de probité, le premier venu pût être admis à tous les emplois civils, à toutes les fonctions politiques, à toutes les dignités de l'Etat?

Voilà en effet, partisans absolus du nivellement, voilà ce que vous demandez ; car si vous y mettez quelque condition, et pourtant je vous défie de n'en pas mettre du tout, ne fût-ce que pour l'âge ou le sexe, pour la domesticité ou l'idiotisme, pour les repris de justice ou les étrangers; si, dis-je, vous y apportez la moindre restriction, vous admettez ainsi vous-mêmes l'inégalité, vous établissez le privilége.

Rappelons-nous, ce qui a été exposé plus haut, qu'il y a des inégalités naturelles ; que parmi les hommes, les uns sont ornés de dons particuliers, les autres privés des avantages même ordinaires; que la nature nous a sagement doués de facultés et d'aptitudes inégales; qu'elle a privilégié celui-ci, déshérité celui-là ; et qu'enfin ces différences natives entraînent bon gré malgré, des différences sociales, forment une véritable hiérarchie naturelle de pouvoirs et d'influences, en rapport avec celle des talents, des lumières et des caractères.

Rappelons-nous de plus, que l'éducation et l'instruction, très soignées chez les uns, négligées chez les autres, nulles chez beaucoup, font surgir tous les jours au milieu de nous des inégalités très prononcées, qui ne peuvent manquer d'avoir aussi leur effet social.

Cette variété infinie de dispositions naturelles et acquises est généralement un bien, probablement même une nécessité d'existence sociale. Pour chaque spécialité intelligente, pour chaque aptitude individuelle, il y a dans le monde des travaux correspondants, que tous les hommes indistinctement ne pourraient pas accomplir. Il y en a pour tous les genres de talent et de mérite, soit dans les professions civiles, soit dans les fonctions politiques.

Ce qu'on doit souhaiter à cet égard, c'est que chacun occupe la place que lui assigne son mérite particulier; c'est que le talent et la vertu soient seuls investis des priviléges sociaux existants, des priviléges de fonctions; c'est enfin que la société n'en institue jamais qui ne soient nécessités par le besoin réel de son existence ou de sa prospérité.

Voilà en effet la seule condition qui puisse légitimer les priviléges de création humaine. Ceux-là sont bons et justes qui concourent au bien général, et il y en aura toujours quelques uns de cette espèce. Tous les autres, les priviléges de classes surtout, sont abusifs et injustes.

Mais, si les droits politiques ne sont pas la propriété de tous les citoyens, que signifie donc ce dogme de la souveraineté nationale qu'on a si souvent invoqué? Selon nous, il n'a qu'un sens raisonnable et vrai, c'est que personne n'a jamais eu le droit de gouverner un peuple malgré lui ou sans son consentement. « Aux yeux de tous ceux qui placent la souveraineté dans la nation, le gouvernement légitime est le gouvernement *consenti.* »

Quant à la manière dont ce consentement est exprimé, régulièrement ou irrégulièrement, s'il a en sa faveur de grandes probabilités d'existence effective, le sage s'en contente; il regarde alors le pouvoir comme légitime, car le sage ne veut rien que de raisonnable et de possible.

Or, il sait qu'il y a souvent d'immenses difficultés à constater le refus ou l'adhésion de la majorité d'un grand peuple. Pour lui, les formalités même du vote sont fréquemment insignifiantes, au milieu des craintes et des espérances que met en jeu l'esprit de parti ou l'intrigue ambitieuse. Il n'est pas rare en effet que des centaines d'électeurs n'expriment que la volonté d'un seul, et que des milliers d'autres s'abstiennent par peur ou par apathie.

Le suffrage universel en particulier n'est, par sa nature, qu'un entraînement ; il va où le vent le pousse. On s'adresse à la passion du moment, on la surexcite, on en fait une force qui absorbe tout. Pour qui sait en jouer, le suffrage universel est un instrument incomparable.

Dans de pareilles circonstances, qu'y a-t-il de mieux à faire, que d'accepter tout gouvernement établi qui paraît avoir l'assentiment des gens de bien, des esprits éclairés, et qui se montre disposé à écouter les vœux du pays, et à en seconder les tendances vers le progrès et le bien-être ?

Quoique généralement, en considérant l'état de nos sociétés modernes et de nos populations, nous ne soyons pas, on le voit, partisan du vote universel, nous pensons cependant que, s'il était une fois établi chez un peuple, s'il y avait été mis en pratique sans inconvénients graves, il serait imprudent et injuste de le lui retirer par subterfuge ou par autorité, c'est-à-dire, sans son consentement. La déloyauté, appuyée de la force, excite l'indignation et la colère, et pousse à la révolte. La seule bonne politique est celle de l'honnêteté et de la justice ; celle qu'invoquaient les souverains étrangers, lorsque, dans leurs différents, ils prenaient saint Louis ou Henri IV pour arbitres et pour juges. « Il y a une vertu dans la justice ; il y a une toute-puissance dans le droit ; il y a une souveraine habileté dans le devoir. » [1]

Je n'ajouterais rien à ces réflexions, déjà un peu longues, si je ne me croyais obligé de répondre, au moins sommairement, à la formidable objection par laquelle on essaie de battre en brèche le grand principe de la souveraineté nationale.

Si le peuple, dit-on, si la nation est vraiment souveraine, il s'ensuit qu'il lui est loisible de se raviser quand elle le veut, à tout instant, par humeur ; de changer chaque jour par conséquent son gouvernement et ses lois, sans suivre aucune marche régulière ; d'abattre arbitrairement aujourd'hui ce qu'elle a édifié hier ; car elle est souveraine toujours, le lendemain comme la veille ; sa souveraineté est inaliénable et imprescriptible.

Mais vivre sous un pareil régime, n'est-ce pas vivre au milieu d'un désordre permanent, dans des alarmes continuelles ? Est-il rien de plus insensé qu'une souveraineté mobile, fantasque et déréglée, qui peut d'une semaine à l'autre déranger, troubler

1 De Lamartine.

les existences individuelles, mettre en péril les citoyens et l'État tout entier?

Si cet argument était aussi sérieux qu'il le paraît, il n'y aurait pas moyen en effet d'admettre la souveraineté du peuple. L'absurdité des conséquences, en démontrant la fausseté du principe, le ferait rejeter universellement.

Mais on y oublie la question morale et la question de bon sens, les seules précisément qui ôtent à une nation, je ne dis pas la possibilité, elle l'a toujours à peu près, même sous le plus puissant des despotes, mais le droit prétendu de tout réformer sans cesse et sans frein, ou plutôt de tout bouleverser au gré de ses caprices.

Les peuples, nous l'avons dit plusieurs fois, sont astreints à des devoirs comme les individus; ils sont tenus, comme eux, à certaines règles de conduite morale, qu'ils ne transgressent pas sans prévariquer.

Toute souveraineté qui s'attribue des droits est forcée de se reconnaître aussi des devoirs, puisqu'ainsi que nous l'avons démontré, il n'existe point de droits sans devoirs correspondants. Toute souveraineté a donc des limites que lui assigne la morale. Il n'y en a point qui s'étende à tout, qui permette légitimement, par exemple, de commettre le mal et l'injustice, de violer les droits d'autrui, de manquer à ses engagements. Il n'y en a point conséquemment qui ne soit réglementée, disciplinée, qui n'ait ses lois constitutives obligatoires.

Un peuple libre doit se soumettre à ces lois, faites pour lui, avec son assentiment et par des mandataires de son choix. Il s'oblige à les respecter, par cela même qu'il nomme ses législateurs; il s'y oblige moralement envers lui-même, envers ses représentants et l'État tout entier. Je dirai plus : il n'est pas un homme qui, dans cette circonstance, ne s'y oblige aussi envers tous les autres; car les bouleversements politiques ne sont indifférents pour personne. Donc un peuple n'a pas plus qu'un individu le droit de renverser à tout propos irrégulièrement, révolutionnairement son gouvernement et sa constitution.

D'ailleurs, qu'il se croie lié ou non par le devoir, ce peuple est du moins jaloux de garder sa liberté : dès lors il déteste le despotisme et l'anarchie, qui en sont les ennemis les plus implacables. Il veut par conséquent des lois, car les lois sont surtout destinées à les combattre, à les tenir en échec. Or, il n'y a plus de lois, du moment où celles qu'on se donne aujourd'hui peuvent être lacérées demain. Donc il doit pour rester libre, observer scrupuleusement et maintenir fermement celles qu'il a.

Si plus tard elles lui déplaisent, s'il les juge funestes, oppressives, le devoir lui commande de les supporter quand même, de les respecter jusqu'à ce qu'elles aient été abrogées ou corrigées par les pouvoirs établis à cet effet, dans les formes et selon le mode arrêtés d'avance. Tout ce qu'il fait en législation, en politique, doit être régulièrement fait, conformément aux prescriptions légales.

Enfreindre ces prescriptions, c'est enfreindre la morale ; car c'est trahir des engagements, des intérêts particuliers et généraux ; c'est troubler l'ordre et la paix ; c'est rendre tout gouvernement impossible ; c'est, en dernier résultat, compromettre la nationalité même. Conçoit-on d'ailleurs un peuple quelconque en possession du droit de faire le mal, du droit d'être absurde et criminel ? Est-ce qu'il existe quelque part un droit contre le devoir ?

Sans doute les peuples peuvent, comme vous, comme moi, transgresser les lois de la morale, aussi bien que les lois positives qu'ils se donnent, et il n'y a point de tribunal sur la terre pour les en punir. Ils ont la force matérielle en main. Mais les maux, les calamités que ces infractions accumulent sur leur tête, en sont le châtiment inévitable et mérité. « La sanction existe pour eux dans les destinées heureuses ou malheureuses qu'ils se font. » On ne résiste jamais impunément aux injonctions de la raison et de la conscience. Du reste, vengées ou non du mépris qu'on en fait, ces injonctions n'en subsistent pas moins, avec tous les devoirs qu'elles imposent.

On ne sent point assez profondément combien le respect de la loi importe à la félicité des états. La légalité, on ne saurait trop le répéter, la légalité, c'est-à-dire la règle, est toujours, malgré ses inconvénients de circonstance, le parti le plus sûr, en même temps que le plus moral. La légalité, c'est la sécurité et la force, c'est le salut des peuples et des gouvernements. Malheur à ceux qui s'insurgent contre elle! un abîme est ouvert sous leurs pas; ils y tomberont!

Concluons de tout ce qui précède, que le droit partiel de souveraineté nationale, ou le droit de participation active aux affaires politiques et gouvernementales, n'a rien d'absolu; qu'il est, comme tous les autres droits naturels, limité, circonscrit pour chaque citoyen par l'intérêt commun, par les nécessités sociales, et que dans chaque état ce sont ces nécessités qui déterminent la latitude qu'on doit lui laisser.

Concluons en second lieu que ce même intérêt commun demande impérieusement que les fonctions publiques et politiques ne soient jamais confiées qu'aux citoyens capables de les bien remplir.

Ce n'est là, dira-t-on peut-être, qu'une théorie dont l'application est souvent fort difficile au milieu du débordement des passions. Je n'en disconviens pas; je connais les résistances et les obstacles qu'on rencontre en pareille circonstance. Cependant, je n'entrerai à cet égard dans aucuns détails pratiques, parce que, toujours insuffisants, quoi que je fisse, ils m'entraîneraient en outre au-delà du but que je me suis proposé : celui d'exposer des principes sommaires sur diverses questions que soulève l'homme passionnel, moral et social.

Mais je ne pense pas, avec quelques critiques, que les principes vrais puissent jamais être inutiles. Ne renferment-ils pas de nombreuses vérités particulières, qu'on en peut dégager sans effort? n'agissent-ils pas fréquemment sur nos determinations? n'éclairent-ils pas notre marche? ne peuvent-ils pas détromper et ramener des esprits égarés de bonne foi? Il est donc bon de les répandre; les hommes d'un sens droit et d'un cœur honnête s'en emparent et l'humanité en profite.

VI

PROPRIÉTÉ TERRITORIALE DE DROIT NATUREL.

La propriété territoriale constitue un des plus grands intérêts des sociétés anciennes et modernes.

C'est qu'en effet, plus que toute autre, elle stimule l'homme au travail par le désir qu'il a presque toujours d'acquérir ou d'étendre quelque propriété rurale, quelque domaine foncier; c'est encore qu'elle attache étroitement le possesseur au sol, à la patrie; c'est enfin qu'elle se présente comme la meilleure garantie de l'ordre public, comme la source première des richesses des particuliers et de l'État. Aussi a-t-on consacré à la réglementer et à la défendre une portion considérable de la législation civile.

Cependant cette propriété est quelquefois attaquée dans son principe même. On prétend qu'elle n'a pas son origine dans le droit naturel, qu'elle lui est même contraire, et que par conséquent elle ne peut être juste.

La terre est à Dieu, dit-on; il en a fait la demeure des hommes; il la leur a donnée pour y croître et multiplier, *terram dedit filiis hominum.* [1]

Lorsqu'aux premiers temps du monde, ils y apparurent pour la première fois, elle ne fut point octroyée à quelques uns à l'exclusion des autres. Elle était pour tous ses habitants un bien commun et indivis, et personne n'était autorisé à revendiquer en sa faveur un droit propre et spécial sur aucune de ses parties. Mais chacun, quel qu'il fût, avait la libre jouissance des fruits, des végétaux et des animaux qui pullulaient à sa surface. Il y prenait à son gré tout ce qui pouvait convenir à ses besoins et à ses plaisirs. C'était un usufruit auquel tout le monde participait avec un droit égal.

1 Psalm.

Tel était originairement l'état des choses, je le veux. Mais pouvaient-elles rester toujours ainsi ? La force des circonstances, les besoins légitimes de l'homme, la cessation de sa vie nomade et son établissement dans des demeures fixes, l'accroissement successif de la population et l'invention de l'agriculture, ne devaient-ils pas faire passer peu à peu, par portions égales et inégales, le domaine public dans le domaine privé? Etait-il possible en effet que dans ces conditions la terre restât indivise ? Qui donc l'aurait cultivée sans avoir la certitude d'en récolter les fruits, de travailler pour lui et pour les siens; sans le tout-puissant stimulant de l'appropriation individuelle?

Conçoit-on d'ailleurs un peuple, quelque peu civilisé, vivant comme les tribus errantes des déserts? Ce qui se fait chez elles serait-il praticable chez nous? Est-ce que les besoins, est-ce que les nécessités sont les mêmes? Il fallait donc que la terre fût partagée, pour que ses habitants prissent soin de la cultiver. Elle l'a été en effet, mais insensiblement, selon que leur intérêt ou leur goût les y poussait; à mesure qu'ils croissaient et multipliaient. Elle l'a même été au grand avantage de tous, sans blesser la justice, sans violer aucun droit. On a ainsi rempli le désir inné que nous éprouvons tous de posséder quelque chose en propre ; on a prévenu les luttes perpétuelles du mien et du tien chez les tribus agricoles, sans législation agraire.

Quand quelqu'un s'était emparé d'un lama, pour en avoir le lait ou la chair, qui niera qu'il n'eût le droit naturel de le conserver? Le premier qui se construisit une hutte pour se mettre à l'abri, n'avait-il pas aussi le droit d'en disposer toute sa vie à sa convenance? La peau que le sauvage a préparée pour se couvrir, les troupeaux qu'il élève et nourrit peuvent-ils appartenir à d'autres qu'à lui?

Tous ces objets cependant sont enlevés au domaine commun, pour devenir des biens propres, des propriétés particulières.

Pourquoi donc trouvons-nous cette appropriation toute naturelle et toute équitable? pourquoi crierions-nous à l'injustice contre quiconque voudrait dépouiller de ces objets ceux qui se les sont procurés?

N'est-ce pas parce qu'ils ont été acquis loyalement, sans nuire à personne, par l'industrie de ceux qui les ont, et pour satisfaire des besoins légitimes? N'est-ce pas parce que le travail de leurs propriétaires leur a donné une valeur qu'ils n'avaient pas auparavant, et qu'il répugne à la conscience humaine de ravir à autrui le fruit de son travail?

Par où donc pourrait-on attaquer les auteurs de ces actes d'appropriation exclusive? Ils n'ont fait que ce que tout autre de leurs semblables a tous les jours la faculté et le droit de faire comme eux. Et puis, les objets qu'ils se sont attribués étaient libres, n'appartenaient à personne en particulier; nul n'en réclamait la propriété : il n'y a donc pas eu d'injustice commise; ils ont donc usé légitimement de leur droit imprescriptible de chercher à satisfaire leur besoin naturel de posséder et de jouir, ou leur appétit de bonheur. C'est là, comme on sait, le principe résumé de tous les droits naturels.

Ainsi voilà plusieurs objets qui ont été sans injustice retirés du fonds commun pour n'y plus rentrer.

Le lama, les troupeaux ne serviront plus qu'à leur maître; les arbres abattus pour la construction de la cabane ne donneront plus d'ombrage, ne produiront plus de fruits pour le voyageur fatigué; elle occupe elle-même une petite portion de terrain qui ne profitera plus qu'à son possesseur.

Il en est ainsi de tout ce qu'il nous faut pour nous nourrir, nous vêtir, nous chauffer et nous loger. Force nous est bien de l'arracher au fonds commun; car enfin l'homme ne crée rien; il travaille sur les matériaux que lui fournit la nature. Il ne peut ni les tirer d'ailleurs, ni éviter de se les approprier.

Ce que je dis de la cabane et du terrain qu'elle embrasse, pourquoi ne le dirais-je pas également du terrain inoccupé qui l'entoure?

S'il plaît au constructeur de la hutte de le féconder par la culture, pour y cueillir des fruits nouveaux ou plus abondants, il en a certainement le droit, puisqu'il a celui de chercher son bien-être par tous les moyens qu'avoue la raison morale universelle. Il lui est même permis de le cultiver aussi longtemps qu'il le voudra et de consommer ou de donner les fruits des arbres qu'il y aura plantés.

Il en devient le propriétaire exclusif, parce qu'en l'arrosant de ses sueurs il en a amélioré le sol et augmenté la valeur.

N'est-il pas évident, en effet, qu'on ne saurait plus l'en déposséder maintenant qu'en le privant du fruit de son travail, qu'en commettant une criante injustice?

Qui d'ailleurs mettrait-on à sa place? qui pourrait se présenter avec l'ombre d'un droit seulement sur cette terre engraissée par ses mains? il n'y a que lui qui ait là des droits acquis; lui seul doit donc rester propriétaire de son champ. A chacun selon ses œuvres : *Unicuique secundùm opera ejus.* [1]

Toutes les autres propriétés foncières de droit

1 Saint Paul aux Romains.

naturel ont dû s'établir de la même façon. Chacun s'emparait d'un terrain vacant et puis le cultivait. Ces deux conditions réunies suffisaient pour constituer un vrai droit de propriété avant toute législation positive.

« Tout homme possède légitimement la chose que son travail, son intelligence, ou, plus généralement, que son activité a créée. »

Des tribus nomades entières, fatiguées de la vie errante, ou séduites par des sites enchanteurs, ou encore, poussées par le besoin d'une nourriture plus assurée, ont pu se fixer en certaines contrées désertes, mais fertiles, et s'en distribuer les terres par famille ou par tête.

Chacune de ces familles, livrée dès lors à l'agriculture, devenait très licitement propriétaire de la portion qu'elle avait choisie ou qui lui avait été assignée.

C'est ainsi probablement que les hommes, après avoir été, selon Turgot, d'abord pêcheurs ou chasseurs, et ensuite pasteurs, se firent enfin cultivateurs.

La juste transmission de la propriété territoriale du père aux enfants se fonde sur le même principe que la propriété elle-même, savoir : le droit du premier occupant et le droit du travail réunis.

Les enfants aident leur père dans la culture de son domaine; ils ajoutent chaque jour quelque chose à sa valeur par leur activité et leurs soins; chaque jour ils acquièrent ainsi des droits nouveaux à sa propriété. Le père meurt; ils se trouvent naturellement nantis. Ils continuent de travailler, et les voilà propriétaires légitimes.

En effet, ils sont les premiers qui occupent le terrain vacant, et les seuls, après leur père, qui l'aient déjà fécondé de leurs mains. Ici donc je demanderai encore : qui pourrait alléguer des droits égaux aux leurs? qui pourrait leur être préféré sans injustice? Ont-ils moins que tous les autres le besoin de se nourrir?

Si d'ailleurs il est raisonnable que quelqu'un profite des travaux d'un homme, ce sont surtout ses enfants; car c'est la pensée de ses enfants qui l'a porté à produire au delà de ses propres besoins, qui l'a encouragé à améliorer sa terre, à en multiplier les récoltes. Leur laisser quelque chose qui accroisse leur bien-être et leur reconnaissance, c'est l'espoir qui réjouit ou soulage un père pendant sa vie et qui le console à sa mort.

Il serait facile de montrer que la loi naturelle permet à chacun de transmettre, aussi de son vivant, sa propriété rurale en totalité ou en partie, et de l'abandonner même à d'autres qu'à ses enfants.

La mise en possession en temps convenable d'un travailleur choisi librement est la seule condition requise; car ainsi le travailleur favorisé se trouve avoir déjà fertilisé la terre qu'on lui passe, et l'avoir occupée le premier. Vous ne pouvez d'ailleurs refuser au propriétaire le droit d'en disposer comme bon lui semble, si vous reconnaissez qu'elle lui appartient en propre. Qu'importe après tout qu'elle soit à lui ou à celui qu'il y met à sa place? Il faut bien qu'elle soit à quelqu'un.

Sous le régime du droit naturel, la propriété foncière est nécessairement limitée à l'étendue de terrain qu'on peut défricher. La justice n'autorise personne à dire : ce vaste territoire est libre, il me convient, je me l'approprie. Un homme pourrait ainsi s'emparer de tout un continent; ce qui est aussi absurde qu'inique.

Afin qu'il y ait des terres pour tout le monde, car il faut que tout le monde vive, chaque particulier n'en doit prendre que la portion que réclament ses besoins réels et ceux de sa famille. Tout ce qu'il ne peut mettre en valeur par lui-même ou par les siens lui devient inutile; il est tenu de le laisser aux autres.

S'il ne le fait pas, il usurpe sur leurs droits, il se rend coupable; car, dans le partage d'un bien commun, appartenant à tous, il y a dol ou envahissement, si chacun n'a pas son lot.

Ajoutez que dans l'état de nature que je suppose, l'industrie n'est pas encore créée; il n'y a guère que des pasteurs et des cultivateurs; tous les moyens de pourvoir aux nécessités de la vie se tirent directement de la terre; par conséquent quiconque, par suite de l'accaparement injuste de quelques uns, n'en a pas sa part, est presque nécessairement réduit à la famine, au vol, à l'aumône ou à l'ilotisme.

Une autre condition requise pour rester propriétaire légitime du coin de terre qu'on a cultivé, c'est d'en continuer la culture, c'est d'en garder la possession et la jouissance. Il y a de cela deux raisons :

La première, c'est que rien n'atteste votre droit si le terrain est abandonné et en friche, si l'on ne vous y voit plus paraître ni vous ni les vôtres. Tout signe propre à montrer votre intention de le conserver ayant disparu, le premier venu peut, sans mauvaise foi, s'y établir à son tour, et en tirer parti pour son alimentation et celle de sa famille. Et du moment qu'il y aura fait une dépense de temps et de main-d'œuvre, vous seriez mal reçu à réclamer des droits antérieurs, auxquels tout indiquait que vous aviez renoncé. Vous les avez perdus par votre faute; votre successeur est maintenant le véritable propriétaire au même titre qui vous avait rendu tel auparavant.

La seconde raison, c'est qu'il ne serait ni juste, ni raisonnable de supprimer par votre abandon ou votre négligence un produit rural précieux, que tout autre travailleur pourrait appliquer à ses besoins, s'il lui était permis de faire valoir le terrain délaissé.

Donc, pour conserver son droit naturel de propriété territoriale, il faut rester en possession du fonds et continuer de le cultiver.

La propriété de droit naturel n'a guère de sanction que la conscience, et la conscience ne parle pas haut toujours, n'est pas toujours entendue parmi des populations incultes et sauvages.

La société, qui chez elles n'est pas régulièrement constituée, n'a encore garanti cette propriété par aucune loi positive, et ne la défend en conséquence que faiblement et accidentellement, selon l'impulsion fortuite et passagère des intérêts présents, ou du sentiment moral.

Elle ne peut donc exister longtemps intacte, à l'abri de l'usurpation et de la violence. Mais, indépendamment de toute garantie, car la garantie du droit ne le constitue pas, malgré les envahissements de l'iniquité, le droit, tel que je l'ai expliqué, le droit de propriété territoriale subsiste, puisqu'il se fonde sur la raison et la justice, qui ne meurent point. .... Il est éternel et impérissable comme elles.

Aussi, lorsque la société s'organise et s'éclaire, elle sent bien vite la nécessité d'en reconnaître formellement l'existence, de le placer sous l'égide des lois et de la force publique, et de l'affermir dans les mains de ceux qui le possèdent.

En même temps elle le modifie, pour l'accommoder à sa constitution particulière; elle l'explique, le règle et le transforme ainsi en droit positif, comme tous les autres droits naturels importants. Elle y ajoute même une forte sanction pénale, dans la pensée que la propiété privée étant incomparablement le plus efficace de tous les stimulants du travail, il lui faut une grande sécurité.

Mais dans ce travail du législateur, il ne subit pas seulement, comme il le devrait, les tempéraments qu'exigent l'intérêt bien entendu et la prospérité de l'État. Quelques-unes de ces conditions sont parfois changées d'une manière abusive : ou on l'étend outre mesure, ou l'on consacre des usurpations, ou l'on crée des priviléges.

C'est l'éternel résultat des erreurs de l'homme, ou des intérêts égoïstes qui le dominent, ou de l'influence inévitable d'un constitution sociale défectueuse; qui ne saurait marcher sans injustices : *Abyssus semper abyssum evocat.*

On eût dû se borner à attaquer ces abus de la propriété de droit écrit, pour les détruire peu à peu et les empêcher de renaître. Mais on ne s'est pas arrêté là ; on a fait la guerre au principe même, au droit naturel de propriété rurale, et c'est sur ce point particulièrement qu'on s'égare et qu'on a tort.

Peut-être viendra-t-on m'objecter qu'à la façon dont je justifie la propriété foncière de droit naturel et sa transmission, il arrivera nécessairement que toutes les terres cultivables du globe seront possédées à la fin par les premiers nés des hommes ou par leurs héritiers, et que ceux qui verront le jour plus tard, sans succession à recueillir, ne trouveront plus rien pour eux et n'auront aucune part aux richesses communes.

Je ne nie pas la conséquence. Elle est inévitable dans quelque système que ce soit. Il était en effet indispensable que la terre se partageât d'abord entre ses premiers habitants, sinon par tête ou par famille, du moins par peuplade ou par tribu ; et dans ce dernier cas, la peuplade ou la tribu était propriétaire, chacune pour sa portion, au même titre que la famille.

Supposons même, si l'on veut, des communes associées occupant un vaste territoire : chacune d'elles ne sera-t-elle pas propriétaire du terrain qui lui aura été dévolu, et pourra-t-on ensuite équitablement étendre l'un aux dépens de l'autre, sans dédommagement pour la commune réduite?

N'est-ce pas, de plus, à titre de travailleurs à gages seulement qu'y seront ensuite admis ceux qui s'y présenteront du dehors sans capitaux ni domaine?

De toutes les manières, il fallait donc que la terre fût partagée, qu'elle eût des propriétaires distincts, soit individuels, soit collectifs, et que les derniers arrivés, quand personne ne leur avait laissé d'héritage, travaillassent pour se faire un pécule qui leur permît de vivre et de se reposer plus tard.

Il est clair que toujours les vivants ont dû s'adjuger ce qu'ils avaient sous la main, et qu'ils ont pu procéder à cette appropriation, soit de la façon que j'indique, soit comme l'entendent quelques socialistes modernes. Je prétends même qu'il ne sera jamais permis aux derniers venus de dépouiller les premiers de ce qu'ils auront acquis par les moyens licites dont j'ai parlé. L'État lui-même n'en aurait pas le droit, sans indemniser préalablement les propriétaires évincés.

Mais la Providence a de bonne heure pourvu au mal, et la civilisation doit la seconder.

Tout le monde à présent ne peut pas être propriétaire de biens-fonds; mais tout propriétaire ne peut pas non plus confectionner lui-même les mille objets dont il a besoin : ses étoffes, son linge, ses souliers, ses meubles, etc.... Il faut donc des ouvriers, des fabricants, des constructeurs, des forgerons, des bûcherons, des hommes habiles en tout genre.

Ceux-ci surgissent en effet à mesure des besoins. Des ateliers s'établissent, des manufactures et des usines s'élèvent; l'industrie se développe, occupe un grand nombre de bras, transforme les produits de l'agriculture, se la rend tributaire, et ouvre ainsi une source intarissable de nouvelles richesses.

Les artisans et les industriels enrichis deviennent eux-mêmes, s'il leur plaît, propriétaires fonciers, en achetant les domaines des propriétaires appauvris.

Il s'opère ainsi de fréquents échanges de terres contre des capitaux, et de capitaux contre des terres. Tel qui échoue comme cultivateur, vend sa propriété et se fait industriel ou commerçant. Tel industriel ou négociant dégoûté de sa profession, achète une campagne et devient agriculteur.

Mais pour que tout fonctionne régulièrement dans ce mécanisme social; pour que tout s'y passe selon l'équité, pour que personne n'y soit frustré de ses droits essentiels, ni fatalement déshérité des biens de la fortune; pour que tous ceux enfin qui joignent l'activité à la bonne conduite, y puissent arriver à leur tour, il est indispensable que la société protége sérieusement l'éducation professionnelle, et assure en tous temps, à ceux de ses membres qui en manquent véritablement, un travail suffisamment rétribué, pour les mettre au moins à l'abri des premiers besoins, s'ils sont laborieux.

C'est un devoir que tout gouvernement intelligent et sage doit s'efforcer et se hâter de remplir.

VII

DROIT DE TRAVAILLER. — DEVOIR DES GOUVERNANTS. — AUMÔNE.

Il n'y a pas, a-t-on dit, de transaction possible avec le droit de vivre ; il n'y en a donc pas non plus avec le droit de travailler pour vivre, car celui-ci est la conséquence obligée de celui-là. L'un n'est pas plus contestable que l'autre. Dès que j'ai le droit de conserver l'existence que Dieu m'a donnée, j'ai indubitablement celui d'en employer les moyens. Or, ces moyens se réduisent au travail pour tous ceux qui arrivent nus sur la terre après qu'elle a été partagée.

Ce raisonnement est bon et vrai à certains égards, nous le reconnaissons ; mais il ne dit pas tout, et c'est par là qu'il péche. Examinons au point de vue du possible et de l'équité ce qu'il en faut conclure.

Le droit de travailler pour vivre, que la loi naturelle admet, que nous admettons avec elle, entraîne nécessairement celui de chercher du travail, d'en créer, d'en demander à quiconque est présumé en avoir, de s'en procurer en un mot par tous les moyens honnêtes. Cette conséquence découle si directement de son principe que personne ne la nie; mais tout le monde ne s'en contente pas, ne la juge pas suffisante.

Certains docteurs prétendent que le droit de chercher, de demander du travail, comprend aussi celui d'en exiger au besoin. A cela nous répondons hardiment : non, car exiger du travail n'est pas un moyen honnête de s'en procurer. Expliquons-nous cependant.

Il vous est loisible assurément de me demander du travail à moi particulier, mais l'équité vous défend d'exiger que je vous en donne, car d'abord vous ne savez pas si je le puis, personne n'étant en position de juger de cette possibilité que moi-même. De plus, en l'exigeant, vous porteriez atteinte à mon droit de disposer, comme je l'entends, de ce qui m'appartient; c'est-à-dire, que vous attaqueriez à la fois ma propriété et ma liberté, qui sont choses sacrées en droit naturel aussi bien qu'en droit positif.... Mais, peut-être prétendrez-vous que ma propriété est un bien mal acquis et que je fais un mauvais usage de ma liberté. Dans ce cas, je vous répondrais simplement, et je ne serais démenti par personne : Ce n'est pas à vous, mais aux tribunaux d'en juger.

Vous avez le droit de réclamer du travail auprès des magistrats, mais vous seriez injuste et punissable de vouloir les obliger à vous en fournir; car vous ignorez s'ils en ont pour le moment les moyens et le pouvoir; vous n'êtes pas juge des obstacles qui les arrêtent; vous ne pouvez pas l'être, car vous ne les connaissez pas. Et puis, pour les y contraindre, vous vous feriez nécessairement justice par vous-même, crime puni partout, même chez les tribus sauvages; vous auriez recours à l'inique et absurde droit de la force, qui est le renversement de tout droit véritable, de tout ordre, de tout gouvernement, de toute société. Il y aurait donc tout à la fois injustice et impossibilité souvent.

Or, contre l'impossible il n'y a pas de droit possible; tout plie devant l'inflexible nécessité. — Contre la justice il n'y en a pas davantage, car il n'y a pas de droit contre le droit, dont la justice est l'élément constitutif, la condition *sine quâ non;* tellement que le droit cesse d'être droit quand l'iniquité s'y rencontre. « *Ibi justitia non est, ibi non est jus.* » Donc en fait de travail, vous n'avez pas le droit de contrainte, mais seulement celui d'honnête demande.

C'est pourquoi, quand on lit dans le *Contrat social* de J.-J. : « Tout homme a naturellement droit à tout ce qui lui est nécessaire, » il faut aussitôt pour arriver au vrai, compléter la phrase et dire : oui, tout homme a ce droit, mais à la double condition que l'application en sera possible et juste ; non, tout homme n'a pas ce droit, s'il ne peut l'exercer que par la menace ou la force, en violant les droits d'autrui et les lois de son pays. Or, c'est quelquefois malheureusement l'état des choses chez tous les peuples civilisés ou barbares.

Ce droit est donc limité, relatif, comme tous les droits naturels transportés dans la vie sociale. Ainsi que nous l'avons dit, il est borné par le possible, par le besoin d'ordre et de paix ; il l'est surtout par l'immuable équité, par la morale éternelle. C'est à tort, par conséquent, que sous le nom de droit au travail, on en a fait un droit absolu, rigoureux, une arme de guerre civile même, car les passions se servent de tout.

Dans une société organisée, il n'y a point de droit absolu. Le droit de la liberté individuelle ne l'est pas, puisqu'on est forcé souvent d'emprisonner les coupables, quelquefois même les simples prévenus. Le droit de vivre ne l'est pas davantage, puisque le soldat doit mourir au besoin pour la défense de sa patrie, puisque la vie du criminel condamné n'appartient plus qu'à la justice sociale. Pourquoi donc s'étonner qu'il en soit de même de cet autre droit de vivre qu'on a appelé le droit au travail?

Le droit au travail, comme on l'entend vulgairement, serait une cause perpétuelle de troubles et de révoltes. Il n'est point un droit social des constitutions écrites, parce que, s'il était exercé, surtout comme droit reconnu, il bouleverserait la société quelconque qui ne pourrait le satisfaire pleinement, et la livrerait sans défense aux brutales sommations, aux folles exigences et aux attaques furibondes d'une multitude soulevée, envieuse par position, égarée par ignorance et avide de pillage.

Si votre droit de travailler pour vivre ne peut avoir d'application complète dans la société dont vous êtes membre, si l'Autorité ne vous vient pas en aide, si vous souffrez de son apathie ou de son impuissance, c'est un malheur sans doute, mais, je le répète, mieux vaut souffrir que faillir.

La morale universelle interdit à l'homme toute violence et tout crime; force lui est donc, ou d'aller ailleurs utiliser son activité laborieuse, ou d'avoir recours à l'assistance publique, à l'aumône même, s'il n'a pas d'autre ressource, à défaut de travail sérieusement cherché. L'aumône demandée dans ce cas ne déshonore personne; elle accuse seulement, soit l'imperfection inhérente aux institutions humaines, soit l'incapacité ou l'incurie des chefs de l'État.

Mais, si le prolétaire qui a besoin d'ouvrage doit s'abstenir de toute injustice, de toute violence pour en obtenir; d'un autre côté, son droit de travailler pour vivre ne doit pas être un vain mot. Il faut donc que le gouvernement, qui a mission de protéger tous les droits des citoyens, protége aussi, protége surtout celui-là; car il équivaut réellement pour le grand nombre au droit d'exister. Il faut, autant que possible, que l'Autorité supplée, dans les communes, à l'absence de travail chez les particuliers, qu'elle en crée, et avise aux moyens d'en fournir chaque année aux bras inoccupés, soit en contractant des emprunts s'il est nécessaire, soit en levant des impôts. Elle y est obligée en conscience dans toute l'étendue de son pouvoir.

Son obligation à cet égard est d'autant plus stricte qu'elle défend soigneusement au besoin le droit de propriété territoriale. Or, précisément, ce droit chez les uns ôte à tous ceux qui ne peuvent en jouir, parce qu'ils ne possèdent rien, le moyen même de vivre, si, par compensation, ils n'ont pas toujours un travail fructueux assuré. Le travail salarié est presque l'unique patrimoine des dix-neuf vingtièmes des Français, ses fruits leur unique ressource.

« Dieu, en donnant à l'homme des besoins, en lui rendant nécessaire la ressource du travail, a fait du droit de travailler la propriété de tout homme, et cette propriété est la première, la plus sacrée et la plus imprescriptible de toutes. Si le souverain doit à tous ses sujets de leur assurer la jouissance pleine et entière de tous leurs droits, il doit surtout cette protection à cette classe d'hommes qui, n'ayant de propriété que celle de leur travail et de leur industrie, ont d'autant plus le besoin et le droit d'employer dans toute leur étendue les seules ressources qu'ils aient pour subsister. » [1]

C'est donc pour le souverain un grand devoir, un devoir de justice autant que d'humanité, d'assurer aux pauvres la jouissance de leur droit de travailler, puisque ce droit est leur unique propriété, et sa jouissance leur gagne-pain de tous les jours. La société, qui redoute à bon droit pour elle les émotions populaires et les désastres qu'amène ordinairement l'oubli de ce devoir capital, la société qu'il représente veut certainement qu'il le remplisse. Il serait par conséquent bien coupable, on ne saurait trop le redire, s'il cessait jamais d'étudier les moyens de parer aux déplorables extrémités qui naissent du chômage forcé, et de sa fille, la misère.

1 Turgot.

La richesse individuelle le serait également si, dans les temps difficiles, elle négligeait d'employer utilement les indigents valides à sa portée. C'est un devoir alors, et un devoir de premier ordre pour tous ceux qui le peuvent, de fournir leur contingent de travail à la classe nécessiteuse. Mais c'est un devoir qui ne donne pas à celle-ci le droit de les y forcer, de disposer de leur bien, c'est-à-dire le droit d'être injuste. Car ce devoir, quoique obligatoire, en tant que commandé à la fois par la justice éternelle et l'humanité, n'est pourtant, nous en avons dit la raison, [1] qu'une obligation morale *inexigible*, dont l'accomplissement reste libre et volontaire, et ne relève que de Dieu et de la conscience.

Les lois écrites, en effet, n'interviennent pas et ne doivent pas intervenir dans les actes de la charité individuelle; elles n'ont rien à voir en général dans la conduite morale ou religieuse de l'individu, quand elle ne compromet pas positivement l'ordre public; elles n'ont rien à voir dans ses relations et ses affaires particulières, dans sa vie privée, dans la direction de sa famille, de son commerce, de sa fortune, etc.

Comment ferait-on d'ailleurs pour déterminer équitablement ce que chaque personne devrait distribuer par jour ou par an de travail et d'aumônes,

1 Voyez pages 105 et 106.

et pour s'assurer qu'elle remplirait fidèlement et toujours les obligations nécessairement vexatoires qu'on lui aurait imposées ?

Si les lois entreprenaient de s'immiscer dans ces mille détails et de les réglementer, elles n'aboutiraient qu'à introduire le chaos et la tyrannie dans la législation, à tuer la liberté dans ce qu'elle a de plus intime et de plus sacré, à transformer des hommes libres, des citoyens, en esclaves de la plus malheureuse espèce, à faire en un mot beaucoup de mal sans aucun bien. Heureusement cette violation des premiers droits n'est pas plus possible en pratique que permise en morale.

C'est pourquoi, au lieu d'essayer en vain de contraindre l'homme à suivre en toute occasion la voie de l'honnête, la loi positive l'abandonne prudemment à sa conscience, aux salutaires conseils de la sagesse et de la religion. Il dépend donc toujours de lui d'être juste ou injuste, de remplir ou d'enfreindre les devoirs de la morale. Il a son libre arbitre, il doit en user à son gré ; tant pis pour lui s'il l'emploie à mal faire : il en répondra certainement au grand jour des réparations.

Il va sans dire que le devoir du gouvernement et des riches de ménager des travaux pour les prolétaires qui en manquent, ne doit point être pour ceux-ci un encouragement à l'indolence. L'homme dans le besoin est tenu d'abord de déployer tout ce qu'il a d'énergie pour trouver de l'ouvrage ou des moyens honnêtes d'existence. Il perd tout droit à l'intérêt de ses concitoyens du moment qu'il s'abandonne lui-même, qu'il s'endort dans la paresse ou qu'il se livre à la débauche, au lieu de chercher une occupation qui le fasse vivre. Ses magistrats alors ne lui doivent rien. Ils ne sont point chargés de veiller sur chacun de ses pas, de le conduire par la main comme un enfant, de le dépouiller en un mot de son activité naturelle, en lui ôtant tout besoin d'y recourir.

Dieu l'a pourvu de forces, de facultés diverses, d'une raison pour qu'il en use. Il méconnaît donc ses devoirs quand il reste volontairement inactif, et qu'il attend lâchement la fortune. Rien dès lors ne l'autorise à implorer le secours d'autrui; il mérite même qu'on le délaisse, en lui jetant durement à la face cette admonition de notre grand fabuliste : aide-toi, le ciel t'aidera; ou cette accablante malédiction de l'Écriture : tu mangeras ton pain à la sueur de ton front, *in sudore vultûs tui vesceris pane.*

La société en effet n'est moralement obligée envers lui qu'autant qu'il appert que son oisiveté ne vient pas de sa nonchalance, et qu'il n'y a aucun travail à sa disposition chez les particuliers. Dans ce cas seulement il peut légitimement en réclamer auprès des Autorités compétentes, non pas, bien entendu, à titre de propriété, mais à titre de besoin. Il le peut évidemment, car, après tout, il faut qu'il vive, tout le monde en convient ; Mazarin seul, il paraît, n'en voyait pas la nécessité ; c'est du moins, assure-t-on, ce qu'il répondit à un malheureux solliciteur qui alléguait cette nécessité pour justifier ses instances : *Je n'en vois pas la nécessité !...* Voilà, si nous étions dans le faux, la réponse inhumaine et brutale à laquelle on serait forcé d'applaudir.

. . . .

Au travail défaillant, il est vrai, on tâche de substituer l'aumône. On la préconise, on la prêche partout avec zèle, souvent on la pratique largement et noblement. Domat et saint Grégoire en font même plus qu'une œuvre de miséricorde, plus qu'un acte de pure charité ; ils la recommandent comme un acte rigoureux de justice, comme une sorte de restitution.

Selon le premier, « Tout homme étant de la société, a, par là même, le droit d'y vivre, et ce qui est nécessaire à ceux qui n'ont rien, et qui ne peuvent gagner leur vie, est par conséquent entre les mains des autres ; d'où il suit qu'ils ne peuvent, sans injustice, le leur retenir. »

« Quand nous donnons aux pauvres ce qui leur

est nécessaire, disait le second, nous ne leur donnons pas tant ce qui est à nous, que nous ne leur rendons ce qui est à eux; et c'est un devoir de justice plutôt qu'une œuvre de miséricorde. »

Dans ces deux passages, il faut le reconnaître, l'aumône est envisagée sous son véritable jour, comme réellement elle doit l'être. Le jurisconsulte et le prélat ont vu la vérité en remontant au principe. L'aumône effectivement, tout en restant un acte libre et volontaire, dont on ne doit compte qu'à Dieu, est bien néanmoins pour ceux qui possèdent une dette de conscience, une dette obligatoire et sacrée qu'impose la justice autant que la miséricorde. Acquittez-vous donc, dit le livre de l'Ecclésiastique en parlant de l'aumône, [1] acquittez-vous de votre dette envers les pauvres, *redde debitum tuum pauperi.* Oui, disait saint Paul aux Galates, « souvenons-nous des pauvres, » versons notre superflu dans leur sein, car avec nos formes sociales, les indigents dépourvus de force, de santé ou de travail, mourraient de faim sans l'aumône.

Loin donc de la décrier, nous la déclarons une nécessité et un devoir; nous en louons et en conseillons l'exercice. Nous ne sommes pas de ces hommes sans entrailles qui nient le plaisir de donner. Nous

1 Ch. 4, v. 8.

croyons au contraire, avec la célèbre marquise de Rambouillet, que donner est un plaisir de Dieu plus encore qu'un plaisir de roi, et que d'ailleurs, comme le dit admirablement un de nos poètes : « Qui donne aux pauvres prête à Dieu. » *Fœneratur Domino, qui miseretur pauperis, et vicissitudinem reddet ei.* [1]

« On ne peut parler de la charité, a dit justement un moderne, sans rendre hommage à l'immense influence qu'a exercée le christianisme, pour faire entrer dans les esprits et dans les mœurs le devoir de la bienfaisance envers les pauvres, qui n'est qu'une des applications de son grand principe de l'amour du prochain. » Mais néanmoins, l'aumône, ajoute le même auteur, « n'a souvent abouti qu'à encourager la paresse et la fraude. » Elle manque d'ailleurs d'organisation, de direction unitaire; elle est éventuelle, insuffisante et mal répartie; elle fait des mendiants, des vagabonds et des lâches; elle tombe toujours des mêmes mains libérales, jamais des mains égoïstes; l'aumône enfin humilie souvent, parfois dégrade celui qui la reçoit, sans l'empêcher toujours de languir au milieu de privations sans fin, qui le minent, le consument à la longue et le conduisent prématurément au tombeau.

Les pauvres valides, au moins, ont droit pour

1 Proverbes de Salomon.

vivre, je parle du droit naturel ont droit à quelque chose de mieux, à quelque chose qui ne blesse pas leur juste susceptibilité; ils ont droit à des salaires quotidiens, raisonnables, sur lesquels ils puissent compter en tout temps, et dont ils soient redevables, non pas à la pitié d'autrui, mais à leurs bras, à leur courage, ou à leur industrie. Le travail d'ailleurs honore, fortifie, moralise. Faisons donc nos efforts pour qu'il ne leur manque jamais.

N'oublions pas cependant que, dans l'état de société, leur droit, quelqu'important qu'il soit, se réduit, en dernière analyse, au droit *imparfait*, forcément très restreint, de demander du travail aux particuliers, et, à défaut des particuliers, aux Autorités locales compétentes, et que le devoir des riches et des magistrats de leur en fournir, quelqu'impérieux et obligatoire qu'il soit, n'est pourtant qu'une obligation morale et de conscience, un devoir inexigible, dont l'accomplissement, comme celui de la plupart des autres devoirs de la morale, est entièrement libre et volontaire, sauf la responsabilité devant le juge suprême.

N'oublions pas non plus que l'expression dont nous nous servons quelquefois, réclamer du travail, n'est synonime ni d'en revendiquer, ni d'en exiger. Car, en revendiquer signifierait en demander à titre de propriété, comme nous demandons ce qui nous appartient; et en exiger impliquerait l'emploi, au besoin, de moyens violents pour dépouiller les uns au profit des autres : double injustice que désavouent à la fois la conscience, la raison et le besoin d'ordre social.

La doctrine que nous exposons ici sur l'importante question du droit de travailler, ou, si l'on veut, du droit au travail, fait équitablement, ce nous semble, la part de tout le monde : d'un côté celle de l'État, des Autorités de chaque lieu et des gens aisés; de l'autre, celle des prolétaires sans ouvrage. Elle leur attribue, aux uns comme aux autres, les droits et les devoirs qui leur appartiennent respectivement, au point de vue toujours de la loi de la nature ou de la morale universelle. Tout autre système conduit infailliblement, selon nous, à l'injustice, à l'impossible et à la guerre civile.

VIII

PROPRIÉTÉ CRÉÉE PAR LA CONQUÊTE.

En parlant de la propriété, je n'ai rien dit de celle que la conquête a créée. Je ne le devais pas d'abord, parce que je cherchais un droit, et que la conquête, qui n'est pas commandée par la nécessité de la défense, est un abus de la force, contre lequel la conscience des peuples n'a jamais cessé de protester.

La conquête est un attentat contre le droit. Puisqu'elle le renverse et le brise, elle ne saurait le constituer. Jamais les possessions qu'un brutal vainqueur a usurpées ne deviendront légitimes entre ses mains.

Cependant, la plupart des propriétés rurales n'ont pas d'autre source primitive. L'histoire atteste que les terres possédées d'abord à titre de droit naturel, n'ont point toujours passé régulièrement, lorsque les sociétés se sont formées, sous le régime du droit positif, et qu'à son tour le droit positif, une fois établi, n'a point régné paisiblement, sans perturbation. Il n'en pouvait être autrement dans les siècles de barbarie.

En présence de la rapine et de l'ambition appuyées sur l'audace et la force, quelquefois sur le génie de la guerre, il n'y a point d'ordre légitime qui puisse rester debout longtemps. Sans cesse en butte à la violence de leurs attaques, il est souvent interrompu et renversé.

C'est ainsi que la conquête a cent fois, depuis Nemrod, arraché la propriété aux possesseurs légitimes, pour la livrer à l'avidité des vainqueurs. Plus tard, ceux-ci ou leurs descendants étaient dépouillés à leur tour par d'autres brigands plus forts ou plus habiles, que bientôt des hordes nouvelles chassaient également du sol envahi. Nous sommes peut-être nous-mêmes les héritiers de quelque iniquité semblable.

Suivez la ligne parcourue par la propriété pour arriver aux mains des détenteurs actuels, vous rencontrerez plus d'une fois sur votre route une usurpation déloyale ou violente, une distribution des terres conquises entre les chefs vainqueurs, au préjudice des vaincus.

Chaque envahisseur cherchait ensuite à affermir dans ses mains le territoire soumis par ses armes, en régularisant les partages effectués, en les ratifiant ou en les faisant ratifier, et en les fixant par des dispositions législatives. [1] C'est-à-dire que la loi réglementait la rapine ; que la violence, affectait les airs de la légalité pour paraître morale, et revêtait les formes de la justice pour couvrir l'injustice du fond. L'iniquité n'en était pas moins flagrante et odieuse.

Néanmoins, lorsque le temps avait fait son chemin,

1 « Le sentiment du droit est si fort parmi les hommes, que, même quand ils le violent, ils en affectent encore l'hypocrisie, et que les *usurpateurs* les plus avoués, non contents d'avoir la victoire, veulent encore avoir la légalité de leur côté. »

(De Lamartine.)

« La force, a dit M. Guizot, ne se suffit point à elle-même ; elle veut quelque chose de plus que le succès, elle a besoin de se convertir en droit ; elle demande ce caractère tantôt au libre assentiment des hommes, tantôt à la consécration religieuse : Pepin, fils de Charles-Martel, invoqua l'un et l'autre. »

lorsque les vainqueurs et les vaincus n'étaient plus, c'était souvent une nécessité de sanctionner le nouvel ordre de choses. Essayer de rétablir l'ancien, c'eût été tout brouiller, déranger toutes les existences individuelles, exposer l'État à une conflagration générale. De toutes les façons l'entreprise eût été impossible.

Le droit positif faisait donc alors ce qu'il devait faire. Son intervention consacrait l'usurpation, il est vrai, mais elle empêchait toute injustice nouvelle, maintenait l'ordre établi, calmait les passions, replaçait la propriété sous le régime des lois, et sauvait la société d'une perturbation universelle. C'est ainsi que la nécessité sociale et le temps ont fini par légitimer, en un sens, la propriété sortie de la conquête. Entre plusieurs maux on a choisi le moindre, *minima de malis*.

L'origine de cette propriété n'en est pas moins entachée de crime et quelquefois de sang. Il faut la flétrir, comme la propriété plus révoltante encore des esclaves et des serfs, que la barbarie envahissante a également introduite, en étouffant le cri de la nature indignée.

Il faut flétrir surtout les auteurs de ces abominations sacriléges, les conquérants injustes, les ravageurs de terres, ces fléaux de l'humanité, dont les peuples imbéciles. qui leur servent d'instrument, environnent la tête d'une auréole de gloire, au lieu de vouer leur mémoire à l'exécration de la postérité, et de traîner leur corps aux gémonies.

Mais autant ces pestes du genre humain méritent notre réprobation et notre haine, autant sont dignes de notre admiration et de notre reconnaissance ces héros magnanimes qui se dévouent généreusement à la défense et au salut de leur patrie.

Grâce à la civilisation, la conquête n'amène plus de pareilles exactions. Excepté les biens de l'État, les terres en général sont laissées à leurs anciens propriétaires; et depuis longtemps elles passent régulièrement, par héritages, par testaments ou par contrats, d'une génération à une autre. Elles sont même, pour la plupart, entre les mains de leurs détenteurs actuels, ou le fruit de leur propre activité, ou le produit du travail et de l'industrie de leurs ancêtres.

IX

DES PASSIONS.

Nous avons parlé en commençant [1] de nos besoins

1 Pages 13, 14 et 15.

physiques, intellectuels et affectifs, des penchants qui les accompagnent et des désirs qu'ils font naître, soit pour la possession des objets aimés qu'ils poursuivent, soit pour la destruction ou l'éloignement de ceux qu'ils détestent.

Nous avons montré aussi que leur satisfaction apporte du plaisir, et leur contrariété, de la douleur; qu'en dernière analyse, nous ne cherchons instinctivement rien autre chose, dans la satisfaction de nos besoins et de nos penchants, comme dans le renversement de ce qui leur fait obstacle, que des jouissances, du bien-être ou du bonheur. Et c'est pour cela que nous avons compris ces besoins, ces penchants et ces désirs sous le nom général d'appétit du bonheur.

Lorsque cet appétit, ou quelqu'un des besoins, des penchants, ou des désirs qu'il implique, a pris une certaine prédominance opiniâtre, une certaine force ou vivacité, on l'appelle passion.

Les passions ne sont donc que les impulsions naturelles, les penchants et les désirs parvenus à un certain degré d'intensité. Aussi emploierons-nous souvent l'un pour l'autre les mots passion, penchant, aspirations, désir, etc.

Nous voyons dans ce peu de lignes la source, la tendance et le but général des passions. Leur source est dans l'appétit ou l'amour du bonheur; leur but est le plaisir même, ou le bonheur qu'elles attendent de leur satisfaction.

. . . .

Tous les objets propres à contenter nos désirs et nos inclinations nous plaisent; nous les *aimons*, nous cherchons à en jouir. Leur possession nous donne de *la joie*, leur disparition du chagrin.

Tous les objets de nature à contrarier nos désirs et nos goûts nous déplaisent; nous les *haïssons*, nous les évitons ou les éloignons de nous. Leur présence nous cause de *la douleur*, leur absence du contentement.

L'amour en général, celui qu'on ressent pour tout objet qui plaît, correspond et vise au plaisir; car il naît d'un plaisir qu'on a goûté ou qu'on espère. La haine qu'on éprouve pour tout ce qui déplaît, se rapporte à la douleur et la fuit; elle résulte d'une douleur qu'on a sentie ou qu'on redoute. Ainsi la jouissance engendre l'amour, et la souffrance, la haine.

Il y a donc toujours dans nos passions de l'amour ou de la haine d'une part, de la peine ou du plaisir de l'autre. Notre nature passionnelle se compose au fond de ces quatre classes d'affections.

Ainsi il y a de l'amour dans l'ambition, dans l'enthousiasme, l'orgueil, l'avarice, l'espérance, la cu pidité, l'émulation, la volupté, la gourmandise, parce que tout cela implique un objet qui plaît.

Il y a, au contraire, de la haine dans la colère, l'envie, l'esprit de dénigrement et de vengeance, dans nos dégoûts, nos répulsions et nos craintes, parce que tous ces sentiments impliquent des objets qui déplaisent.

Il y a même à la fois de l'amour et de la haine dans plusieurs de nos affections. Dans la pitié, par exemple, il y a de l'amour pour l'être qui souffre, et de la haine pour l'auteur de ses souffrances, pour les souffrances mêmes qu'il endure. Dans l'envie, il y a de l'amour pour les biens que l'on convoite, et de la haine pour leurs détenteurs.

Presque toujours aussi la crainte et l'espérance, aussi bien que le plaisir et la peine, se trouvent mêlés dans les passions qui nous assiégent. L'ambition, l'émulation, l'avarice, la luxure, sont de ce nombre.

L'ambitieux en effet *jouit* dans le succès et *souffre* dans le revers; il *craint* d'échouer en même temps qu'il *espère* réussir. L'avare voit avec *joie* grossir son trésor, mais son espoir de le conserver se mêle fréquemment à la peur de le perdre, et la peur est un sentiment *pénible*. Le voluptueux, au milieu des *jouissances* des sens, a parfois des *soucis inquiets*, suivis *d'épuisement et de dégoût*.

Nous sommes susceptibles d'aimer et de haïr, de jouir et de souffrir, parce que nous sommes nés sensibles.

La sensibilité est une faculté affective, par laquelle l'âme se montre tout à la fois passive et active; passive, en ce qu'elle reçoit les impressions extérieures par l'intermédiaire des sens ; active, en ce qu'à l'occasion de ces impressions agréables ou pénibles, elle sort de son repos, entre en exercice, produit la pensée, le désir et la volonté, le mouvement des organes et de la locomotion.

On distingue la sensibilité physique pour les souffrances et les jouissances du corps, et la sensibilité morale pour les douleurs et les joies de l'âme. Et quand nous disons les souffrances et les jouissances du corps, nous voulons parler de celles qui se localisent dans quelqu'une de ses parties ; car c'est toujours l'âme qui souffre et qui jouit.

Cette sensibilité exaltée ou impressionnée au-delà de certaines bornes, par de vifs désirs de bien-être moral ou physique, engendre les passions. Elle n'est passion que par son excès.

Les passions sont dites bonnes et heureuses, quand elles nous enflamment pour le devoir et la vertu. On les nomme mauvaises ou malheureuses, quand elles nous poussent au mal, à la dépravation et au crime.

Mais, si leur objet change, leur principe reste le même : c'est toujours du besoin de bonheur qu'elles procèdent. Seulement elles s'égarent, lorsqu'elles se figurent que le bonheur se trouve dans les jouissances du vice.

Les bonnes passions comprennent, avec l'horreur du mal, le zèle et l'enthousiasme pour le bien, pour la justice et le devoir, pour la patrie et l'humanité, enfin pour toutes les vertus qu'on honore sous les noms de piété, de charité, de bienfaisance, de dévouement, de patience, etc.

Les mauvaises passions sont celles qui éclatent en animosité contre les hommes, en impiété contre Dieu, en violence, en perfidie, en injures, en vices, en attentats de toute sorte.

Les passions, nous l'avons montré ailleurs, sont nécessaires à l'homme pour le stimuler et le faire agir; son existence en dépend. Mais quand l'une d'elles est devenue trop persistante, trop exclusive ou trop impétueuse, elle le tue lentement ou le rend insensé.

Quand on s'aperçoit de sa violence, on doit chercher à la distraire, en présentant à celui qu'elle égare et obsède des occupations attachantes, propres à faire prendre un autre cours à ses pensées. Le remède est bon, quoiqu'il ne soit pas infaillible.

Si les passions sont nécessaires, elles ne sont pas moins légitimes, et quant à leur principe, et quant à leur tendance générale. Nos penchants, en effet, nous ont été accordés par Dieu dans une intention de bonté conservatrice qui n'est pas équivoque; et le bonheur vers lequel ils tendent, est un but qu'il a lui-même désigné à nos efforts, en nous donnant notre nature passionnelle.

Par elles-mêmes, les passions sont folles et aveugles. Sans règle, elle se portent à toute sorte d'excès et d'extravagances. Mais Dieu a d'abord mis à côté d'elles l'instinct de conservation qui parfois les retient. Puis, comme l'instinct ne suffit pas, qu'il n'est pas lui-même toujours assez clairvoyant, il leur a imposé pour guide et pour loi, la raison et la conscience. La raison et la conscience sont donc chargées du gouvernement des passions.

Mais celles-ci, impatientes du joug, s'en affranchissent quelquefois, et agissent directement, trop souvent avec succès, sur la volonté qui décide. L'homme alors est esclave et victime, parce qu'il se laisse dominer et entraîner par des guides aveugles, parce qu'il ferme les yeux à la lumière, ou qu'il résiste à son influence.

Il ne faut pas pourtant chercher à étouffer les passions : d'abord, parce qu'on n'y réussirait pas; et ensuite, parce que, en nous les ôtant, si la chose était possible, on nous ôterait avec elles toutes nos forces actives et vitales, tous les mobiles des mouvements dont notre corps et notre âme sont susceptibles; mais on peut les calmer, les distraire, arrêter leur essor désordonné, les diriger dans un sens ou dans un autre; on peut et on doit toujours tâcher de de les occuper utilement et honorablement pour les rendre bonnes.

« Les passions sont chez les hommes des vents nécessaires pour mettre tout en mouvement, quoiqu'ils causent souvent des orages. Modérons-les, et elles ne seront jamais qu'inutiles. »[1]

Fourier, qui a analysé les passions, en distingue de douze espèces principales, dont cinq sensuelles et sept animiques. Leur union ou leur somme en donne une treizième, qui est l'amour de l'unité, de l'harmonie, du beau dans l'ensemble et l'accord des parties; autrement, l'amour de l'Être infini, qui seul existe par lui-même, qui seul a pu dire : *Je suis celui qui suis*.

Mais il a changé le sens ordinaire du mot passion. Une passion, dans sa pensée, n'est plus une inclination ou une répulsion naturelle devenue domi-

1 Fontenelle.

nante ou exaltée ; c'est une inclination ou répulsion naturelle quelconque, inhérente à l'âme humaine.

« Pour lui donc, le mot *passion* ne signifie jamais le vice, l'excès, l'essor faux du mobile, mais seulement le mobile même ; » pour lui, tout penchant faible ou fort, tout désir, quel qu'il soit, est une passion. Mais la colère, telle que nous l'entendons tous, la haine, l'ivrognerie, le vol, le brigandage, l'envie, la paresse, l'avarice, n'en sont pas : ce sont des effets subversifs, des écarts de passions blessées. C'est pourquoi, dans sa doctrine, il n'y a point et il ne peut y avoir de mauvaises passions ; car l'appétit du bonheur n'est jamais mauvais en lui-même. C'est, comme on voit, le même mot signifiant chez lui les penchants de l'homme, chez nous leurs excès ; logomachie.

Ainsi qu'on l'a vu, nos inclinations et nos aversions, quoique nécessaires à notre conservation et à notre bien-être, ne sont pas pour cela toujours raisonnables. Ordinairement l'expérience, en les éclairant, les rectifie et les redresse, nous désabuse sur leur objet.

L'éducation bonne et mauvaise de son côté exerce sur elles son pouvoir salutaire ou funeste. Non seulement elle les fait quelquefois éclore et les développe, mais elle les déprave ou les épure, les fortifie ou les atténue, en étalant à nos regards la beauté ou la laideur des choses qui les allument, en excitant notre amour pour les unes, notre antipathie pour les autres, en nous les montrant en un mot sous des aspects attrayants ou repoussants.

L'imagination a aussi son rôle dans le jeu des passions. Si elle subit leur influence et se laisse souvent enflammer par elles, quelquefois aussi elle les éveille, les tempère ou les exalte, en présentant à chacun de nous les mêmes choses, empreintes de couleurs différentes, sombres ou gaies, affreuses ou séduisantes, vives ou ternes.

Tout désir contrarié augmente ordinairement notre amour pour l'objet désiré, et notre haine contre les obstacles. Toute répugnance violentée devient aussi plus vive, en renforçant notre aversion pour son objet, et en la faisant naître contre l'auteur de la violence

D'autre part, le désir satisfait ou près de l'être, la répugnance délivrée de toute contrainte, produisent tous les deux du contentement; mais les contrariétés qu'ils éprouvent sont toujours des sujets de peine.

Ainsi, je le repète, toutes nos tendances et nos antipathies se transforment en dernière analyse en amour et en haine, et donnent pour résultats des joies ou des douleurs.

Dans nos sociétés, les passions causent la félicité

ou le malheur de l'homme, selon qu'il les maîtrise ou en est maîtrisé. Elles sont la source de ses plus belles comme de ses plus honteuses actions, de ses regrets les plus cuisants, comme de ses joies les plus douces, selon qu'il en use pour le bien ou pour le mal.

Quand elles poursuivent le bonheur par les voies que la morale autorise ou prescrit, elles font régner partout l'ordre, le contentement et la paix. Quand elles le cherchent dans la satisfaction exclusive du moi, par les moyens que réprouve la morale, elles troublent les familles, quelquefois les empires, en y semant la confusion et la discorde.

La passion qui tend à la reproduction et à la perpétuation de l'espèce, est providentielle comme les autres; mais si le développement en est prématuré, il est désastreux. Il pousse violemment vers les voluptés sensuelles l'adolescent inexpérimenté, avant qu'il ait acquis toutes ses forces, avant que son tempérament soit formé, et l'infortuné jeune homme tombe épuisé dans le gouffre où périssent chaque année tant de déplorables victimes.

S'il ne succombe pas, sa santé, son intelligence même, profondément altérées, n'atteignent presque jamais le degré de force dont elles étaient susceptibles. Il souffre, il languit, et moralement et physiquement, souvent toute sa vie.

Son éducation est manquée ou tronquée. Absorbé par de funestes plaisirs, il n'a ni le temps, ni la volonté, ni la vigueur et la liberté d'esprit nécessaires pour meubler sa tête de connaissances solides, pour pénétrer son cœur de bons et nobles sentiments.

Il importe donc extrêmement de retarder le développement en question le plus longtemps qu'il est possible.

Comme il s'opère trop vite et trop tôt par le travail de l'imagination surtout, et par les rêveries voluptueuses qu'elle enfante dans l'oisiveté, on voit tout de suite que c'est à l'imagination et à l'oisiveté qu'il faut s'en prendre; qu'on doit par conséquent se garder d'allumer l'une par des propos trop libres, des peintures obscènes, des lectures, des spectacles et des jeux lascifs; et s'appliquer à chasser l'autre par des études et des occupations sérieuses, entremêlées de divertissements honnêtes et attachants. Il faut songer de bonne heure à passionner l'enfant pour le bien, le beau et l'utile; autrement, on est en danger de le voir avorter et dépérir.

Comme tous les hommes ne sont pas doués du même degré de sensibilité, tous n'éprouvent pas non plus les passions en même nombre, avec la même intensité, ni la même durée. Chez l'un, elles sont douces et rares; chez l'autre, fréquentes et impétueuses. Chez celui-ci, elles semblent dormir, et se fortifient dans le silence; chez celui-là, elles se signalent par des emportements subits et passagers.

La même cause n'agit pas sur tous les individus avec la même énergie, ni de la même manière. Selon la différence de leur tempérament et de leur caractère, elle les échauffe et les transporte, ou les laisse froids et calmes; elle les attriste et les abat, ou les relève et les indigne. Là, son action s'affaiblit ou même s'efface avec le temps; ici, au contraire, elle persiste et grandit. Les passions, en un mot, nous affectent de mille façons différentes, en raison des mille façons de sentir et d'imaginer, qui nous distinguent les uns des autres.

De plus, les passions se développent plus ou moins, suivant les rares ou les nombreux excitants qu'elles rencontrent.

Tel homme qui avait longtemps vécu en sage, avec modération et régularité, tombe quelquefois et presque subitement dans des excès déplorables, par la seule raison qu'il a changé de milieu, et conséquemment de relations et de genre de vie. Auparavant, nulle circonstance malheureuse n'était venue le tirer de son assiette ordinaire, de ses habitudes et de son calme accoutumé; depuis, cette occasion se présente sans cesse, et le voilà méconnaissable. C'est cependant toujours le même homme, mais jusque là il n'avait pas été mis à l'épreuve.

Tel autre, qui vivait dans l'abjection, devient, sous l'ascendant des bons exemples, un homme irréprochable et vertueux. Sa position première avait empêché le développement des germes de bien qu'il avait au fond du cœur, sa position nouvelle en a favorisé l'éclosion.

Partout on trouve des occasions d'expansion pour les passions bonnes et mauvaises. On ne peut avoir de contact avec ses semblables, sans que ces occasions surgissent en plus ou moins grand nombre.

Dans les familles et les sociétés bien réglées, il s'en rencontre plus pour les bonnes passions, moins pour les mauvaises. C'est le contraire nécessairement dans les familles et les sociétés corrompues.

Les mauvaises passions éclatent dans les États civilisés, parce que les intérêts en lutte y sont nombreux et compliqués, et qu'aux besoins réels se joignent une foule de besoins factices, qui ont aussi leurs exigences.

Là on veut de l'or, parce que l'or est le seul moyen de se procurer le confortable et les objets de luxe, qui sont devenus d'impérieux besoins. On s'agite, on se tourmente pour en amasser; et trop fréquemment on a recours, pour y parvenir, aux expédients les plus odieux. C'est la soif de l'or surtout qui ternit et déprave nos civilisations modernes... A quels excès ne pousse-t-elle pas le cœur de l'homme!

Quid non mortalia pectora cogis
Auri sacra fames! [1]

Ce n'est pas seulement dans nos sociétés avancées que les mauvaises passions fermentent et que les crimes se font jour; c'est aussi au milieu des tribus les plus sauvages. S'il y a là moins de besoins, il y a en revanche plus de brutalité et de férocité dans les mœurs; il y a moins de respect humain et de sentiment du devoir, moins ou point de police, moins ou point de force répressive dans les mains de l'autorité.

Or, là comme ailleurs on a soif du bien d'autrui; on tâche de s'approprier, par la ruse ou la violence, le gibier du chasseur qu'on rencontre, ou la peau grossière qui le couvre, ou les plumes qui ornent son front; on s'empare de sa natte ou de sa hutte pour en faire son profit. Là aussi les préférences, les honneurs, le commandement sont des biens qu'on envie.

Par conséquent on y déteste ses rivaux; comme ailleurs on leur tend des piéges, on leur livre des combats sanglants; et cela toujours par un amour désordonné de soi-même, pour jouir de ce qui partout paraît être un avantage, un bonheur.

1 Virgile.

Nous avons tous des passions, car nous avons tous de la sensibilité et des besoins. Où est l'homme sans affections quelconques? Qui n'a pas ses penchants naturels, ses aspirations secrètes? Pour être sans désirs, il faudrait n'avoir rien à désirer, être un automate ou un Dieu.

Imaginez un individu qui ne souhaite, qui ne convoite rien au monde; il ne vivra pas au delà du temps où sa mère lui prodigue ses soins; l'immobilité de la statue sera la sienne. Pourquoi ferait-il un pas, puisqu'il ne veut rien, qu'il n'a de goût pour rien? L'inertie ou la consomption le tuera avant tout développement.

Privée d'impulsions natives, froide et impassible toujours, son intelligence n'est point sollicitée au travail; faute d'exercice, elle languit, elle ne s'épanouira jamais. Sa volonté de même restera sans volition, car elle n'a ni incitation, ni objet. Il n'y aura donc plus en lui rien de l'homme qu'une forme inerte et dégradée.

Les passions ne peuvent rester inactives, il faut absolument qu'elles s'occupent; et si elles ne trouvent pas dans le bien d'aliments qui les attirent, elles vont en chercher dans le mal. Il importe donc de les utiliser et d'employer leur activité au profit de la morale et de la prospérité commune.

Si l'on parvenait à leur donner à toutes cette heureuse direction, on ne les distinguerait plus en bonnes et en mauvaises, que par les motifs cachés qui les mettraient en jeu. Elles seraient toutes bonnes quant aux effets, puisqu'elles seraient toutes avantageuses à l'individu, à la nation, à l'humanité.

La morale et la religion ne condamnent pas les passions en elles-mêmes, c'est-à-dire dans leur principe et leur fin générale. Sous ce double rapport, elles les regardent toutes comme bonnes, permises et nécessaires.

Mais ce que l'une et l'autre réprouvent justement, ce sont les voies coupables qu'elles prennent trop souvent pour atteindre leur but final, le bonheur; c'est leur essor subversif, leur explosion violente; c'est, en un mot, leur rébellion volontaire contre les lois éternelles de la raison et de la conscience.

Puisque, sans guide, les passions tendraient à leur but en étourdies, *per fas et nefas*, et que par là même elles le manqueraient presque sûrement, tout en signalant leur passage par le désordre et les ruines; puisque, aveugles de leur nature, elles ne sauraient se gouverner elles-mêmes, il fallait bien que Dieu leur donnât la raison, pour éclairer et diriger leur marche; il fallait bien que la nature morale, qui a des yeux, eût mission de conduire la nature instinctive, qui n'en a pas. A l'une donc il appartient de commander, à l'autre d'obéir.

Quand celle qui doit obéir commande, quand celle qui doit commander obéit, il y a renversement de l'ordre, il y a abus, il y a violation de la loi naturelle; et l'homme qui tolère en lui une subversion pareille, est infailliblement malheureux. C'est ce qui a fait dire à un écrivain de nos jours : « Non, non, l'abus de nos facultés n'est point dans la nature; car de toutes parts dans nos excès nous rencontrons l'amertume et le dégoût. Les désordres de l'âme et les maux du corps nous avertissent assez quand nous violons la loi de la nature. »

En résumé, la source génératrice de toutes les passions, c'est l'appétit du bonheur, lequel tend à satisfaire les besoins de l'âme, de l'esprit et du corps.

Cet appétit comprend en lui-même nos impulsions et répugnances naturelles, nos goûts, nos penchants, nos désirs, qui ont nécessairement les mêmes tendances que lui.

Ces inclinations et ces désirs, excités par des causes diverses, acquièrent un certain degré de vivacité ou d'énergie, et reçoivent dès lors le nom de passions.

Enfin, ces passions prennent leur essor et s'expriment par des paroles et des actes conformes ou contraires à la loi morale.

C'est ordinairement d'après ces démonstrations extérieures qu'elles sont réputées bonnes ou mauvaises, quoique leur moralité véritable réside dans l'intention de l'agent intelligent et libre qui les produit.

X

DE L'ÉGOÏSME.

A propos des passions, qui sont égoïstes ou généreuses, ou encore égoïstes et généreuses en même temps, nous devons nous expliquer plus catégoriquement que nous ne l'avons fait sur ce que nous entendons par égoïsme.

Nous rappellerons d'abord deux faits précédemment établis : — le premier, que nous agissons toujours ou délibérément ou instinctivement, c'est-à-dire avec ou sans réflexion ; — le second, que le mobile *originel* de nos actes et réfléchis et instinctifs, est toujours le besoin de bonheur.

Maintenant, pour se faire une idée juste de ce que nous nommons l'égoïsme, il suffit de remarquer qu'en obéissant à ce mobile, nous avons toujours *en vue*, soit sciemment, soit à notre insu, — tantôt notre seul avantage, — tantôt à la fois notre avantage et celui des autres, — tantôt enfin l'avantage d'autrui seulement ou quelque devoir moral.

Dans le premier cas, nous sommes égoïstes ; dans le second, nous ne le sommes qu'à moitié ; dans le troisième, nous ne le sommes pas du tout.

Nous sommes égoïstes, quand nos actions se rapportent exclusivement à nous, à ce qu'on appelle le *moi ;* généreux, quand elles se rapportent à nos semblables, au devoir, à ce qu'on appelle le *non-moi ;* égoïstes et généreux tout ensemble, quand elles ont pour objets *intentionnels* le moi et le non-moi, c'est-à-dire, nous et ce qui n'est pas nous.

L'homme étant égoïste ou généreux, suivant qu'il rapporte ses actes à lui ou aux autres, au moi ou au non-moi, suivant qu'il songe à son intérêt ou à celui d'autrui, il en résulte que c'est l'objet qu'il a en vue, le but particulier qu'il se propose, que c'est en un mot l'intention de l'esprit, ou confuse ou distincte, peu importe, qui constitue et différencie l'égoïsme et le désintéressement.

Et puisque nous faisons nos actions généreuses et égoïstes, soit sans y penser, soit en y pensant, il s'ensuit qu'il y a un égoïsme de calcul comme un égoïsme d'instinct, et une générosité instinctive comme une générosité réfléchie ; en d'autres termes, des instincts généreux et égoïstes, comme des pensées égoïstes et généreuses.

Nous sommes donc généreux ou désintéressés par instinct, quand, sans y penser, sans réflexion, nous obligeons quelqu'un de nos semblables. Quoique dans ce cas, la pensée réfléchie soit absente, l'intention d'obliger n'en existe pas moins, mais vague, confuse et insconsciente d'elle-même. C'est l'intention instinctive dont nous avons parlé.

Nous sommes égoïstes par instinct, quand, à notre insu, nous cherchons uniquement à nous satisfaire.

Nous sommes désintéressés par réflexion, quand sciemment nous visons à l'avantage d'autrui sans retour sur nous-mêmes.

Enfin nous sommes égoïstes par réflexion, quand à dessein nous ne servons que nos intérêts personnels.

Or, tous ces cas ne sont pas rares. L'homme, ainsi que nous l'avons vu, n'est pas condamné à n'aimer que lui; il affectionne aussi ses semblables, ses parents, sa femme, ses enfants, son ami, sa patrie. Il a des sympathies aussi bien que des antipathies; il est accessible à la pitié, à la reconnaissance, à l'amour, aussi bien qu'au ressentiment et à la haine; il se passionne même souvent pour le beau moral, le devoir et la vertu; son âme vit et s'alimente de sentiments tendres, généreux, élevés, comme de désirs égoïstes. « Il y a en lui un élément d'amour qui le porte vers ses semblables : la compassion lui est aussi naturelle que la respiration. » [1]

Entraîné par cet enthousiasme du beau et de l'honnête, par cet amour de l'humanité, il peut donc, avec ou sans réflexion, faire le bien pour le bien qu'il aime, et oublier le soin de son bonheur particulier, pour se dévouer à celui des autres.

Le rapport annuel de l'Académie sur les prix Monthyon, nous en offre de touchants, d'admirables exemples.

Lorsque l'homme déploie tant de vertus héroïques, il ne fait toutefois bien souvent qu'obéir à l'impulsion secrète de son heureuse nature, à ses plus douces et à ses plus nobles tendances; il satisfait, sciemment ou sans le savoir, ses penchants et ses goûts; mais, il faut le remarquer, sans se proposer de les satisfaire, sans arrière-pensée qui lui soit personnelle : dans ce cas, il est désintéressé.

Il l'est véritablement, quoique au fond même de son désintéressement, si généreux qu'on le suppose, l'éternel besoin de bonheur se rencontre. Ce besoin fondamental ne nous quitte donc point, ne cesse point d'être notre premier mobile; il nous stimule en secret, bien souvent sans que nous en ayons

1 Le comte de Maistre.

connaissance, et c'est lui toujours que nous satisfaisons, quand nous agissons bien ou mal.

Mais cet appétit de bonheur, ou cette impulsion naturelle du moi vers la satisfaction de ses besoins, n'existe pas seule en nous; elle y est ordinairement unie, comme je l'ai dit, soit avant, soit pendant chaque action, à une intention de l'esprit, qui a pour objet ou le moi, ou le non-moi.

En sorte que, tout en apaisant un de nos besoins physiques, intellectuels ou moraux, nous n'avons bien souvent et bien réellement en vue que de remplir un devoir ou d'obliger autrui. Nous ne sommes donc pas toujours égoïstes.

Nous ne serions tels toujours, qu'autant que nous ne ferions jamais un pas qui n'eût pour objet *intentionnel* la satisfaction de quelques uns de nos besoins ou de nos intérêts particuliers, qu'antant que nous rapporterions tout à nous-mêmes : ce qui n'est pas.

« Sachons bien que, partout où nous rencontrons de grandes choses et de grands hommes, il y a eu d'autres mobiles que des combinaisons ambitieuses et des intérêts personnels Sachons bien que la pensée de l'homme ne s'élève, que son horizon ne s'agrandit que lorsqu'il se détache du monde et de lui-même; et que si l'égoïsme joue dans l'histoire un rôle immense, celui de l'activité désintéressée et morale lui est, aux yeux de la plus rigoureuse critique, infiniment supérieur. »[1]

Ce qui fait qu'on a taxé d'égoïsme tous les actes humains, c'est qu'on a pris inconsidérément pour lui notre propension indéfectible au bonheur.

On ne s'est pas aperçu qu'en satisfaisant ses penchants, l'homme, je le répète, ne songe pas toujours à les satisfaire, encore moins à se procurer le bonheur qui en résulte; qu'il a au contraire souvent une autre intention présente à l'esprit, un autre but tout-à-fait étranger à sa personne, et qu'il ne sait pas même ordinairement qu'en soulageant un blessé, par exemple, il remplit un besoin de son cœur et se soulage lui-même. Le bonheur qu'il ressent est un effet qu'il n'a point *voulu* produire. Ce bonheur-là n'est donc point la cause *intentionnelle*, mais le résultat imprévu de sa bonne action.

Son intention alors est si pure d'égoïsme, qu'au lieu de s'occuper de ses besoins, de son plaisir, de son intérêt propre, du soulagement ou de la jouissance qu'il va éprouver, il s'oublie complètement lui-même, pour ne songer qu'à son malade et au bien qu'il lui fait.

Prenons un autre exemple, celui d'un homme

1 Guizot.

naturellement généreux, qui expose sa vie pour sauver un enfant qui se noie.

Que se passe-t-il en lui à la vue du jeune infortuné qui va périr?.... Il est d'abord ému, il souffre; puis il se détermine, il s'élance dans les flots, et, en s'y élançant, il se délivre d'un fardeau pénible, il apaise un besoin de son cœur.

Mais est-ce là ce qu'il se propose? Veut-il, en bravant le danger, soulager son âme oppressée, apaiser le besoin qui l'obsède? ou bien vise-t-il à se ménager le plaisir et la gloire d'une belle action? Non, il n'y pense même pas ordinairement, ou il n'y a pas égard. Son unique intention, c'est de sauver l'enfant qui se débat contre la mort, de le ramener au rivage et de le rendre à la vie : voilà le seul objet qui le préoccupe dans ce moment critique.

C'est ainsi qu'on peut être désintéressé, généreux par l'intention, tout en suivant ses inclinations naturelles, tout en cédant à un besoin de son âme.

Pour prévenir toute confusion, toute erreur, et distinguer l'*égoïsme* d'avec notre appétit ou besoin instinctif de bien-être, quelques écrivains modernes ont appelé celui-ci *égotisme*.

L'égotisme n'étant que l'impulsion naturelle du moi vers le bonheur, est, comme cette impulsion, fatal, universel, permanent, indéfectible, inné. Si c'était là l'égoïsme, l'égoïsme, même réfléchi, n'appartiendrait pas à la moralité, car il ne serait pas libre. Ce serait un vice nécessaire, qu'il serait ridicule autant qu'inutile de dissimuler et de combattre.

Les mouvements de l'instinct qui nous portent à servir nos semblables ou nous-mêmes, ne sont moraux ni dans leur principe, ni dans leurs effets. La moralité ne peut naître que de la volonté libre et de l'intention éclairée de l'agent. Nous aspirons instinctivement et fatalement au bonheur, mais nous choisissons librement les moyens d'y aller.

On doit voir maintenant que nos penchants égoïstes et généreux sont également un bien, une nécessité même de notre existence individuelle et sociale.

Dieu les a mis ensemble dans notre âme, parce qu'apparemment il veut, d'une part, que nous nous conservions, et de l'autre que nous vivions avec nos semblables. Or, il faut absolument pour ces deux fins que nous nous occupions de nous-mêmes et des autres.

Mais en cela, comme en tout, nous ne savons guère garder une juste mesure. Nous gâtons les bienfaits de la Providence par l'abus que nous faisons de notre liberté.

Quelques hommes, peu nombreux il est vrai, poussent le désintéressement trop loin, négligent entièrement leurs intérêts et leurs affaires pour celles du prochain, tombent ainsi dans la misère et y entraînent leur famille. Cette conduite, généreuse assurément, n'en est pas moins déraisonnable dans des sociétés comme les nôtres. « La vertu finit toujours où l'excès commence. [1] » On doit user de discrétion, même en faisant le bien. Il faut de la sobriété jusque dans la sagesse : *Opportet sapere ad sobrietatem.* [2]

Beaucoup, au contraire, dépassent les bornes de l'égoïsme permis, ne prennent jamais souci que de leur personnalité propre, et oublient que les hommes sont frères et solidaires entre eux. Ils se dégradent, s'avilissent et deviennent universellement odieux. Heureux encore quand ils ne s'engraissent pas de la sueur et de la substance du pauvre, quand ils ne se jettent pas sur la société elle-même, comme sur une proie à dévorer!

L'égoïsme permis et raisonnable respecte la justice et le devoir; il s'allie toujours à la bienfaisance ou à la charité. C'est celui des hommes qui s'occupent à la fois du bien-être des autres et du leur, et qui, sans abandonner le soin de leur avenir, ne sacrifient pas tout au moi haïssable. Il y a dans cet égoïsme-là une

1 Massillon, *Petit Carême.*

2 Saint Paul.

portion d'abnégation personnelle au profit du prochain. On ne peut exiger davantage.

Cette sorte d'égoïsme partiel, conforme aux vues de la Providence, ne s'appelle même pas ordinairement égoïsme. On a réservé avec raison ce nom odieux à l'égoïsme qui exclut tout souci, tout amour des autres hommes, parce que lui seul est un vice réel, insociable, méprisé, le vice des cœurs secs, qui ne s'apitoient jamais que sur eux-mêmes.

Du reste, il n'y a guère d'égoïste qui ne soit susceptible de quelques élans généreux Il n'y a pas non plus beaucoup d'âmes élevées, qui ne s'abandonnent parfois aux suggestions d'un intérêt personnel peu digne de leur caractère. Seulement, le bien domine chez l'un, le mal chez l'autre, et cela à des degrés fort variés. L'homme n'est jamais tout bon ou tout méchant.

Rien n'est plus commun que de détester dans les autres l'égoïsme que l'on caresse en soi. Les égoïstes de la race des Harpagons, par exemple, uniquement occupés à thésauriser, à entasser écus sur écus, ne sauraient aimer beaucoup leurs pareils : ils savent trop bien qu'il n'y a rien à gagner avec eux. Aussi dans l'occasion ne les épargnent-ils guère. « Je me défie de la générosité de ceux qui se plaignent des ingrats. »

Sans compter celle des avares, des ambitieux, des despotes petits et grands, il y a plusieurs espèces d'égoïsmes : l'égoïsme individuel et national, l'égoïsme de famille, de corporation, de caste, de parti, de clocher, et même celui de l'amour, qui n'est trop souvent qu'un égoïsme à deux. On est égoïste à bien des degrés différents; on l'est de bien des manières; on l'est sous un rapport, on ne l'est pas sous un autre. Les orgueilleux, qui croient que tout leur est dû, les personnes exigeantes, qui veulent qu'on s'occupe perpétuellement d'elles et de leurs affaires, le sont presque toujours beaucoup. Ces égoïsmes si divers sont loin sans doute d'être également nuisibles; mais, si on y regarde de près, on verra que tous ils s'écartent de la droite raison et de la saine morale, qu'ils sont tous plus ou moins condamnables, parce que tous ils blessent plus ou moins la charité du genre humain. *Caritas generis humani.*

Il y a des égoïstes, non seulement parmi les hommes sans entrailles, dont l'opinion a fait justice, mais même parmi ceux qui jouissent de l'estime publique.

Ces derniers, qu'on honore, parce qu'ils paraissent toujours empressés à rendre service et qu'on les estime généreux et dévoués, ne font cependant rien qui ne soit calculé à leur avantage. Leur dévouement apparent n'est qu'une manœuvre adroite pour se procurer des jouissances, ou des places, ou des honneurs, ou même quelquefois de la fortune. Le peu de bien qu'ils font est utile sans doute ; mais, moralement parlant, ils n'ont que le mérite d'être plus habiles que les autres.

Comme l'égoïsme est partout abhorré, chacun cherche à déguiser le sien sous des airs de grandeur et de désintéressement affectés, sous de faux semblants de bienveillance et de protection, dont de belles paroles et des manières obligeantes font tous les frais.

La crainte du blâme, comme le désir de la louange, est souvent mère de l'hypocrisie. Félicitons-nous pourtant de ce que cette crainte et ce désir existent ; car l'une sert de frein et l'autre d'aiguillon.

XI

L'HOMME BON ET MÉCHANT.

Entre les philosophes qui ont étudié l'homme passionnel et moral, les uns ont affirmé qu'il est naturellement porté au bien, ou qu'il est né bon ; les autres, qu'il est naturellement porté au mal, ou qu'il est né méchant.

Ces deux assertions, toutes contraires qu'elles sont,

ne péchent néanmoins qu'autant qu'on les prend dans un sens absolu, exclusif. Chacune d'elles renferme une vérité, mais une vérité relative et incomplète.

Quand on a soutenu la bonté native de l'homme, on a compris apparemment que, doué de sympathie pour ses semblables, capable de pitié, d'affection et d'amour, il les obligerait, les aimerait et les servirait volontiers en toute occasion, par la seule impulsion de sa nature, s'il ne lui en coûtait jamais ni contrariétés, ni dommage, ni sacrifices ; on a entendu encore qu'il ne commet jamais le mal pour le mal ou le plaisir du mal, mais pour satisfaire un intérêt matériel ou moral qu'il regarde comme lèsé.

Ne sont-ce pas là, en effet, les sentiments que nous trouvons en nous-mêmes et que nous observons chez nos pareils?

Qu'un homme en rencontre un autre qui soit malheureux, son premier mouvement n'est-il pas de le consoler ou de le secourir? Obéit-il à ce mouvement instinctif ou spontané, il jouit; lui résiste-t-il, il souffre. Et quoique la considération de quelque intérêt personnel qu'il craint de compromettre, l'empêche parfois de s'y livrer, il n'en éprouve pas moins tout d'abord une impression affective qui l'ébranle, il n'en compatit pas moins du fond du cœur à la peine d'autrui.

Il est donc vrai qu'il sympathise avec ceux de son

espèce, et que, sans motifs intéressés, en se laissant seulement aller à la pente de son âme, il est disposé à leur faire du bien, quand il ne les considère pas comme des ennemis de son bien-être : *Naturâ propensi sumus ad diligendos homines.* [1]

S'il est bon sous ce rapport, il l'est encore, ai-je dit, dans ce sens qu'il ne fait jamais le mal pour le mal ou pour le plaisir du mal, mais pour se procurer un bien réel ou imaginaire, pour guérir une plaie que l'injustice ou l'outrage a faite à son âme ; c'est-à-dire qu'au delà du mal qu'il fait, il aperçoit toujours un avantage ou l'apparence d'un avantage qui le séduit et l'attire.

S'il vole, c'est pour jouir de l'objet volé ; s'il calomnie, c'est pour affaiblir son ennemi, en le déconsidérant ; s'il le tue, c'est pour n'avoir plus à le craindre, ou pour soulager son cœur ulcéré par l'injure. Ainsi toujours il a ou croit avoir un intérêt, un besoin de corps, d'esprit ou de sentiment qui demande satisfaction, un avantage quelconque à acquérir.

C'est cet avantage, aperçu par l'instinct ou la réflexion, qui est la cause et le but de son action coupable ; c'est l'attente ou la possession de ce bien, qui lui donne parfois de la joie pendant ou après

1 Cicéron.

cette action. Le mal de l'action n'entre pour rien dans son contentement, ni dans son intention finale. Le mal est un moyen et non un but; c'est le but qui lui plaît.

Il n'est personne, après une mauvaise pensée ou une mauvaise action, qui ne trouve, s'il le veut, au fond de sa conscience, la cause intéressée que je signale, et non ce désir pur et simple de nuire pour nuire qu'on ne peut concevoir. L'homme n'aime donc pas le mal pour le mal, mais pour le fruit qu'il en attend.

« Quand, ayant à opter entre son intérêt et celui de ses semblables, il s'attaque aux intérêts opposés aux siens, c'est en étouffant ses sentiments naturels de commisération et de sympathie, et cet acte qu'il commet est une douleur qu'il s'impose, parce qu'elle est pour lui moins cruelle que la douleur personnelle qu'il évite..... Il aime ses semblables, mais il se préfère à eux; il veut avant tout son bien-être. »

L'homme n'a point de haine dans le cœur quand on ne l'a pas offensé, qu'on n'a blessé aucun de ses intérêts, aucune de ses susceptibilités; quand il ne s'imagine pas qu'on veut nuire ou à sa personne, ou aux personnes qu'il aime. Il n'a point de goût pour le mal, en tant que mal; il n'y trouve aucun plaisir, lorsqu'il n'y voit aucun profit.

Loin d'avoir du penchant pour le mal, il le fuit au

contraire par une sorte d'instinct natif; il a pour lui une antipathie naturelle qu'il ne surmonte que lorsqu'un égoïsme aveugle le sollicite et l'obsède. Sans cet égoïsme, il serait toujours bon, puisqu'il connaît la pitié et l'amour, puisqu'il est bienfaisant par goût non moins que par devoir. « Malheureuse, disait la reine de Carthage, je sais compatir au malheur. » Mot touchant que le monde romain comme le nôtre n'a jamais cessé d'applaudir.

« Pour être criminels, nous surmontons tous notre nature. »[1] Alors même que nous faisons le mal, nous aimons et approuvons le bien : *Video meliora proboque, deteriora sequor.*

Placez successivement l'homme enfant ou tout jeune dans des conditions opposées, il fera tantôt le bien, tantôt le mal; il sera tour à tour bon et méchant. Il sera bon, s'il vit dans un monde honnête et bienveillant qui ne contrarie pas légèrement son besoin indestructible de bien-être. Il sera méchant, s'il passe de là au milieu de gens grossiers et dépravés qui souillent sa conscience, froissent son amour-propre et compriment par sottise ou malignité ses tendances naturelles et légitimes pour tout ce qu'il croit capable d'avancer son bonheur.

Dans la première position, il fait le bien avec joie

1 Le comte de Maistre.

et par goût, il se trouve heureux d'obliger ceux qui l'entourent; il reconnaît, s'il y réfléchit, que son inclination naturelle le conduit à aimer ses semblables et à les assister dans leurs besoins : *Impellimur autem naturâ ut prodesse velimus quàm plurimis.* [1]

Dans la seconde position, il cherche à briser les barrières qu'on lui oppose; le ressentiment, l'envie, la haine s'emparent de son âme; il brûle de désirs coupables; et s'il n'est pas retenu par la force ou la crainte, par la morale ou la religion, il trompera, il volera, il se vengera par la perfidie ou la violence.

Mais alors même, je le répète, ce ne sera pas le mal que finalement il aura en vue, mais le profit quelconque qu'il espère en tirer. Le mal est le moyen qu'il met en œuvre; le bonheur ou son apparence, l'objet ultérieur qu'il poursuit. En un mot, comme le besoin de bonheur bien ou mal entendu est le premier mobile de ses actions, de même la possession de ce bonheur en est la fin dernière.

On a cité, pour infirmer notre opinion, quelques faits de cruauté stérile en apparence, qu'on aurait peut-être de la peine à expliquer d'après ces principes. Nous croyons cependant qu'il serait aisé de les y faire rentrer, s'il était toujours possible de pénétrer dans le for de la conscience humaine. « Quand Dieu

1 Cicéron.

tit le cœur de l'homme, dit Bossuet, il y mit premièrement la bonté. »

Au reste, si l'on veut qu'il y ait des exceptions à la règle, rien n'empêche de les admettre; elles ne détruiront pas la règle elle-même. On sait bien qu'il y a des monstres dans la nature physique; pourquoi n'y en aurait-il pas aussi dans la nature morale?

Il ne s'agit ici d'ailleurs que de l'homme considéré généralement et dans sa nature primitive, à part les modifications que lui apporte toujours la bonne ou la mauvaise éducation qu'il a reçue, soit des personnes, soit des choses.

Mais tout en accordant, 1° qu'il se sent entraîné vers son semblable et l'oblige volontiers quand aucun de ses intérêts ne s'y oppose; et 2° qu'il n'a jamais le mal pour but définitif, alors même qu'il calomnie son frère, ou dévalise les passants, ne peut-on pas affirmer néanmoins que l'homme est né méchant?

Je n'en doute pas, quant à moi. Oui, en le considérant d'un autre point de vue, il est né méchant. Il faut bien reconnaître en effet que l'homme fait le mal, non, il est vrai, pour le plaisir du mal, mais néanmoins sciemment et librement, en voyant le bien, en l'approuvant même : *Video meliora proboque*, etc.

Par conséquent, il contrevient aux prescriptions

éternelles de la raison et de la conscience, qui lui ont été données pour régler sa conduite; il désobéit volontairement à la loi naturelle et immuable qu'il a reçue en naissant, et, par suite, au législateur souverain qui la lui a imposée.

Eh bien, c'est cette révolte de la nature passionnelle qui doit obéir, contre la nature morale qui doit gouverner, c'est cette révolte réfléchie de l'égoïsme effréné contre la loi invariable de la raison et du sentiment moral, qu'on appelle méchanceté.

De ce que cette infraction à la loi a un but général qui est légitime : l'acquisition du bonheur, il ne s'ensuit pas que tous les moyens d'y arriver soient légitimes aussi. On sait qu'ils constituent un délit ou un crime, toutes les fois qu'entre les mains d'un agent intelligent et libre, ils violent un devoir.

Or, ici l'agent est l'homme, qui distingue les moyens innocents des moyens illicites; l'homme qui, pourvu de liberté morale, s'insurge contre la raison et la conscience, pour s'engager dans les voies détournées qu'elles réprouvent.

L'homme, sous ce rapport, est donc méchant; et non seulement il est méchant, mais il est né tel; car il est né avec des passions plus ou moins susceptibles, selon les individus, de prendre un essor dépravé, de se porter à tous les excès, à tous les attentats; il est né avec une cupidité qui dégénère quelquefois en envie, en fraude, en brigandage; il est né avec une irascibilité d'amour-propre qui éclate trop souvent en colère et en vengeance.

N'est-il pas dans sa nature de s'irriter contre les obstacles qu'il rencontre, et de chercher à les vaincre par la ruse ou la violence, à défaut d'expédients plus commodes? N'est-il pas dans sa nature de poursuivre de sa haine ceux auxquels il suppose le dessein de l'offenser ou de lui porter préjudice? N'est-il pas dans sa nature enfin de rapporter trop souvent tout à lui, d'être égoïste en un mot? Or, c'est cet égoïsme non satisfait, et sourd à la voix de la raison, c'est cet égoïsme natif, intempéré, qui engendre le mal moral, le vice et le crime.

Puisque la cause première du mal que nous faisons est en nous, née avec nous, inhérente à notre nature, il est évident que, par notre nature même, nous sommes enclins à nuire aux autres, quand nous croyons qu'ils nous sont hostiles, qu'ils nous font du tort ou veulent nous en faire; il est évident, dis-je, que nous sommes tous, quoique inégalement, disposés au mal pris comme moyen, et que, sous ce rapport, nous sommes véritablement nés méchants.

Sans doute il faut que nous soyons provoqués; il faut des occasions particulières, des résistances, des causes extérieures enfin, pour que la cupidité s'irrite, pour que l'irascibilité s'enflamme, pour que les passions débordent, pour que tout cela dévie et se rue contre la loi.

Mais ces dispositions de la cupidité, de l'irascibilité, de l'égoïsme à franchir toutes les bornes du permis, à fouler aux pieds tous les devoirs pour arriver à leurs fins, n'en sont pas moins en nous, n'en appartiennent pas moins à notre nature intime. Les animaux les plus farouches eux-mêmes ne sont pas féroces, que je sache, sans y être excités par un besoin quelconque qui demande satisfaction.

Il n'y a donc pas là d'objection sérieuse. L'homme est né méchant, puisqu'il est né avec des dispositions naturelles à l'être dans certaines circonstances données, toujours si nombreuses, au milieu même de nos sociétés modernes civilisées.

. . . .

En résumé, pour faire le bien, nous n'avons pas absolument besoin d'un motif intéressé; il nous suffit de céder au penchant, au besoin naturel qui nous y porte. Tandis que pour nous déterminer au mal, il nous faut toujours une raison spéciale, un intérêt quelconque qui refoule au fond de notre cœur ses inclinations bienveillantes.

Ou, ce qui est la même chose, notre penchant naturel est souvent la cause unique et immédiate du bien que nous faisons. Il n'est point nécessaire, par conséquent, qu'il y ait entre lui et son effet aucun intermédiaire.

Dans le mal, au contraire, une cause étrangère, extérieure, accidentelle, vient constamment s'interposer, pour surexciter notre désir inné de bien-être et le lancer hors de sa voie légitime.

En un mot, il y a nécessité que nous soyons poussés au mal ; c'est assez que nous ne soyons pas empêchés de faire le bien.

Concluons de tout ceci que l'homme est en même temps bon et méchant par nature : bon, toutes les fois qu'il croit que son bien-être n'en souffre pas, ou n'est pas en cause, toutes les fois que rien ne l'empêche de s'abandonner à sa pente ; méchant, toutes les fois qu'excité plus que de raison par l'appétit du bonheur, par cet appétit comprimé dans son expansion naturelle ou exaspéré par la résistance, il fait fausse route, et viole sciemment et librement la loi morale de la nature.

Je dis qu'il est tout à la fois bon et méchant, non pas qu'il soit réellement et en fait ni l'un ni l'autre au moment où il voit le jour, ni même quelques années après, mais parce qu'en naissant il apporte avec lui, en lui-même, comme facultés inséparables de sa nature, des dispositions animiques à devenir tantôt l'un, tantôt l'autre, suivant les occasions.

Ainsi, toutes les fois qu'on voudra se bien entendre

sur les mots, on ne discutera plus sur les choses.

Puisque l'homme serait toujours bon s'il n'avait pas de motifs ou d'occasions d'être mauvais, il faut autant que possible éloigner de lui ces occasions et ces motifs : les contrariétés inutiles entre autres, les exemples pernicieux, la misère dégradante; on doit en outre diriger adroitement ses penchants vers le bien, en évitant de les contraindre à se replier péniblement sur eux-mêmes, de peur qu'impatients du frein, ils ne le brisent dans un jour de colère, et ne se jettent tête baissée dans les plus déplorables excès. De là l'impérieuse nécessité de travailler sans cesse à améliorer le milieu où il vit, dont il reçoit les influences : la famille, le collége et la société.

Si on était arrivé à cette amélioration désirable, mais difficile, on possèderait sans contredit le plus efficace des moyens d'éducation et de bonheur.

XII

ÉDUCATION DE L'HOMME.

Chaque société ou agrégation d'hommes est un tout qui fait partie d'un autre appelé l'humanité. L'humanité elle-même rentre dans le grand tout, qui, sous le nom d'Univers, comprend la création entière.

L'homme est fait pour la société ; il y naît, il s'y forme, il en est l'élément constitutif et nécessaire. A ce titre, il a un rôle, une fonction à y remplir. Ce rôle en général consiste à contribuer pour sa part aux besoins, à l'ordre, à l'harmonie du corps social qui le protége, comme chacun de ses organes à lui contribue par son action régulière à la vie totale du corps, ~~qui les nourrit~~ auquel il appartient.

Si les hommes dans la société, si les organes dans l'animal, fonctionnent mal ou ne fonctionnent pas, aussitôt la société et l'animal souffrent ; il y a perturbation, l'harmonie est rompue, la vie compromise.

L'homme, au milieu de ses semblables, se développe par leur concours, il est secondé par eux dans l'acquisition des biens qui correspondent à ses besoins et assurent son existence. Il ne doit donc poursuivre le bonheur auquel il aspire sans cesse, qu'en leur rendant services pour services, bienfaits pour bienfaits, et en concourant avec eux à la prospérité commune : c'est là sa mission sociale. En refusant de s'y soumettre, il serait ingrat et injuste, il désobéirait à Dieu, qui ne l'a pas fait partie intégrante d'un corps pour être inutile ou nuisible à ce corps et à ses membres.

Ces devoirs de sociabilité ne sont pas les seuls, on le sait, que l'homme soit tenu d'accomplir. Nous avons vu déjà que les rapports nécessaires qu'il soutient avec sa propre personne et avec Dieu son auteur, lui en créent deux autres espèces, non moins obligatoires que la précédente.

Il en a donc de trois sortes : envers lui-même, car il doit soigner son corps, son esprit et son cœur, pour les perfectionner ; envers ses semblables, qu'il doit affectionner et secourir ; et envers le souverain maître de l'univers, qu'il est tenu de servir, d'adorer et d'aimer, comme le bienfaiteur de tous les êtres.

Voilà les différents devoirs dans la pratique desquels il trouve le plus sûr et le principal moyen de parvenir au bonheur, objet constant de ses aspirations instinctives, souvent même réfléchies.

Dieu, en imposant à l'homme une mission sociale et des devoirs de différents genres, devait nécessairement lui donner les moyens de les remplir ; c'est pourquoi il l'a doué d'organes et de facultés ; il l'a fait capable de penser, de sentir, de vouloir et d'agir.

Mais à sa naissance l'homme n'est encore qu'une ébauche ; la faiblesse de ses membres et de ses organes, l'espèce de sommeil ou d'engourdissement de ses facultés conceptives, les rendent également impropres à l'action ; il n'en peut faire usage. Il faut pour affermir les uns, pour éveiller les autres, le temps qui mûrit et les soins de la famille, il faut qu'il ait quelque conscience de ses besoins. A ces conditions, il se forme, il acquiert des forces et en tire parti, il montre de l'intelligence, du sentiment et de la volonté.

Mais si ce développement progressif de toutes les puissances virtuelles qui reposent dans son corps et dorment dans son âme, n'est pas aidé et dirigé par une éducation intelligente et sage, l'expérience, aussi bien que la raison, démontre que non seulement il reste toujours incomplet, mais que souvent même il se fait à contre-sens et tourne au mal.

Voyez autour de vous, observez les hommes dont l'éducation a été abandonnée au hasard des personnes, des circonstances et des évènements, la plupart, comme des plantes avortées, ne produisent ni fleurs ni fruits, ou ne donnent que des fruits amers et empoisonnés. Ce sont des rouages inutiles ou incommodes dans un mécanisme en mouvement; ce sont des espèces de sauvages ou de brutes au milieu de la civilisation.

L'animal ainsi fait ne peut s'acquitter de sa fonction d'homme social et moral; c'est communément un être stupide ou dépravé, qui n'atteint pas sa destinée providentielle; car « la destinée terrestre d'une créature n'est rien autre chose que l'ensemble des tâches qui lui sont confiées par la Providence. »

L'homme véritablement bien élevé, au contraire, est un membre utile de la société qui l'adopte ; il est toujours prêt à lui payer sa dette, toujours apte à y exercer quelque emploi, état ou profession. C'est un homme éminemment moral et religieux, qui s'acquitte avec goût, pour peu qu'il soit né sensible, de ses devoirs particuliers et généraux, qui se livre avec empressement aux actes de justice et d'humanité, qui fait le bien par principe de devoir autant que par amour du bien, et fuit le mal par aversion pour le mal. Ses organes sont sains, son cœur est droit, sa raison éclairée. C'est enfin un homme aussi accompli qu'il est donné à sa nature de l'être.

L'éducation bien entendue est donc de la plus haute importance, puisqu'elle tend à préserver l'homme de la dégradation et à l'élever à toute la perfection que comporte sa triple nature physique, affective et intelligente.

En effet, l'éducation, dans le sens large du mot, a pour but de former l'homme tout entier, de le disposer à chercher le bonheur de ses frères en même temps que le sien, à remplir convenablement sa tâche, ses devoirs sociaux et religieux, pour accomplir sa destinée et concourir au grand concert du monde.

Puisque la nature de l'homme est triple, puisqu'il a un cœur, un esprit, un corps, l'éducation doit s'appliquer à les cultiver tous les trois, car tous les trois ils ont leurs fonctions distinctes et nécessaires.

Le corps obéit à la volonté; la volonté à son tour suit à son gré l'impulsion, tantôt de la raison, tantôt du sentiment; ou bien, quand ils sont d'accord, de la raison et du sentiment tout à la fois.

Si donc le corps n'est pas pourvu de souplesse, de force et de santé, il n'exécutera pas, ou exécutera mal les ordres qu'il reçoit. Si l'esprit n'est pas droit et éclairé, si les sentiments n'ont ni honnêteté ni noblesse, ils inspireront mal la volonté, ils la dépraveront, et les actes seront dépravés comme elle; l'individu et la société avec lui en souffriront.

D'après la division que nous venons d'établir, il résulte qu'il y a trois sortes d'éducation : celle qui se rapporte au corps, celle qui regarde l'esprit et celle qui convient au cœur. [1]

Ces trois éducations, on le sent bien, ne doivent pas être séparées; elles doivent marcher simultanément, harmoniquement; car l'homme qu'elles ont

1 « Le mot éducation comprend dans sa signification le soin de la santé, la culture du cœur et celle de l'esprit. Le premier point regarde l'hygiène, le second est l'objet de la morale, et le troisième celui de l'instruction. Ainsi l'hygiène, la morale et l'instruction constituent l'éducation. Celle-ci mène à la perfection de notre être, et cette perfection au bonheur ou au bien-être. »

pour objet de former, est un tout harmonique, composé de parties solidaires; et ses facultés, quoique diverses, se tiennent étroitement, ont besoin les unes des autres, et se rattachent à l'unité de l'être.

D'ailleurs, outre que chacune des parties intégrantes de la personne humaine mérite sa part d'attention, parce que chacune a sa part d'importance, vous ne pouvez négliger beaucoup l'une d'entre elles, sans nuire aux autres, même à celle que vous soignez le plus, par la raison que, dans la plupart des cas, un corps souffrant entrave la liberté de l'action intellectuelle, qu'un esprit obtus gêne l'éclosion des sentiments nobles et délicats, et que des sentiments grossiers émoussent la sagacité de l'esprit et paralysent la conception des grandes pensées.

Cultivez-les au contraire toutes ensemble, proportionnellement au besoin de chacune; elles se prêteront alors un mutuel secours, et le développement s'en fera mieux, en moins de temps et sans travail pénible. Vous pourrez raisonnablement espérer, dans votre élève, le *mens sana in corpore sano* de Juvénal.

Malheureusement, ce développement simultané et harmonique de toutes les forces physiques, intellectuelles et morales, est bien souvent impossible; mille circonstances de position, de fortune, de localité, s'y opposent. Nul doute alors que, sans abandonner entièrement les autres forces à elles-mêmes, dans la crainte qu'elles ne prennent une trop fâcheuse direction, il ne faille s'attacher spécialement au développement des plus indispensables à l'individu, selon la classe particulière dans laquelle l'a placé le hasard de la naissance.

D'où il faut conclure qu'en raison de la constitution des sociétés en Europe, l'éducation y doit être professionnelle, c'est-à-dire, en rapport avec les besoins présumés de chacun et la carrière qu'il est appelé à parcourir.

Mais comme il y a des besoins communs à tous, l'éducation doit à certains égards être la même pour tous. Ainsi celle qui convient au cœur ou aux sentiments dont il est le siége, importe essentiellement à toutes les classes, à cause de son influence supérieure sur le bonheur individuel et social.

Il n'est pas, en effet, d'une rigoureuse nécessité pour tout le monde d'avoir l'esprit pénétrant, riche de connaissances variées ou profondes, pas plus que de posséder une santé toujours florissante et la vigueur d'Hercule.

Mais si la bonne foi, la piété, la bienfaisance n'échauffent pas votre cœur, n'en règlent pas les mouvements; si, au contraire, il donne asile aux mauvaises passions, à la duplicité cupide, à la sale débauche, à l'impitoyable colère, vous ne serez plus qu'un fléau pour l'humanité, et le mal que vous ferez retombera sur vous.

Le sentiment a de la chaleur et de la vie; la raison pure est froide, il faut que le sentiment l'anime. Le mobile de notre activité est bien plus dans le cœur que dans la raison; les trois quarts de nos actions et de nos habitudes lui appartiennent plus ou moins, selon les âges et les sexes; par conséquent, l'éducation des facultés morales et affectives réclame le premier rang.

Pour s'y livrer avec succès, il faudrait avoir étudié le cœur humain, en bien connaître les dispositions naturelles, les faiblesses, les impressions possibles; en un mot, comprendre à fond l'homme passionnel, l'homme sentant et désirant.

Cependant, avec des soins persévérants, on parvient à développer, sinon intégralement, du moins partiellement, les qualités précieuses qu'il porte en lui.

Ce développement s'opère graduellement, par des épreuves et des exercices appliqués au juste et à l'injuste, à la bienfaisance et à la commisération, à tous les devoirs et à toutes les vertus.

Il s'agit surtout ici d'inspirer l'amour du bien et la haine du mal; d'épurer et d'élever les sentiments, de les exalter pour le beau, pour le devoir et pour le vrai;[1] de les disposer à l'indulgence, au pardon des injures, à la piété, à la patience, aux dévouements, à tout ce qui est grand et généreux. Il s'agit non seulement d'éveiller et d'alimenter les heureuses inclinations de l'âme, mais d'obtenir qu'elles se tournent en habitudes et se traduisent en actes.

Les moyens les plus ordinaires d'arriver à ce résultat sont les bons exemples, les bons conseils, les bonnes lectures, la pratique du bien, l'éloge et le blâme distribués à propos et avec discrétion; des observations courtes, affectueuses ou graves; des anecdotes intéressantes appropriées aux besoins du moment et arrangées de manière à faire ressortir les avantages d'une bonne action et les inconvénients d'une mauvaise, la beauté morale de l'une, la laideur ou la bassesse de l'autre; et enfin, le grand nom du Dieu trois fois saint, toujours et partout présent, qui punit et récompense.

Mais pour réussir dans l'emploi de ces moyens, il importe de profiter des circonstances qui s'offrent naturellement, ou d'en faire naître, qui obligent l'enfant à se dessiner d'une manière ou d'une autre,

1 « Le beau, c'est l'ordre exprimé; le vrai, c'est l'ordre pensé; le bien, c'est l'ordre accompli. » (JOUFFROY.)

« La vérité n'est pas autre chose que ce qui est, en tant qu'il est vu de l'esprit. » (LACORDAIRE.)

et qui procurent au maître l'occasion d'en tirer un enseignement quelconque.

Des leçons ainsi préparées ne peuvent guère manquer d'être fructueuses, parce qu'elles sont opportunes. Voilà comme on empêche que l'amour de soi n'étouffe l'amour de son semblable.

. . . .

L'éducation qui a pour objet le développement de l'intelligence, s'appelle instruction. Elle consiste surtout dans des travaux de mémoire et de raisonnement, appliqués aux sciences, aux lettres, aux arts, à toutes les branches des connaissances humaines. Elle s'occupe de fortifier et d'étendre, par l'étude et l'observation, la faculté de penser, en l'éclairant et en la dirigeant dans ses opérations. Elle s'attache à exercer la sagacité de l'esprit, à rendre le jugement droit et sûr, pour les mettre en état de trouver la vérité et de la distinguer de l'erreur ou du mensonge. Elle fournit à l'entendement des notions saines, des principes certains, et lui apprend à en tirer les conséquences qu'ils contiennent. Elle travaille à faire de la raison un instrument utile à l'homme, un guide capable de le conduire heureusement dans les rudes sentiers de la vie. Enfin elle le forme au goût du beau dans les arts et dans la nature, du beau qu'un ancien a défini : « la splendeur du bien!. . . » Mais, comme le dit Vauvenargues, « il faut avoir de l'âme pour avoir du goût. »

La partie difficile et pourtant principale de l'enseignement, c'est de procéder toujours méthodiquement, en s'avançant par degrés du connu à l'inconnu, du simple au composé; c'est de tout expliquer simplement, avec précision et clarté; c'est aussi et surtout d'exciter la curiosité naturelle, de soutenir l'intérêt et l'émulation de l'enfant, autant que la matière le comporte, et de fixer ainsi plus longtemps son attention trop mobile.

Sans l'attention, point de progrès; toute étude sérieuse en exige, et l'homme qui n'en a pas l'habitude, ne se distinguera jamais en quoi que ce soit. « L'attention, a dit Ch. Bonnet, est la mère du génie. » L'un des premiers soins du maître habile, c'est de développer et de fortifier chez ses élèves cette faculté si précieuse.

Cette tâche, il est vrai, exige beaucoup de talent et de patience; mais enfin il faut que vous la remplissiez, au moins dans une certaine mesure, pour pouvoir leur inspirer l'amour de l'étude et de la science, pour graver dans leur esprit vos connaissances et vos doctrines, et obtenir de vos efforts les résultats désirés.

Le savoir ne suffit pas à l'instituteur; il lui faut, ce qui est plus rare, le savoir-faire; il lui faut l'art de stimuler la volonté, car il ne peut la contraindre : *Studium discendi, voluntate, quæ cogi non potest, constat.* [1]

Quant à l'éducation qui regarde le corps, c'est dans l'hygiène et la gymnastique qu'on en trouve les principes et les règles. Comme les deux autres sortes d'éducation, elle commence au berceau, et vise au déploiement d'une portion des forces et des aptitudes natives.

En général, les moyens de développer ces forces et ces aptitudes corporelles, sont, avec une alimentation suffisante et saine, avec la tempérance principalement, un travail modéré en bon air, des exercices bien entendus et bien gradués, sans exclusion comme sans surcharge pour aucun des membres et des organes; car tous ils ont pareillement besoin de vigueur et de santé pour remplir leurs fonctions respectives, et ils ne peuvent les exercer avec avantage qu'autant que, par une pratique longue et modérée, ils ont enfin acquis l'habitude de faire bien et promptement.

L'éducation de l'homme est terminée et bien faite, quand, ayant été constamment dirigée dans le sens indiqué, le développement harmonique des trois

1 Quintilien.

parties, corps, esprit et cœur, est aussi complet qu'il peut l'être; quand surtout, car c'est le point capital, les bonnes habitudes de penser, de sentir et d'agir sont contractées.

Alors l'homme a atteint la plénitude de son être; il peut faire un bon emploi de toutes ses facultés, s'acquitter de sa fonction sociale, accomplir sa destinée.

Sans doute tous les hommes, même avec une éducation égale, n'arrivent pas à une égale perfection. Quoiqu'ils aient tous les mêmes organes et les mêmes facultés, ces facultés et ces organes ne sont pas chez tous susceptibles d'une évolution semblable.

Par nature, nous sommes tous, on s'en souvient, égaux d'un côté, inégaux de l'autre. Nous avons pour chaque chose des dispositions natives fort différentes. Celui-ci est propre à une fonction, celui-là à une autre. Tel qui possède une imagination brillante, est dénué de jugement; tel au contraire qui se distingue par un jugement sain, est souvent pauvre d'imagination. Là où l'un réussit, l'autre échoue. Les caractères, les penchants, les vocations varient heureusement d'homme à homme.

Cependant nous sommes tous perfectibles, quoique inégalement, et l'éducation élève nos facultés au plus haut degré d'excellence relativement possible.

XIII

RÉSUMÉ.

Deux faits importants se révèlent constamment à la conscience de l'homme, [1] savoir : 1° *le penchant indéfectible* qui le pousse vers la satisfaction de ses besoins de tout genre, c'est-à-dire vers les jouissances qui l'accompagnent ou la suivent, en un mot vers *le bonheur;* et 2° *la loi immuable, obligatoire*, qui lui prescrit de choisir, pour le chercher, la voie de la justice et de la bienfaisance, c'est-à-dire, la pratique du devoir et de la vertu.

Le penchant au bonheur, qu'on appelle aussi le besoin ou l'appétit du bonheur, se mêle comme mobile à tous les actes de l'homme. Il est pour lui une condition indispensable de vie, le principe de son activité, de ses désirs, de toutes ses passions. Il constitue sa nature passionnelle.

Une passion n'est autre chose que l'un de nos

1 *La conscience* est cette faculté qu'a l'homme de contempler ce qui se passe en lui, d'assister à sa propre existence, d'être pour ainsi dire spectateur de lui-même. Quels que soient les faits qui s'accomplissent dans l'homme, c'est par le fait de la conscience qu'ils se révèlent à lui ; la conscience atteste la liberté, comme la sensation, comme la pensée. (GUIZOT.)

penchants ou de nos désirs devenu prédominant ou emporté.

Dieu ayant fait ce besoin de bien-être et de félicité persistant, invincible, nécessaire à notre conservation, nous donne par là même le droit de le satisfaire. Nous avons donc le droit de travailler à notre bonheur.

De *ce droit naturel primordial* dérivent tous les autres droits véritables, écrits ou non. Celui de vivre lui est identique, car nul ne peut tendre au bonheur qu'à la condition de vivre.

Ce droit n'aurait pas de limites, c'est-à-dire que l'homme pourrait sans crime employer indifféremment tous les moyens d'arriver au bonheur, si la loi, qu'il trouve dans sa conscience, si *la conscience*, qui *est* vraiment *la loi des lois*, comme s'exprime M. de Lamartine, ne lui disait pas que les uns sont bons et permis, les autres mauvais et proscrits.

L'homme n'est pas libre de résister à l'impulsion générale du bonheur; il faut, bon gré mal gré, qu'il lui obéisse. Elle est fatale de sa nature.

Mais il peut poursuivre le bonheur par des voies justes ou injustes, à sa volonté; il est libre d'opter entre les moyens que lui prescrit la loi morale et ceux qu'elle lui défend.

Le caractère obligatoire, inhérent à cette loi, implique l'obligation, autrement *le devoir* d'obtempérer à ses ordres. Les observer ou les enfreindre, c'est donc observer ou enfreindre son devoir ; c'est être vertueux ou coupable.

Lorsqu'il en *coûte* pour pratiquer les commandements de la loi, il y a *mérite* à le faire, il y a vertu. Lorsqu'on la viole sciemment pour assouvir quelque passion qui plaît, on est criminel, on *démérite.*

La vertu emporte avec elle l'idée d'une récompense due ; le crime, l'idée d'un châtiment encouru. Cette rémunération de la vertu et ces peines réservées au crime existent dans ce monde comme dans l'autre. Ce sont elles qui constituent ce qu'on appelle *la sanction* de la loi.

Au moyen de cette loi que l'homme renferme dans son cœur, il distingue le bien du mal, le juste de l'injuste ; il sait ce qui lui est permis, ce qui lui est défendu ; il connaît par conséquent ses droits et ses devoirs.

Elle porte en substance qu'il doit cultiver, perfectionner son être, aimer et adorer le Créateur de toutes choses, le bienfaiteur de l'humanité ; affectionner et secourir ses semblables ; qu'il a ainsi trois principales sortes de devoirs à remplir : 1° envers lui-même, 2° envers Dieu, et 3° envers le prochain et la société.

« Respecter les droits d'autrui et faire du bien aux hommes, être à la fois *juste et charitable,* voilà en résumé la morale sociale dans les deux éléments qui la constituent. — La justice est le frein de l'humanité, la charité en est l'aiguillon. Otez l'une ou l'autre, l'homme s'arrête ou se précipite. »[1]

Ses actes, considérés en eux-mêmes, matériellement, n'ont aucune valeur morale; ce qui leur en donne, c'est l'intention qui le dirige et l'intelligence qui l'éclaire, c'est *sa volonté libre et réfléchie.* Par elle seulement ils deviennent moraux ou immoraux, dignes de punition ou de récompense.

Si l'homme n'était pas libre, il ne serait évidemment pas responsable de ses actes; on ne pourrait les lui imputer ni à crime, ni à vertu. Mais sa liberté est aussi un fait de conscience indéniable. « Il se voit, se sait libre, comme il se voit, comme il se sait sentant, réfléchissant, jugeant. »[2]

1 Cousin.

2 Ecartez, dit M. Guizot, tout souvenir de la délibération intellectuelle, des motifs connus et appréciés, tout ce travail préparatoire de l'intelligence, qui précède l'acte de la volonté, mais ne le constitue en aucune façon; concentrez votre pensée et celle de l'homme qui prend une résolution, sur le moment même où il la prend, où il dit : « Je veux, je ferai, » et demandez-vous, demandez-lui à lui-même s'il ne pourrait pas vouloir et faire autrement. A coup sûr vous répondrez, il vous répondra « oui. » Ici se révèle le fait de *la liberté* : il réside tout entier dans *la résolution* que prend l'homme à la suite de la délibération; c'est *la résolution* qui est l'acte propre de l'homme, qui subsiste par lui et par lui seul; acte simple, indépendant de tous les faits qui le précèdent ou l'entourent, identique dans les circonstances les plus diverses, toujours le même, quels que soient ses motifs et ses résultats. (*Histoire de la civilisation en France.*)

C'est la raison, la conscience et la liberté dont il est doté, qui composent sa nature morale; et la loi universelle, invariable, que cette nature lui indique et lui impose, s'appelle la *loi naturelle.*

Le *bonheur* incomplet, dont nous pouvons jouir, résulte surtout de notre fidélité à en remplir les préceptes, parce que la pratique du devoir engendre cette douce joie intérieure qu'on nomme la paix de l'âme, le plus précieux des biens, sans lequel tous les autres sont amers.

Le plus noble et le plus heureux des penchants ou des besoins de l'homme, c'est donc celui qui le porte au bien, qui lui fait aimer la vertu; mais il en a beaucoup d'autres, soit intellectuels, soit physiques, qui sont légitimes aussi, et dont la satisfaction raisonnable ajoute à son bonheur.

Ces mêmes besoins qui le pressent, sa faiblesse native, ses sympathies pour ceux de son espèce, attestent, avec l'expérience, qu'il est destiné à les fréquenter, à vivre de leur vie, dans les lieux qu'ils habitent. C'est là en effet et là seulement qu'il peut se développer intégralement, s'améliorer, donner satisfaction à ses besoins moraux, intellectuels et physiques.

Les hommes en s'associant ne font qu'obéir à l'instinct, à l'impulsion du bonheur. Ils usent par conséquent de leur droit fondamental.

Toutes les combinaisons organiques et réglementaires sur lesquelles ils fondent leur association, ne doivent avoir d'autre but, pour être légitimes, que d'assurer la sécurité de tous et de chacun, de garantir leurs propriétés, leur vie, tous leurs droits naturels importants.

Mais, afin d'arriver à ce résultat, il faut que les membres concourent proportionnellement, de leurs personnes et de leurs biens, aux besoins de la chose publique; qu'ils renoncent conséquemment à une portion de leur liberté et de leurs droits originaires, pour conserver les plus essentiels et maintenir puissante et prospère l'agrégation qui les défend.

Dans ces conditions de justice et de raison, leur association volontaire repose sur le droit naturel. Il en est de même des lois diverses qu'ils promulguent, quand elles concilient l'ordre et la liberté, de manière qu'ils ne s'entre-nuisent que le moins possible; quand elles consacrent l'égalité de droits que nous tenons de notre origine et de notre nature; quand elles ménagent avec soin et règlent avec impartialité les intérêts des citoyens, à quelque rang qu'ils appartiennent; quand elles ne leur imposent que des sacrifices rigoureusement nécessaires au bien de l'État; quand, en un mot, elles sont équitables et protectrices pour tous.

Les lois humaines, politiques, civiles et autres, toutes les fois qu'elles ont l'équité pour base, ne sont, comme on voit, que la loi naturelle formulée, développée et appliquée à tous les détails des rapports individuels et sociaux.

Ces lois sont consignées dans nos codes, et s'appellent, pour cette raison, lois écrites ou lois positives. Celle qui leur sert de fondement a dû se nommer loi naturelle, parce qu'elle est gravée dans nos cœurs et inséparable de notre nature.

A cela près, elles se ressemblent; car la loi naturelle n'est pas autre chose que cette justice, cette raison, cette vérité, éternelles et immuables, que le Dieu dont elles émanent fait rayonner en nous, afin, selon toute apparence, que nous en reportions la lumière dans nos législations et nos jugements.

Si les lois de l'État n'étaient pas obéies, si les autorités instituées pour les faire exécuter, n'étaient pas écoutées, nul doute que la société désorganisée ne tombât dans l'anarchie, source de mille calamités publiques et privées.

On doit en conclure que la soumission aux lois et aux autorités légitimes est de droit naturel comme de droit écrit, puisque la conscience défend de faire le mal.

Une autre raison encore commande ce respect des lois, c'est que, jusqu'à preuve contraire bien évidente, elles sont justement présumées l'expression de la volonté du plus grand nombre.

Sans doute cette obéissance admet des exceptions, qu'autorisent parfois des lois immorales ou d'iniques magistrats; mais ces exceptions sont heureusement très rares, et l'on ne doit s'en prévaloir qu'avec une extrême réserve, à cause de l'extrême danger.

La société ne peut se passer de chefs pour la défendre, l'administrer, y maintenir l'ordre, veiller aux intérêts généraux et assurer l'exécution des lois : on doit donc leur obéir et les seconder.

Toutefois ils n'ont pas le droit de s'imposer à la nation. Ils ne sont légitimes qu'autant qu'ils ont son adhésion formelle ou tacite; et s'ils abusent du pouvoir qu'elle leur confie pour son bien, ils peuvent être déposés et jugés, mais dans les formes voulues par la loi, pour éviter l'injustice des passions haineuses.

Comme l'individu, la société, ayant le droit d'exister, a par là même le droit de se défendre. Or, pour se défendre, il faut qu'elle punisse, soit afin de se garantir des attaques ultérieures du coupable, soit pour le corriger, soit pour imposer à la malveillance qui voudrait l'imiter.

Mais le châtiment n'est juste qu'à la triple condition d'être utile, mérité et proportionné à la faute. Il ne doit frapper en conséquence que les actions moralement coupables et socialement dangereuses.

Dans l'application des peines, comme dans la confection des lois, comme dans l'organisation sociale, comme dans l'action gouvernementale et tout le reste, l'homme, imparfait de sa nature, ne peut arriver à une justice complète. La raison exige donc que gouvernés et gouvernants se contentent d'à-peu-près, tout en visant perpétuellement à mieux.

L'individu, la société sont l'un et l'autre perfectibles indéfiniment, susceptibles d'améliorations progressives. L'état moral et intellectuel des citoyens se perfectionne avec le temps, de même que l'état politique et social des nations. Nos lumières s'étendent, nos découvertes se multiplient, nos procédés industriels et administratifs se simplifient, les droits sont reconnus, avoués. C'est ce double développement de l'homme et de la société qui constitue la *civilisation*.

Cette civilisation a encore aujourd'hui bien des progrès à faire, des besoins légitimes à contenter, des injustices à détruire, des plaies à guérir. Elle doit y travailler sans cesse, parce que, s'il n'est pas possible d'atteindre en fait à l'idéal du beau et du bon, il l'est du moins, d'en approcher toujours davantage. Mais ce travail difficile demande beaucoup de maturité et de prudence, pour épargner aux peuples des bouleversements calamiteux.

Presque toujours il y a explosion de la force aveugle et brutale dans ces secousses terribles qui renversent les institutions nationales et les vieilles dynasties.

Or, cette force illégale, désordonnée, des passions délirantes, loin d'être un droit, méconnaît tous les droits et les écrase. Son triomphe est en horreur à toutes les âmes honnêtes et généreuses. L'injustice ne change point de caractère, qu'elle vienne d'un peuple, d'un gouvernement ou d'un individu. La maxime *salus populi suprema lex*, est fausse, si on l'entend de l'iniquité et du crime. Le crime et l'iniquité ne sont jamais nécessaires ; le salut d'une nation n'en peut dépendre et ne les justifierait pas aux yeux de la conscience. [1]

1 « Une théorie barbare a voulu justifier les assassinats de septembre 1792. Les théories qui révoltent la conscience ne sont que les paradoxes de l'esprit mis au service des aberrations du cœur. On veut se grandir en s'élevant, dans de soi-disant calculs d'homme d'état, au dessus des scrupules de la morale et des attendrissements de l'âme. On se croit ainsi au dessus de l'homme : on se trompe, on est moins qu'un homme. Tout ce qui retranche à l'homme quelque chose de sa sensibilité, lui retranche une partie de sa véritable grandeur. Tout ce qui nie sa véritable conscience lui enlève une partie de sa lumière. La lumière de l'homme est dans son esprit, mais elle est surtout dans sa conscience... Contester la criminalité des journées de septembre, c'est s'inscrire en faux contre le sentiment du genre humain ; c'est nier la nature, qui n'est que la morale dans l'instinct. Il n'y a rien dans l'homme de plus grand que l'humanité. *Il n'est pas plus permis à un gouvernement qu'à un individu d'assassiner....* »

« Sans doute il ne faut pas compter les vies que coûte une cause

« Le droit des nations, a dit M. de Lamartine, ne se compose que de l'ensemble de tous les droits que chacun des membres de la nation porte en lui-même; or, aucun homme ne porte en soi le droit d'immoler un autre homme, si ce n'est dans le combat ou dans le jugement. »

Les devoirs de l'homme se multiplient en raison du nombre d'intérêts qu'il est tenu de respecter chez les autres. Par une suite nécessaire, ses droits se

juste et sainte, et les peuples ne se souillent pas en marchant dans le sang à la conquête de leurs droits, à la justice et à la liberté du monde; mais c'est dans le sang des champs de bataille, et non dans celui des vaincus, froidement et systématiquement massacrés. *Les révolutions comme les gouvernements ont deux moyens légitimes de s'accomplir et de se défendre : juger selon la loi et combattre.* Quand elles égorgent, elles font horreur à leurs amis et donnent raison à leurs ennemis. La pitié du monde s'écarte des causes ensanglantées. *Une révolution qui resterait inflexiblement pure conquerrait l'univers à ses idées.* Ceux qui donnent les exemples de septembre comme des conseils, et qui présentent des égorgements comme des éléments de patriotisme, perdent d'avance la cause des peuples en la faisant abhorrer. Avec de telles doctrines il n'y a plus que ténèbres, précipices et chutes. La Saint-Barthélemy a plus affaibli le catholicisme que n'eût fait le sang d'un million de catholiques. Les journées de septembre furent la Saint-Barthélemy de la liberté. Machiavel les eût conseillées, Fénelon les eût maudites. *Il y a plus de politique dans une vertu de Fénelon que dans toutes les maximes de Machiavel.* Les plus grands hommes d'Etat des révolutions se font quelquefois leurs martyrs, jamais leurs bourreaux. »

« Rien d'injuste en soi ne peut être nécessaire à la cause des nations. Ce qui fait le droit, la beauté et la sainteté de la cause des peuples, c'est la parfaite moralité de leurs actes. »

(DE LAMARTINE, *histoire des Girondins.)*

M. Guizot fait les réflexions suivantes au sujet du prétendu fa-

restreignent dans la même proportion ; car il doit s'abstenir de tout ce qui appartient à ses coassociés, de tous les actes qui tourmenteraient leur existence, qui attenteraient à leurs droits, ou à ceux du corps politique.

Cependant, à tout prendre, il gagne plus à vivre parmi eux, sous le régime des lois, qu'en pleine liberté, au milieu d'une contrée sauvage à moitié déserte.

talisme des évènements historiques par lequel on essaie d'excuser tous les crimes :

« Si, dit-il, il en fallait croire une théorie qui n'est pas nouvelle, mais qui a repris de nos jours confiance en elle-même et quelque crédit ; s'il était vrai que toutes choses ici-bas s'enchaînent nécessairement, fatalement, sans que la liberté humaine y soit pour rien et réponde de rien, nous aurions tout simplement à reconnaître qu'à la fin du XIIIme siècle, les circonstances au milieu desquelles se déployait la royauté, l'état social et intellectuel de la France, faisaient de l'invasion du pouvoir absolu une *nécessité*, que personne ne l'amena et n'eût pu la prévenir ; qu'ainsi il ne faut s'en prendre à personne, et que, dans ce mal, il n'y a point de coupable. »

« Heureusement, Messieurs, la théorie n'est pas vraie, et l'observation tant soit peu exacte des faits historiques la dément aussi bien que la raison. — En fait, le caractère personnel, la volonté libre des rois qui régnèrent du XIme au XIIIme siècle, influa puissamment sur le cours des choses, spécialement sur les destinées de la royauté. Vous avez vu, entre autres, combien fut grande la part de saint Louis en personne dans le tour des institutions sous son règne. Il en arriva autant sous Philippe-le-Bel : son caractère personnel fut pour beaucoup dans la nouvelle face que prit alors la royauté. Indépendamment de toutes les causes générales qui y concoururent sans doute, mauvais lui-même et despote par nature, il la précipita, plus violemment peut-être que tout autre cause, vers le pouvoir absolu. » *(Histoire de la civilisation en France.)*

En suivant sa pente naturelle, l'homme fait le bien par amour du bien. Mais son amour-propre blessé, ses intérêts menacés ou compromis, le disposent et l'entraînent au mal ; de même, la résistance qu'on oppose à la satisfaction de ses désirs, de son appétit de bonheur, le révolte et le rend méchant. Dans tout autre cas il est bon.

Tantôt il rapporte tout à lui-même et se montre égoïste ; tantôt il s'oublie pour ne songer qu'aux autres, et se montre généreux. La générosité est louable, l'égoïsme odieux. Il faut, pour tout accorder, pour marcher dans la bonne voie, songer à soi sans oublier le prochain. Il est permis de travailler à son bien-être ; il ne l'est pas de négliger ses semblables, d'être impitoyable pour leurs souffrances.

L'éducation doit s'attacher surtout à former le cœur. C'est par le cœur principalement que l'homme vaut quelque chose, qu'il paie volontiers sa dette à la société, qu'il est estimé, aimé de tous, qu'il goûte des jouissances pures et durables.

L'éducation néanmoins embrasse l'homme tout entier, son intelligence et sa santé physique, comme sa moralité. Il faut les cultiver ensemble pour les développer ; il faut leur faire prendre de bonnes habitudes.

Les bonnes habitudes d'agir, de penser et de sentir une fois contractées, tout devient facile ; l'éducation est faite, l'homme peut remplir sa destinée providentielle, sa fonction sociale, et arriver au bonheur par le travail et la vertu. « Conduit par la charité, appuyé sur la justice, il marche à sa destinée d'un pas régulier et soutenu. [1]

Ainsi tendons sans cesse à la perfection, à la vertu, nous parviendrons au bonheur. Le bonheur en est à la fois le fruit et la rémunération.

La vertu domine tout dans le monde moral, parce que nous sommes nés pour elle, qu'elle est notre fin suprême.

Dieu a voulu même que le véritable bonheur en fût inséparable, afin, selon toute apparence, que l'attrait invincible qui nous porte vers lui, nous disposât à la prendre pour guide, à marcher dans ses voies. En l'associant ainsi au bonheur, il nous la rend en effet plus accessible et plus aimable ; il nous encourage et nous excite à la chercher, à l'embrasser avec amour.

Dès lors l'appétit du bonheur, déjà mobile de mouvement et moyen nécessaire de conservation pour l'homme, devient de plus ~~chez~~ en lui un puissant stimulant à la vertu.

Ici, comme partout, éclatent la souveraine sagesse et l'adorable bonté du grand Dieu qui mène l'univers.

1 Cousin.

FIN.

TABLE DES MATIÈRES.

INTRODUCTION.

LIVRE PREMIER.

NATURE PASSIONNELLE DE L'HOMME.

LIVRE DEUXIÈME.

NATURE MORALE DE L'HOMME.

RAISON ET CONSCIENCE.

DROITS ET DEVOIRS.

DES ACTES ET DE LEURS CONSÉQUENCES.

LIVRE TROISIÈME.

L'HOMME EN SOCIÉTÉ.

LIVRE QUATRIÈME.

APPLICATION DES PRINCIPES A PLUSIEURS QUESTIONS IMPORTANTES.

LA FLÈCHE, IMP. ET LITH. D'EUG. JOURDAIN.

ERRATA.

—

P. 10, lig. 3, *au lieu de :* dispositions, *lisez :* dépositions.

P. 26, lig. 14, *avant :* suffisamment, *retranchez :* toujours.

P. 88, lig. 3, *après :* à tous, *retranchez :* comme à moi.

Les pages 110 et 111 sont transposées.

P. 163, lig. 11, *au lieu de :* 13 et 14, *lisez :* 16.

P. 233, lig. 3, *au lieu de :* misères, *lisez :* misère.

P. 244, lig. 12, *au lieu de :* naturelle se traisonnables, *lisez :* naturelles et raisonnables.

P. 261, lig. 14, *après :* possible, *retranchez :* à qui que ce soit.

P. 334, lig. 12, *au lieu de :* inutiles, *lisez :* utiles.

www.ingramcontent.com/pod-product-compliance
Ingram Content Group UK Ltd.
Pitfield, Milton Keynes, MK11 3LW, UK
UKHW031043260726
13965UKWH00006B/172